《幸福教育的样子》第五集

詩意的光亮

杨九俊 著

江苏凤凰教育出版社

图书在版编目(CIP)数据

诗意的光亮 / 杨九俊著. —南京：江苏凤凰教育出版社，2022.5(2022.9重印)
(幸福教育的样子·第五集)
ISBN 978-7-5499-9926-2

Ⅰ.①诗… Ⅱ.①杨… Ⅲ.①教育研究—文集 Ⅳ.①G40-03

中国版本图书馆 CIP 数据核字(2022)第 066322 号

书　　名	诗意的光亮 ——《幸福教育的样子》第五集
作　　者	杨九俊
责任编辑	沈静明
装帧设计	姜　嵩
出版发行	江苏凤凰教育出版社(南京市湖南路1号A楼　邮编:210009)
苏教网址	http://www.1088.com.cn
照　　排	江苏凤凰制版有限公司
印　　刷	江苏扬中印刷有限公司(电话0511-88420818)
厂　　址	江苏扬中市大全路6号
开　　本	787毫米×1092毫米　1/16
印　　张	17.75
版　　次	2022年5月第1版
印　　次	2022年9月第2次印刷
书　　号	ISBN 978-7-5499-9926-2
定　　价	50.00元
网店地址	http://jsfhjycbs.tmall.com
公 众 号	江苏凤凰教育出版社(微信号:jsfhjy)
邮购电话	025-85406265,025-85400774
盗版举报	025-83658579

苏教版图书若有印装错误可向承印厂调换
提供盗版线索者给予重奖

目录

第一辑　瞭望前沿

透视教育改革的已来和未来　/ 2

教育的未来藏在观念中　/ 5

说师爱　/ 9

"一个经验"：培育核心素养的可能路径　/ 14

深度学习的实现　/ 23

智力发展，关键是走多远　/ 27

怎样做教育教学改革项目　/ 29

课堂的节奏美　/ 33

教育人该如何阅读　/ 35

阅读，我们与作者"同在"　/ 41

第二辑　守朴开新

现在的时代就是黄金时代
——集团化办学的常州经验　/ 46

小初衔接：一个值得研究与探索的时代命题　/ 52

集团化办学"三部曲"　/ 55

主动融入　全面提升
——苏州市吴江区教育发展路径的创造　/ 58

培养自主阅读者：儿童整本书阅读的区域实践研究　/ 63

大美育人的创新实践
——江苏省南菁高级中学"大美育"实践探索　/ 67

生命自觉：从实然走向应然
——记江苏省新海高级中学卓越教师团队建设　/ 72

书院文统谱新章
——记江苏省苏州中学书院制育人方式的探索　/ 78

德性生长的丰富实践　/ 83

教师成为推进变革的核心力量　/ 85

为未来而学　/ 88

从经验到科学
——扬中市外国语小学的挑战性学习支架建构　/ 91

"学程周"：儿童综合学习的创新　/ 96

协商式：儿童学习新样态　/ 101

"闻斯行诸"：像孔子那样教学　/ 108

构建后"双减"时代的教育　/ 112

青鸟殷勤为探看
——南京市雨花台区实验幼儿园教师团队建设路径探析　/ 118

琴瑟乐心　和美花开
——淮安市淮海路小学民乐教育观略　/ 123

工匠精神在这里发芽
——太仓市城厢四小苏南工艺课程的开发与实施　/ 129

让学生成为最好的自己　/ 133

老树俏枝话"梅西"　/ 136

第三辑　躬耕乐道

让儿童在表现中成长　/ 142

诗意的栖居
——王文英校长和她的"百川园"　/ 145

沸腾：刘昕语文教学的美学特征　/ 151

惠风和畅母语美
——记吴建英母语美育的实践探索　/ 156

做一个思想者　/ 163

领学制：别具生面的儿童数学课堂　/ 167

儿童写作课：对写作教学规律的探寻　/ 172

解码"共创"　/ 177

第四辑　屐痕点点

鲁迅小说的细节　/ 180

细节艺术　/ 187

鲁迅小说的艺术对比　/ 197

论《许茂和他的女儿们》的人物塑造　/ 209

论刘绍棠小说的人物塑造　/ 219

刘绍棠中篇小说的艺术特色　/ 227

司马迁笔下的对比艺术
——《史记》选文备课札记之一　/ 238

《风筝》浅析　/ 242

绘就眼前景　咏出心中情
——杜甫《绝句四首（其三）》　/ 246

人在画中游　美景不胜收
——《与朱元思书》赏析　/ 249

烘云托月　鬼斧神工
——《陌上桑》赏析　/ 252

巍巍乎高山兮
——《在马克思墓前的讲话》解读　/ 255

非凡的开国气象
——《中国人民站起来了》品读　/ 259

悲歌一曲抒壮怀
——读张元干《贺新郎·送胡邦衡待制赴新州》/ 263

四重回环解好梦
——《好的故事》试读　/ 266

摇曳生姿"花孩子"
——《花的学校》试读　/ 269

意料之外　情理之中
——《小岛》写作特色　/ 271

"完全两样""牛和鹅"
——《牛和鹅》试解　/ 274

立象以尽意
——《少年中国说》的构思艺术　/ 276

后记　/ 279

第一辑

瞭望前沿

透视教育改革的已来和未来

教育改革正有力地推动并深刻地影响学校的内涵发展,不妨从已来、将来、未来说起。

已来的是"双减"。减轻义务教育阶段学生作业负担和校外培训负担称为"双减",在我看来,"双减"有四个关键词:治理,"双减"的直接效用是治理教育乱象,让教育回归应有的样子,使学生能够舒展地成长,其力度之大,动作之快,已是有目共睹;质量,"双减"不是根本目的,"双减"是为了增效,是为了提高教育质量,当然这种质量是德性引导的全面发展的质量,是"一个不能少"的全体学生的质量;绿色,用什么方法、什么手段去取得高质量特别是学业质量呢?就是要有"绿色"的观念、"绿色"的方式,从学生的长远出发,坚持可持续发展的路线,切切实实推进素质教育,而不是拼时间、拼身体,"绿水青山就是金山银山",经济社会的发展如此,学生的发展亦是,健康、活泼地发展就是高质量的重要表征;创新,要走出一条绿色发展的路子,很重要的是创新,从现在各地提供的先进经验看,创新主要在技术赋能、教学模式重构、作业优化设计、学段衔接、教师专业提升等方面,在这些经验推广应用的过程中,各地可结合自己的实际,特别是注意总结提炼自己长期以来推进素质教育的做法,化成"双减"的改革举措,有力地促进"双减"取得切实效果。

将要来的是义务教育课程改革。按照教育部部署,义务教育课程改革新方案和课程标准即将颁布,近年内,义务教育新课标的教材也会投入使用。在一定意义上说,今后若干年,义务教育学校的主要任务就是要落实新方案,用好新课标、新教材。因为这一轮高中课改是在2017年率先启动,基础教育就将整体进入新一轮课改。这一轮义务教育课改新意迭现,应当关注的有:① 课程核心素养。由于义务教育阶段淡化学科,且劳动课程就不是学科,故提出课程核心素养,但其价值定位与高中课程的学科核心素养是差不多的。其特点是具有:完整性,是价值观念、品格和能力的有机整合;统摄性,核心素养包容、拉动一般素养;生长性,核心素养是扎根的,是在学习过程中甚至在人的一生中不断发展的。② 学习内容更新。每一轮课程改革,都是国家团队在反复调研的基础上对知识新的审视、选择、重组,以更好地适应国家对培养目标的新要求和科技、社会的新发展。以语文学科为例,高中课改提出学习任务群,构建了语文的课程内容,必然会对义务教育阶段语文新课程带来深刻的影响。③ 学科实践。学科实践关注的是实践,学生"做中学",在主动参与中学习;学科实践关注的是学科,用学科典型的学习方式,在真实情境中学习。学科实践也会大致构成情境、任务、探究、成果的基本链条,每个步骤、每个要素都有新的意蕴。以情境说,不管是真实的,还是模拟性的,情境都是贯通学习过程的,也都是开放的。④ 综合学习。义务教育课程改革体现超越学科中心的基本思想,更强调学科内部知识整合,推进跨学科学习,建设综合性课程。倡导课堂向四面八方打开,间接知识与直接经验联结,知识学习与实践应用结合。将来教材中会有一定体现,教学时会安排一定课时用于综合学习,学习方式和评价方式也都会发生相应变化。⑤ 因材施教。在课程中体现选择性,以适应不同地区、不同学校和学生的差异;在学段上注重衔接性,合理设计不同学段的连续性和进阶性,以柔性方式引导学生拾级而上;在教学方式上,把面向主体的观念落实到每一个鲜活的个体,促进所有学生的进步与发展。⑥ 学业质量。学业质量是学生在完成课标阶段性学习后的学业成就表现,义务教育课程标准沿用高中课程标准的做法,按照学段描述了核心素质应达成的标准,为素养性评价提供了基本依据。在一定意义上,把新课改的这些基本精神落实到位了,"双减"对学校课程、教学的要求也就体现出来了,教育教学质量一定会得到显著提高。

未来会来的是两个重要文件昭示的,一个是"教育现代化2035",党中央、国务院提出,到2035年,把我国建成学习大国、人力资源强国、人才强国,并为之进行了全面部署,要求为之落实八个"更加注重":更加注重以德为先,更加注重全面发展,更加注重面向人人,更加注重终身学习,更加注重因材施教,更加注重知行合一,更加注重融合发展,更加注重共建共享。这些都为我们走向现代化指明了方向。我们还应注意到,2021年11月10日,联合国教科文组织在该组织第41届大会上面向全球发布《共同重新构想我们的未来:一种新的教育社会契约》报告,探讨和展望面向未来乃至2050年的教育。从以往经验看,联合国教科文组织发布的报告带有风向标意义,会深刻影响各国公共教育政策的制定和教育改革的深入。"社会契约"报告,重新构想教育的公共目的,倡导把教育看作一种社会契约;明确两条基本原则——确保人们终身接受优质教育的权利,强化公共行动和共同利益;提出直面现实挑战和不确定未来,要以不同方式思考学习;提出在继承优秀教育传统的基础上,革新教育教学模式;要求发挥广大行动者的作用,推动重新构想成为现实。这份报告不仅在宏观上是方向性的,在具体要点上,对我们现在讨论的课程教学改革、综合性学习、学段衔接、育人共同体,都有深刻的阐述。未来已来,我们应该有面向未来的胸怀和胆识,落实"教育现代化2035"的部署,借鉴"社会契约"的思想资源,通盘筹划改革行动,创造性地推进工作的深入,真正体现出埃利亚德所说的,未来正是我们要创造的地方。

注:本文发表于《中国教育报》,2021年12月17日。

教育的未来藏在观念中

惠特曼有诗:"时代啊,从你深不可测的海洋升起……"[1]世界从以土地、劳力为核心资源的农业经济时代,进入到以技术、市场为核心资源的工业经济时代,近些年来,又进入到以人的素质为核心资源的知识经济时代。这个时代,知识、技术迭代更新的速度前所未有。比如,我们还没有完全熟悉数字经济,人工智能、元宇宙、星辰大海等等,都正在排闼而来,真正是"未来已来"。面向未来,我们应该激活、激扬、生成哪些教育观念?以哪些先进的教育观念,引导我们如歌行板向未来?受一些同仁颇有见地的观点启发,笔者建议大家较多地关注以下六个方面。

一、全人目标

这是教育亘古未变的主题。中国的传统教育是为己之学,西方源始关于知识的讨论基于美德的范畴。这又是一个充满紧迫性的时代命题,一是科技越发展,越需要道德之魂的统摄,否则可能酿成巨大的科技灾难,当人们谈论某些国家元首的核按钮时,都应关注到科技应用的按钮应当是道德之手;二是进入人工智能时代,智力活动可以部分地由机脑替代,人们就有可能腾出更多时间进行五育中的其他四育,或者是更好地进行五育融合,"全人"之"全"有了更多的时间保证;三是国家意志使然,正是从重要性、必要性、可能性考虑,党和国家提出立德树人作为教育的根本任务,立德树人可以看作从"三不朽"等优秀传统文化衍化而来,"三不朽"是德为首、德贯通的全面发展,"立德"是德,"立功""立言"也是基于德,因为你的德已经"立"了,已经达到君子及仁者,甚至往圣人一路走去的境界,自然要为社会建功立志,留下真知灼见,在我们今天的语境中,就是以德为首,五育并举,全面发展。所以,"全人目标"是过去、现在、将来都应该坚持的。

二、"一个经验"

在强调学习历程完整性时,杜威提出"一个经验"的思想,他说:"我们在所经验到的物质走完其历程而达到完满时,就拥有了一个经验。只有在后来的后来,它才在经验的一般之流中实现内部整合,并与其他的经验区分开。"[2]我们传统的教学比较注重从感知到建构,而较多忽视从建构到应用,但恰恰是应用了才能领悟,才能内化为核心素养。新的学习环境下,保持学习历程完整性仍然十分重要,今天学者们十分强调大单元、大观念、大任务,大抵与之是相联系的。从杜威"经验"的思想出发,"一个经验"的"经验"包含:建设的,是向着特定目标前行的经验;主体的,是学习者主动亲历的学习行为;连续的,正是"连续"构成了课程,构成了教育内容;交互的,连续更多在时间,交互更多在空间,人与人之间,人与物之间,实在与虚拟之间,都在发生交互作用;完整的,应该是"一个",而不是"半个",而完整基于课、单元,基于个性化学习,基于知识的具体化应用等等,又有不同的定义;审美的,按照杜威的说法,智性经验要得到自身的完整,"就须打上审美的印证","经验如果不是具有审美的性质,就不可能是任何意义上的整体"[3],如果能让学生流连忘返,甚至享受如痴如醉的高峰体验,这样的"一个经验"就当以"境界"论之。按照一些专家的说法,人工智能相对于以前的蒸汽机、电、计算机,它已经不是一个技术的概念,而是代际的概念,是一个新时代的到来,人们思考的方法,生活、生产的方式都发生巨大的变化,有的还是颠覆性的变化。此时此境,甚至元宇宙、星辰大海时代彼时彼境的"一个经验",一定会有不同于传统的样貌。但我坚信,"一个经验"的精髓是不应丢失的。

三、科学记忆

传统教育以记忆为王,所谓"学富五车""才高八斗",知识是可以用车装斗量的。在数字化、人工智能时代,传统学习中记忆的功能正被机脑所替代。但这并非意味着记忆的褪色。记忆是新知的基石,新科技时代,我们需要的是优化记忆,而不是放弃它。其一,记忆是某些学科或者一些学科特定知识板块重要的学习方法。比如英语的学习和语文中古文的学习,没有记忆打下基础,就很难继续进一步的学习;其二,一些关键性知识需要学习者牢牢把握,形成条件反射式的运用,这就是人们所说的,反对死记硬背,但要"记死背硬";其三,记忆应该从点式走向图式,图式是知识的框架和结构,是记忆中表征知识各个要素相互联系、相互作用形成的具有一定心理结构的网络,学习在一定意义上就是图式的建构和优化。

四、创新为王

人工智能时代,高扬的是创新为王的旗帜。培养创新性人才,基础教育应当致力于学生创新素养的培养。首先要关注创新人格的培养,"就像生活中的其他事物一样,技能还不是全部。必须有坚持不懈地运用那些技能的愿望和决心,以及当面临问题和困难时运用那些技能这样做的深厚习惯。我们的性格有不同的特质,称为'心智习性',必须把它和智能一起培养。"[4]创新性人格是以求真和坚韧为内核的,具有敢于怀疑、敢于批判、敢于冒险的科学精神,在挫折面前很快调整心态,坚守信念、执着,有较强独立性。其次,要培养批判性、审辩性思维,批判性思维是创新的基本前提,也是所有创新性人才的共同特质。这需要把课堂和学习"让"给学生,更准确地说是"还"给学生,需要引导学生通过掌握推理技能形成批判性思维能力,需要改革评价方式来支持这样的变革。第三,要重视学生情感智能的培养,学会合作是创新人才的重要素质,美国提出的"21世纪技能",包括沟通与协作能力、社交与跨文化交流能力、高效领导力等等,都是以人的情感智能为主轴的。而要达到这些要求,需要我们在教育体制和育人方式等方面做出系统变革。

五、因材施教

这是教育的一个经典话题。所谓经典,就是纵向的从古到今,横向的东南西北,只要论及教育,都绕不开这个话题。这个经典话题近些年又热起来,一方面是教育发展的内在规律要求我们关注每一个个体,另一方面是数字化、人工智能为个别化教育创造了更好的条件。教育应该确立的基本宗旨是为学生的需求而教,所以研究学生就是第一功课。研究学生不仅在于发现学生显性的差异,而且是发现学生隐性的潜能,很多优秀老师的案例说明,发现一个学生的发展潜能,其实就是为社会真正创造了一个"新人"。接着是怎样教的问题,这需要在课程方面真正做到共同基础与多样选择的统一,需要通过数字化为学生提供更多的个性化课程,更需要在集体化学习的制度安排中能够有效支持个别化学习。还应该看到的是,数字化、人工智能为因材施教提供了有力的技术支持,特别是基于数字化对学习过程和学习结果进行的精准分析,使教与学的改进可以基于数据和证据,这使人们看到因材施教正在新技术支持下有了更多积极的可能。

六、共融智能

随着互联网、人工智能的出现,知识观正在发生嬗变。戴维·温伯格在《知识的边界》中提出知识呈现的新样态:宽度;无边界;"平民主义";悬而未决;"他者"授证等。罗杰斯指出文化是一个群体成员生活方式的总汇。罗蒂则认为知识的主体处于社会团体和族群之中。由此,我们触摸到群体知识观。在一定意义上,专业社群正是在群体知识观的思想土壤上生长起来。互联网、人工智能使智能的形成呈现丰富形态,其最佳形态就是创生共融智能。这也为涌现的专业社群架桥铺路,使得远在天涯的合作者即时参与。有些高中提出高中、高校、高新企业的"三高"合作,正是在创造一种共融智能。有些学校与高校联网,有计划地沿着学科的核心知识向外打开,由高校教授与本校教师在不同端点合作授课,支持教学的其实是与学生同堂的老师背后共融智能的力量。我们相信,这些属于试水阶段的星星之火,随着"从深不可测的海洋升起"的科技大潮席卷而来,将会燃成燎原之势。

参考文献

[1]惠特曼.草叶集[M].李野光,译.北京:燕山出版社,2008.

[2][3]约翰·杜威.艺术即经验[M].高建平,译.北京:商务印书馆,2018.

[4]彼得·费希万,诺琳·费希万,爱格尼丝·蒂瓦里,费利克斯·尤恩.作为普遍人类现象的批判性思维——中国和美国的视角[J].北京大学学报(哲学社会科学版),2009,46(1).

注:本文发表于《中国教师报》,2022年4月13日。

说师爱

教育是神圣的事业,师爱是教育的灵魂。爱自己的孩子是人,爱他人的孩子则是神,正是因为高尚的师爱,教育才神圣。

师爱主要是通过爱学生、爱教学、爱自己来体现的。

一、爱学生

师爱之高尚,是因为发乎天性。西班牙教育家玖恩·维夫斯说:"教师对学生的爱应是一个做父亲的爱,他应真正从心底里爱学生,好像学生就是自己的儿子。……马其顿的亚历山大承认他受惠于亚里士多德的比受惠于费立浦的还要大;他从费立浦得到他的肉体,但是从亚里士多德得到他的心灵。"[1]这是以父亲喻之。德国教育家凯兴斯泰纳则以母亲作比:"教育者的职业活动无疑最近似母亲的工作……其工作动力源于对人的爱,而被爱的人是她的亲骨肉。正因为如此,母亲便充满着天性的混合体,而这样的天性混合体必然是教育者所缺少的。"[2]教师如同父母,是说教师爱学生,不是学生要我们爱,而是我们如父母一样,发自内心,甚至发自本能地要爱学生。但是,不止于父母角色的,还有"师"的使命所在,师爱应当有如下的特征。

1. 引导向上的爱。一些父母对孩子的哺育、抚养,主要在物质上,而师爱更多的是在精神上。凯兴斯泰纳说:"教育者爱护他的作品,即他的学生。他的灵魂应是信仰、希望、爱与敬的形式移情于其学生的灵魂之中。"[3]教育主要是精神哺育,是引导学生往真善美走。"教育使人成为人"(康德),在物质层面上,没有教育,人也是称为人的一种生物,因为教育,人有了精神生命,实现了本能与超本能的统一、生物性与文化性的统一、种生命与类生命的统一、个体生命与社会生命的统一。因此,"人"不仅在物质上,而且在精神上站立起来。

2. 源自童心的爱。斯霞老师的教育哲学是童心母爱,她更是用伟大的教育实践彰显了教育的真。她做班主任,自己的家就是孩子们的家,遇到特殊情况,有的孩子在斯老师家一住就是几个星期。同样了不起的,是斯老师童心永驻,她总是跟孩子们打成一片,她甚至自己就是一个大孩子。教育工作者,不仅要向往童年,还应回归童年。我们赞成幼态持续的理论,这种理论认为,越高等的生物成熟期越晚。人是最高等的生物,需要20年才成熟,所以《世界儿童权利公约》给儿童下的定义,是18岁以下的人。婴儿离开母胎时,脑髓只有成熟大脑的25%—30%。人的成熟期越晚,幼态持续期就越长,而这正是人的高贵之处,因为后天的教育和环境的影响为人的发展带来更多积极的可能性。波特莱尔说:"天才就是随手被抓回来的童年。"[4] 马克思说:"儿童的天真不使他感到愉快吗?他自己不该努力在一个更高的阶梯上把自己的真实再现出来吗?"[5] 我们经常说起儿童立场,在我看来,儿童立场最本质的不是一种认识,而是一种天性,一种回归童年开显出来的天性。

3. 讲究艺术的爱。经常有家长和老师谈到,自己以为爱了,但孩子不买账,甚至很反感,可见说"爱"不容易。正如杜威说:"教育艺术是一切人类艺术中最困难和最重要的一种。"仅从"最困难"说,在于难以把握儿童自由发展和遵守社会规范的平衡。康德早就关注这个问题,他给了一个意象,说学生应当成为树林中的树,而不是旷野中的树。他说,许多贵族的后代不成器、难成才,是因为他们是生长在旷野中的树,无所制约,野蛮生长,枝枝杈杈逸出,而不是挺拔向上。树林中的树要吸引阳光雨露,必须向上,这其实就是一种制约、一种规范,所以使它们能够成材。我们培养学生,就是要把学生当作树林中的树。在具体的教育细节上,当然也要讲究方法,讲究艺术。许多有经验的老师,教学或做班主任时,与学生交往的会心之处,就在于得体、得法、得当,春风化雨,所以能静听花开。泰戈尔有一句诗,很值得我们分享:"让我的爱/像阳光一样包围着你/而又让你/拥有光辉灿烂的自由。"[6]

二、爱教学

教师的主阵地在课堂,教师的人生高度是一节一节高质量的课垫就的,师爱重要的是体现在对教学的爱。正如一些老师所说:"课比天大!"那是因为教育是通过课去达成的,上好课是教师的使命所在。

1. 认识知识。教学主要是传授知识的,"育人"也是通过"教书"实现的。爱学生,首先要有正确的知识观、正确的教学观。从知识观说,非常重要的是对知识完整性的认识。学界现在把知识分成三个层次:第一是符号的层次,是知识最表征的,如定义、概念等;第二是逻辑、思维的层次;第三是价值、思想、情感的层次。传统的教学往往只看到第一个层次,而看不到更深层的东西。只有建立完整知识观,学生学的才不只是一些碎片的、惰性的知识,教书也才能真正育人。比如,使用最多的数学符号无疑是等号,我们不仅要看到两边的相等、平衡,还要看到等价交换的思维过程。语文的成品都是文以载道或者文以喻道的,如果说语言符号是知识的第一层次,载的"道"、喻的"道"是第三层次,怎么"载"、怎么"喻"就是第二层次。另一方面,我们还要把握理解知识的表征。"为理解而教",怎么就是"理解"了呢?其一,知识结构化。这就需要关注知识的思维、逻辑层面,关注知识图式,将新知融入已知。其二,知识的迁移、应用。学以致用,"用"了,说明对知识不仅认知,而且领悟了。其三,洞察力。形成直觉或批判的思维能力,能穿透现象或判别真伪,当然说明掌握知识了。其四,移情性,与知识内部的价值、情感以及学科思维,或对话,或共鸣,知识不仅入脑,而且入心了。

2. 吃透教材。教师教学面对的具体知识,往往就是教材。顾泠沅先生说教学是干什么的呢?"明白之人使人明白。"帕克·帕尔默提出,教师要"在个人意义上出神入化地理解学科"。我在很多年前就提出一个理解教材的标准:"通体透明,形神兼备。"不少老师教学花的功夫大都在"怎么教"方面,而"教什么"永远比"怎么教"更重要。我曾经以烧饭用电饭煲为喻,无论电饭煲好不好,米不好,要烧出喷香可口的米饭绝无可能。当然,米很好,再有一个好的电饭煲,或者用更原始的方法——铁锅柴火,饭会更好吃些。所以,特别要重视吃透教材。有的老师认为,小学生学的知识就那么一点点,老师还能吃不透吗?千万别这么想!要通透地理解教材,不是一件简单的事。小学一年级有篇课文《荷叶圆圆》,这首散文诗的几个自然段结构相似,句式相同,通过小水珠、小蜻蜓、小青蛙和小鱼儿的话语"荷叶是我的（ ）"的比喻句,和它们的活动,写出夏日荷叶周围的一派生动画面。老师带着孩子欣赏图画,朗诵课文,一段一段地走过去,似乎教学要完成了。在一次听课后,我和任课老师进行研讨,我的意见是:我们能不能再往前走走呢?比如,它们怎么都会与荷叶发生关联呢?这些联系的背后体现了散文诗什么特点呢?我们至少可以引导孩子们知道,荷叶有它的朋友圈呢!这其实就是一个生态圈。(无论哪一组生物、动物,其间都有生态圈存在)正是这个生态圈的不同角色分别出场,构成了文章复沓咏唱的不同段落。散文诗最重要的特点是似断实连,哪怕我们不讲,是不是也会有孩子有所体会呢?就如同前面列举等号这个数学符号一样,很多小小的知识看似简单,但要通透地理解,要把握知识的完整性是不容易的。

3. 优化教学。有了正确的知识观,对教学内容形式通透理解,都是为教学做准备的,师者之爱也是主要通过教学体现的。第一,要保证所有学生在学,而不仅仅保证所有学生被教。一方面,要让学习成为教师引导下学生主动建构的过程;另一方面,要体现差异化教学的理念,保证全体都有。第二,要创造积极的课堂文化。所谓如沐春风,正是课堂文化的理想境界。教师不仅要尊重学生,而且要在学生学习过程中不断提供必要的支持,推进他们的发展。第三,要引导学生深度学习。深度学习的表征,一是学生是积极参与的。二是指向核心知识,构成激活、探究、深度加工、获得、评价的学习链条。三是能够通过积极的人际关系和对工具、环境的利用促进学习。第四,创造性教学。创造性教学的教学情境是普遍性与特殊性的统一,更好地体现针对性;其教学实施是规则与自由的统一,"从心所欲不逾矩",实现有规则的自由;其教学风格,是"我们"和"我"的统一,人课一体,形成鲜明的教学个性。创造性教学带来的惊奇感、挑战性、审美化往往会使学生形成高峰体验,特别是享受酣畅淋漓的思维的快乐,彼时的师爱是真正沁入心田的。

三、爱自己

自爱是爱人的源始。《老子》云:"是以圣人自知不自见,自爱不自贵。"王安石有言:"爱己者,仁之端也,可推以爱人也。"[7]在一定意义上,爱学生是以爱自己为发端的。

1. 做一个学习型的老师。中国儒家讲的"学",都首先是指向道德层次的,

"学以为己"是中国传统教育思想的精髓,这里的"学"就是往君子、仁者、圣人一路走去,不断追求人格的完整和精神世界的丰沛。当然,"学习"也不排斥对知识、技能的掌握,因为士大夫之学也要有益于身、有用于世,要服务社会的。教师的爱要有知识的,有能力的,否则意愿和结果不能统一。参照萨乔万尼校长领导力三维度的理论,教师的学习和提升也应在三方面展开:师者之心,大情怀;师者之脑,有知识,有见识;师者之手,有能力。如是,师者才能是完整的、完善的。

2. 做一个研究型的老师。教师要往上走,往前走,就要学会直面自己的专业生活,去反思,去提升。教育教学研究有多种途径,多种方式,我个人建议老师们在可能的情况下,还是要把研究的成果通过写作表达出来。有人说:"写作是唯一的,在你和不可能之间。"深以为然!正因为写作,许多人生的不可能变成可能,其中也包括师爱境界的跃升。怎么写呢?也有人说:"好东西是聪明人用笨办法做出来的。"还是要下功夫,如琢如磨,精心写作,否则很难进步。当然,研究的目的不能异化,又有人说:"研究如果不转化为爱,还要研究干什么?"因为爱,我们研究;因为研究,我们更好地播撒师爱。价值在斯,幸福在斯!

3. 做一个生命饱满的老师。弗洛伊德说,人生三件事:爱、工作、休闲。这三件事是以爱贯通的,如果完全不会休闲,简直是不爱自己的表现,也是生命不够饱满的表征。我们应当拥抱生活、享受生活。"从明天起,做一个幸福的人/喂马,劈柴,周游世界。"(海子)合理地安排自己的闲暇时光,有点健康的业余爱好,我们的生活会更充实,我们的生命会更饱满,我们也就能以更积极的姿态投入爱的伟大事业中,从而实现更有意义的人生价值。"面朝大海,春暖花开",也就能享受更幸福的人生。

参考文献

[1] 吴元训编. 中世纪教育文选[M]. 北京:人民教育出版社,1989.

[2][3] 凯兴斯泰纳. 凯兴斯泰纳教育论著选[M]. 北京:人民教育出版社,2004.

[4] 杜卫主编. 儿童美育概论[M]. 武汉:华中理工大学出版社,1995.

[5] 贾玉英主编. 马克思主义经典著作选读[M]. 成都:西南交通大学出版社,2018.

[6] 泰戈尔. 流萤集[M]. 吴岩,译. 上海:上海译文出版社,1983.

[7] 王安石. 临川先生文集[M]. 中华书局,1959.

注:本文发表于《中小学班主任》,2022年第3期。

"一个经验":培育核心素养的可能路径

呼应时代关切,我国提出学生发展核心素养,又在研制高中课标时提出学科核心素养,在研制义务教育课标时提出课程核心素养,进而把"培养什么样的人"学科化、课程化。"怎样培养人"呢?则是我们当前需要深入探讨的问题。创新有时需要前所未有,有时则需要重新激活。笔者认为,杜威提出的"一个经验",可以作为培育核心素养的路径选择。

一

先得从基本概念说起。

1. 关于"经验"

经验是杜威教育思想的关键概念,杜威认为:"教育是在经验中,由于经验,为着经验的一种发展过程。"[1]杜威所说的"经验",指的是"活的生物"与环境相互作用的事情。从这个表述中,我们至少可以看出:

(1)经验包含动词和名词的功能。经验首先是行动本身,也包括行为的结果,这就是人们所关注的"经验"的"两套意义"。"它不仅包括人们做些什么和遭遇些什么,他们追求些什么,爱些什么,相信和坚持些什么,而且也包括人们是怎样活动和怎样受到反响的,他们怎样操作和遭遇,他们怎样渴望和享受,以及他们观看、信仰和想象的方式,简言之,能经验到的过程。"[2]相对过往,杜威更强调经验的动词性,正是基于这样的立场,他提出了著名的"从做中学"的命题。

(2) 经验是"做"和"受"的统一。杜威所讲的"活的生物"或者称作"有机物",包含人和动物,在学习的情境中,是不妨碍我们指向人的。在杜威看来,人是经验的主体,主体是经验的中心,人与他的自然以及社会环境的相互作用构成"经验"。在这里,一方面是"做",人对环境采取了某种行动;另一方面,环境对人的行为的反作用,人的行为的后果,又反过来让人这种"活的生物""受"。换一个角度看也是如此,"这种经验中,既包括环境作用于活的生物所产生的'受',也包括活的生物作用于环境所产生的'做'"[3]。因此,经验是主动与被动的统一。

(3) 经验是"源初经验"和"反省经验"的贯通。"源初经验"指的是日常生活状况下,由行为产生而记忆、积累的经验,是粗糙的,是非认知、非理智的。"反省经验"或称作"次生经验""实验性经验",则是通过探究而抽象生成的。按照杜威的说法,后者是实验性的,是受一定的理论指导的,是受控制的经验,是理性的、科学的经验。[4]正是如此,杜威把探究作为一种经验的方式,强调思维活动对经验而言的重要性,并提出著名的"思维五步"。这种反省性的、实验性的经验,又应用到日常经验中,它一方面使我们对源初经验有了新的理解,另一方面生活本身又对实验性的经验(即次生、反省经验)进行检验。这种深刻的观点对于我们的教学是极富启迪意义的。

(4) 经验具有连续性和交互性的特征。杜威强调,只有连续,经验才能积累,也才有价值。这种连续是建设性的,是为着特定目的的;这种连续是有未来指向的,每一个经验都对未来人们获得更广泛、更深刻的经验起到铺垫和孕育作用,"这就是经验的生长,连续性和改造的意义"[5]。交互性是经验的另一个特点,"做"和"受"的关系就是一种体现。杜威曾生动地描述过经验的交互性,"经验是有机体与环境相互作用达到极致时,就转化为参与和交流"[6]。还要关注的是在人与社会环境的相互作用中,杜威提出要从"联合体"走向"共同体",他认为"联合体"是物理的,"共同体"是道德的,显然"共同体"的相互作用更见效果。而"共同体""联合体"中的个体性,是具有社会性背景的,他的行为仍然具有交互性,因为他的个体性是在联合体中显现的,是某个联合体的一个方面[7],其创造力也是在共同参与的行动中表现出来的。人与自然环境的相互作用,不仅有认识与被认识、改造与被改造、制约与反制约等等关系,也有对话、融通的关系。如《我与地坛》中,地坛的风物是对史铁生精神救赎的一种力量。

2. 关于"一个经验"

杜威多次强调"一个经验",甚至常常在"一个"下面加上着重号。在以上讨论经验时,其实已见杜威所说的"经验"已有"一个"的内涵。这里从完整性上再加以阐说。

(1) 内容的整合性。杜威认为经验有认知的、智力的,也有非认知的、非智力的。杜威是把经验与生活联系在一起的,应该从"生活即教育"的视角认识经验,从存在论的视角认识经验。经验包括了全部的生活和历史。如现代教育普遍存在的,割断学习与生活的联系,把学习仅仅看作是智力活动,那是与杜威所说的经验大相径庭的,与学习的本质也是相距甚远的。"一个经验"的建构,要从生活方式、生存状态、生命表现的广阔视角认识。学习本身也是一种情感生活、审美生活。"经验关于它自身所提示的是一个真正的客观世界,这个世界加入于人们的行动和遭受的苦恼之中,并且通过他们的反应而经历种种变异。"[8]经验的建构是学习者的生存状态、生活方式、生命表现,它是一种认知活动,也是一种情感活动、审美活动,是生活的全部所在,只有这样,"一个"才真正存在,而不仅仅是似有实无的"一个"。

(2) 过程的完满性。"我们在所经验到的物质走完其历程而达到完满时,就拥有一个经验。"[9]在杜威那里,"一个经验具有一个整体"。为什么杜威要给"一个"加着重号呢?是因为他所观察到的常常是不完整的、残缺的经验。比如教学论要求学习从直观感知进入到抽象、概括知识,再到知识的具体化应用,而事实上最后一个阶段常常是缺失的,或以几道练习题代替了。现在强调大观念、大主题、大任务教学,则需要跳出知识点去建构"一个经验",给学生完整的学习时间,从而实现真正的学习。

(3) 境界的审美性。杜威把审美性当作"一个"的重要表征。这种审美性通常是以思维活动为内轴的,"一个思维的经验具有它自身的审美性质"[10],就是基于思维的心灵活动讨论的;"使一个经验变得完满和整一的审美性质是情感性的"[11],正是认知与情感统一,具有了"运动和变化中的复杂经验的性质";"一个经验"具有内在的和谐美,"每个相继的部分都自由地流动到后续的部分"[12],"就像呼吸一样,经验过程是一个取入给出的节奏性运动"[13];它又往往将有机物带入审美的高峰体验,"其结果是一个高潮","其中带有它自身的个性化的性质以及自我满足"。杜威接着确认:"这是一个经验。"[14]

二

事物的一些本质性、规律性的东西,在不同的时代语境中都是充满活力的。建构"一个经验",对培育核心素养大有裨益。

1. 教育必须基于真实的生活情境

杜威认为,教育即生活,要从生活中学习,从经验中学习。他还认为学校即社会,学校应是现实生活的雏形,校内学习必须与校外学习连接。他提出教育即经验的改造、改组,都是基于儿童真实生活的。核心素养则是学生应具备的、能够适应终身发展和社会发展需要的价值观念、必备品格和关键能力。学生发展核心素养,无论国外和本土,都可以清晰地看到是从学生生命完整性视角进行整体构建的。学科课程的核心素养的重要表征,就是在真实的、复杂的情境中,进行问题解决和创新。"一个经验"则把生活切分成相互联系又各自独立存在的单位时间,本质意蕴是"教育即生活",因此,其实践形态具有相对独立性,在操作层面可以得到较好的落实。

2. 学习者处于学习的中心位置

"一个经验"强调,经验首先是行动,经验源于一种"冲动",即作为生命主体投入到与环境的相互作用中。核心素养的培育必须借鉴其基本意蕴,以学习者为中心,"从做中学",引导学生进行积极的学科实践,主动参与知识建构的过程。经常有人说,核心素养是一种"冰山现象",而浮现的或者说表现出来的主要是一种能力,能力总是和人完成一定的实践活动相联系,在一定意义上是"做"出来的。这种"做"就是经验,就是在形成经验。"一个经验"恰好就是这样的路向。

3. 学习行为具有内在统一的特点

如前所论,经验的动词性和名词性、经验的"做"与"受"、源初经验与次生(反思、实践性)经验等等,都具有内在统一性。核心素养的要素在生活、生命形态中,都是相互关联、内在统一的。学科核心素养提出后,学界对完整知识观进行了热烈讨论。"一个经验"契合核心素养培育的本质要求,因为它是以生命的丰满性展开的。

4. 相对的完整时间是学习的内在要求

"一个经验"的"一个",强调学习必须走完一个历程。因为点状的、片段的、有始无终的学,构不成真正的经验。培育核心素养需要"一个经验"。近些年来,大家在热烈讨论、认真探索大观念、大主题、大任务教学,不少学者也提出要把一个单元作为相对独立的学习单位,这些都包含了"一个经验"中"一个"的思想。正是在相对完整的时间单位,围绕某个观念、主题、任务的学习,才能"走完"历程。这个历程包含了知识由外而内,再由建构而在应用中领悟的过程。这样的"历程"才有助于核心素养的扎根生长。

三

怎么根据"一个经验"的思想,进行学习设计呢?

1. 建构"一个"完整的学习单位

要想办法把"一个"落实下来,构成学生围绕核心知识的完整学习。首先要有学科知识的整体视野,提炼出学科知识体系的核心概念。比如马芯兰老师的小学数学,是由 68 个核心概念构成的知识建筑;而孙维刚老师曾提炼初中数学的 12 个核心概念、高中数学的 18 个核心概念。在他们那里,数学学科是立体的,数学知识是关联的、生长的,"一个经验"就因此有了焦点。其次要在研究学科、研究学生、研究自身的基础上,设计"一个"。笔者认为,"一个经验"包含大单元,又超越大单元。它可以是教材意义上一课(一节)的,如果围绕核心知识的学习,构成从情境体验,到探究建构,到知识应用,一课(一节)也可以构成一个经验。它也可以是一个单元的,即大单元学习,围绕核心任务的完成展开,在课(节)当中整体融通,没有空隙,又如杜威所说,像呼吸一样,形成内在的节奏美,这样一个单元的学习就构成一个经验。它还可以是超越大单元的。不少单元之间关联性较强,可以跨单元学习;有时还可根据学习任务的要求跨知识板块,如语文的跨任务群学习,这样的一个经验更加完满。从师者的教学创造性和学生的学习个性看,"用教材教"有宽阔的空间,可以构成"一个经验"的丰富形态。

2. 创设真实的学习情境和任务

学以致用是最高形态的情境学习,核心素养的培育呼唤任务导向的学习,呼唤情境和任务的真实性。崔允漷教授解释,"真实"有三层意思,第一,是把真实情境与任务背后的"真实世界"直接当作课程的组成部分。第二,是因为"做事"需要在真实的情境中完成某项任务。"真实"是教学与评价时所使用的情境,是任务必须具有的属性。第三,中小学生对知识意义的感受和理解往往是通过在真实情境中的应用来实现的。[15]当然这里的"真实"应当从学习的视角加以理解,这种"真实"包括真实生活本身,我们所说的贴近生活、社会实践和社会参与都是。这种"真实"也包括专门设计的学习情境,这可以视作生活的典型化,设计包含问题的情境、自带任务的情境。比如贾斯珀系列,包括以录像为载体的12个历险故事,这些历险故事主要是以发现和解决问题为核心的。每一个历险故事都按照美国国家数学教师委员会推荐的标准来设计。每一个历险故事都像一部精彩的侦探小说,解决问题所有必需的数据以及一些原始的数据都镶嵌在故事中,这些历险故事构成了一个大情境,引导学生在挑战性任务的完成中达成知识的学习,这种知识是数学的,也包括数学知识与其他领域知识的互动。[16]这些故事是为五年级学生设计的,故事的情境就构成了特定的"真实"生活。这种"真实"也包括通过模拟来创设,因为学习是一种有特定指向的生活,学校是社会的雏形,完全要求学习在真实情境、任务中进行是没有可能也是没有必要的,模拟应当是一种选择。事实上,在中小学老师那里,对生活情境的模拟有许多成功的案例。还应该强调的是,"真实"情境往往是自带任务的,而任务设计应具有召唤性,吸引学习者"冲动",主动投入其中,开启沉浸式学习。化用伊瑟尔"召唤结构"的表述,任务具有召唤学习者的探究机制,这是任务自身的结构性特征,它内在地召唤、邀请学习者进入。贾斯珀系列的探究任务就具有召唤性,能够激发学生学习的内在动力。如是,经验才能成为主体的行动。

3. 引导学科实践

经验首先是行动,在一般学习情境中的行动就是学科实践。

第一,激活学生的主体力量。教育即生活,学习是学生生命的一种存在方式,要从存在论视角认识学习者的主体地位。人本质上是主动者、实验者,把其本质力量激活,在主动参与中学习,主体成为经验的中心,杜威所希望的那种经验——富有建设性,在积极实践中,连续的、贯通的,相互激荡的,反思性的,完整圆满的——就可以有效生成。从经验中学习,就可以不断把学生引向美好的未来。

第二,遵循学习的基本规律。任何学科实践首先都是学习,要契合学习本质,遵循学习规律。这方面内涵非常丰富,笔者比较推崇的是国际教育组织在调研分析了世界上优秀教学模式后概括的要义:让学习始终充满挑战性欲望并引向最近发展区;课堂要有合适的安静时间,让每一个学生都有学习的机会;教学具有针对性。[17]这三条分别指向激活主体性、正确处理独立学习与合作学习关系、因材施教,是值得我们在认真实践中不断加以领悟的。侧重于经验的构成,则特别要重视认知与情感的统一。"为思维而教",经验常常是在思维的心灵活动中进行的,教学时要把握好几对关系:表里之间,活动要围绕核心知识的学习开展;练思之间,练习主要不是训练学生对某种题型的敏感性,而应该是培养思维能力;"统""个"之间,关注差异,提供选择性;简丰之间,教学的主线是精炼简约的,时空又是充分打开的,意蕴是非常丰富的。"为思维而教",能够真正做到高质量,则又离不开情感的渗透和融合。经验也是一种情感活动,情感的激活、熏陶既是手段,又是目的,是学科育人的重要体现。因此,应当整体设计课堂教学的情感线索,让学习成为认知与情感的双轮驱动。从"一个经验"的要求看,经验的完满性不仅表现在"走完"历程,而且要求能够获得审美感受。这种审美感受一方面来自以美启真的教学,美感渗透于整个经验过程,另一方面则是学生在经验中走向情感体验的高潮。"高潮"之所展示的全部运动力的顶点,有力地唤起欣赏者对于整个戏剧运动的由"顶点"所作的居高临下的想象和回顾;合乎必然的"发展规律",则促使欣赏者在作整体的、深层次的理解。[18]如是,学习是引人入胜,甚至如痴如醉的。"一个经验"也就真正形成了。

第三,彰显学科特质。学习大都是指向具体学科的。不同学科在形塑学生人格方面承担各自使命。学科实践当然要体现学科特质,用学科典型的学习方式学习。以语文说,引导学生在积极的语言实践中学习,这一条就关乎语文课程综合性、实践性的基本特点;培养学生在抽象的语言符号和形象的画面中自由往返,这一条就体现了语文学科思维培养的特点;要在语文经验中潜移默化地学以成人,这就要求对文以载道、文以喻道的学习资源进行教学转化;引导学生触摸文本肌理,有温度地感知学习内容,这里着力的是培养学生的审美能力。在这样的语文学科实践活动中,经验对涵养学生、培养能力,促进他们走向高品质的语文生活,都应当是极有价值的。相对而言,理科、艺体学科的学科特质更为明显,学科典型学习方式更具学科个性,关键在教师要有这样的意识,要自己在积极实践中不断领悟,不断提升。

第四,像专家一样学习。现在有一句口号:"像××一样学习。"这里的"××"代指各学科专家,在我理解,"像专家一样学习",既是强调学科典型学习方式,更是强调一种指向更高素养的学习。曾有学者概括过专家知识和思考问题的六个通则,相信对我们有一定的启发意义。下面介绍这个通则,并发表笔者的随感。① 专家的能力是确切的,他们表现的精确度源自他们的专门知识,这些知识推动他们去推理,有时实现概括化知识的迁移。这提示我们学习要指向学科核心知识,要通过学科实践让学生明乎"是什么"。② 专家对有意义的规律有所感知,这些规律指引专家在日常工作或活动中进行思考。这提示我们,要十分重视归纳的学习方法,归纳本身更容易形成经验和有意义的积累,当然,归纳和演绎是螺旋式上升的运动。③ 专家进行问题解决的过程,需要他们能够有选择性地在记忆中进行搜寻,或者是利用一般的问题解决策略。这提示我们,结构化知识的形成十分重要,正是知识的组织结构协助他们提取信息。④ 专家的知识是高度程序性和目标导向的,从概念到应用概念,其程序的选择是比较容易的。这提示我们,知识具体化应用应当在学习中得到落实。⑤ 专家的知识让他们能够很有技巧地进行调控。这提示我们,经验的反思性和自我监控能力的培养是重要的。⑥ 专家的能力可以变得常规化或作出调适。常规化是准确、效率,调适是对环境的适应力。这提示我们,应当引导学生在复杂的真实情境中建构经验。[19]

当然,这样的学科实践是在集体性学习的体制安排中进行的。按照杜威的观点,个体性总是连接着社会环境,何况我们在倡导构建学习共同体呢;学习共同体一方面要激活每个个体的主体力量,另一方面在推进伙伴式学习的过程中关注学习组织的重构、学习技术的掌控、共同体文化的创新。同时,在学习设计和教学过程中,要有机融入师者的有效支持,通过多重的相互激荡,走向理想的课堂。

4. 落实发展性评价

教育即成长,学习评价要立足这样的基本立场,切实落实发展性评价。完整性。知识的完整性包括符号层次、思维层次、情感价值思想层次、方法层次的内在统一,完整性评价体现了评价促进学科育人的本质功能。多元性。革新传统的评价方式,重视表现性评价,在评价活动中为学生"出场"提供机会。改变"一把尺子"的做法,根据具体学生发展状态,以评价促进个性化成长。科学性。努力借助现代技术,让评价能够基于数据和证据,从而精准地促进教与学的改进。贯通性。将评价有机融入学习全过程,进而推进到后续的学习活动中,使发展性评价伴随"一个经验"形式的完整历程。

参考文献

[1][5]赵祥麟,王承绪.杜威教育论著选[M].上海:华东师范大学出版社,1981.

[2]约翰·杜威.经验与自然[M].傅统先,译.北京:商务印书馆,1960.

[3][6][9][10][11][12][13][14]约翰·杜威.艺术即经验[M].高建平,译.北京:商务印书馆,2018.

[4]约翰·杜威.哲学的改造[M].许崇清,译.北京:商务印书馆,2002.

[7]John Dewey. The Later Works, Vol. 2. Southern Illinois University Press, 1984. 转引自张梅.杜威的经验概念[D].复旦大学,2008.

[8]德雷克,等.批判的实在论论文集[M].郑之骧,译.北京:商务印书馆,1979.

[15]崔允漷.如何开展指向学科核心素养的大单元设计[J].北京教育(普教版),2019(2).

[16]美国温特贝尔特大学认知与技术小组.美国课程与教学案例透视——贾斯珀系列[M].王文静,乔连全,等译.上海:华东师范大学出版社,2002.

[17]引自顾泠沅教授在李庾南教育思想研讨会上的介绍.

[18]高楠.艺术心理学[M].沈阳:辽宁人民出版社,1988.

[19]罗伯特·格拉泽.专家知识与思考过程[A].学习与知识[M].冯施钰珩,陈垄,译.香港:香港公开大学出版社,2003.

深度学习的实现

核心素养,不管是学生发展的,还是学科的,抑或称之为课程的,都是指向完整人的,关注学生走得远的。它对教学的期待,应当是深度学习的实现。

一、何为深度学习

深度学习是基于理解的学习。怎么就是"理解"呢?一是知识已经内化。教育学家们认为,人的知识学习有两次转换,一次是人与人之间的,更多指的是从老师到学生;另一次是自我转换,由外而内的。知识的内化说明两次转换已经实现,新知已经融进了乃至丰富了学习者的知识结构,已经成为学习者知识建构的有机组成。二是知识可以迁移、应用,学习者能够将知识迁移到新的情境中,作出决策和解决问题。三是洞察力的形成。知识已经转化为思想的武器,已经成为学习者本能的一种素质,看得准,看得透,甚至能迸出创新的火花。这在过去的学习论中几乎是盲点,现在倡导培养创新性人才,就成了一个重要的人才指标。爱因斯坦说,对表面现象之后隐藏的规律的感觉,使我们形成直觉。庞加莱说,逻辑用于证明,直觉用于发明。[1] 把培养洞察力、直觉思维作为理解知识的一个维度,是非常必要的。四是共鸣性。对情感、价值、学科本质有所领悟,高度认可,有的还发生强烈共鸣,在认知的同时,价值认同实现了。

二、怎样实现深度学习

1. 教师的引导。学校情境里，学生的学习总体是在教师引导下进行的。这种引导怎样往深度学习走呢？首先，要研究学生，了解学生前拥知识，这是教学的起点所在；研究学生的具体差异，把"面向全体"落实到每一个鲜活的个体。其次，要研究知识，对教学内容进行筛选和重组。要超越表层的符号形式，理解知识的逻辑根据、思想方法、价值意义；超越庞杂的知识点，理解知识的组织结构和属性特征；超越简单的具体知识，理解学科思想、学科方法。第三，要进行专业化的设计和规划。要以核心学习任务为中心，围绕引导学生触摸、理解核心知识，组织学习活动。比如，怎么构建一个学习情境？最好是与现实生活密切关联的真实生活中的情境，也可以是有真实感的模拟情境。怎么设计学习活动？问题（任务）驱动，自主（包括自己主导的合作）探究，学习或项目完成后，学习结果的交流分享和内化反思，等等，总是要有一个心中有底的谋划。在学习过程中，怎么选择学习方式，怎么使用学习工具？这也是要未雨绸缪的。学习方式有通用的，也有学科的，还有与学习风格相匹配的，教学的针对性往往与学习方式的匹配有关。学习工具应当有系统开发的意识，有能够满足学习需要的工具箱。在教学设计中，要有机地融入评价设计，崔允漷教授等提出教、学、评一致性，按照他们的建议，学习目标明确之后就要设计评价任务，评价设计要先于教学设计，即明确我们要到哪里？（学习目标）怎样才能表明我们到了那里？（评价任务）我们怎么到那里？（学习过程）这是一个完整的过程，必须作为一个整体来设计。第四，在学习过程中要为学生提供有效的帮助。这种帮助可以是预设的，教师在教学设计时预估学生会在某个知识爬坡的过程中有难度，在教学现场确实出现了这种情况，教师有备而来，及时提供了学习支架，帮助学生跨越了障碍。这种帮助也可能是随机生成的，因为课堂的走向充满不确定性，无论怎么精心设计，都不能穷尽教学现场的千变万化，教师及时的点拨、引导就变得非常重要。这需要教师"短"备课和"长"备课统一。"短"备课指的是针对具体教学内容的，要有通透感，不能"夹生"；"长"备课是指教师长期的知识积累和素养储备，所谓"教学机智"，考验的就是教师的素养和功力。

2. 学生的参与。相对于旁观者知识观，新课程倡导参与者知识观。按照旁观者知识观,知识的学习是主客两分的,很多学生考完试就把知识"还"给课本和老师了,因为学生获得的知识本来就是"他者"的;参与者知识观倡导学生在老师引导下主动参与知识的建构,知识在学习的过程中得到内化,成为学习者身体的一部分了,知识也就被学习者"带"走了。这里的参与,第一,是主体行为,有主动的意愿,有自主的规划,能够自己参与调控学习过程的走向。第二,是在"做",在"经历"的。这在本质上是对生命的尊重,在这里,作为动词的经验意味着生命的活动,生命的存在形式寓于"做""经历"的实践活动中。第三,参与是在完成挑战性任务。学习的一条基本原则就是始终充满挑战性欲望,学习过程中的挑战,主要是思维的爬坡,正是具有挑战性思维含量的任务,促进学习者走向理解。三十多年前,讨论好课时,我们就提出,关键看有效思维的时间长度。今天看来,这种认识仍然是站得住的。第四,参与具有具身性,具身性认知指的是人的心理和生理相互结合,认知存在于大脑,大脑存在于身体,身体存在于环境,大脑、身体、环境三者相互激荡,来完成我们的学习和认知。具身认知在西方是作为第三代认知科学出现的,在东方其实有深厚的传统,从孟子、荀子到陆象山、王阳明,到戴震,都是力求克服主客分离的知识观,强调人的外在气象,是由内在的道德、心性、心血一起涌发出来的,形、气、心一体三相。这些与西方探讨人类知识的身体性根源、研究学习与身体整体性的关系,都是相通的。第五,这种参与是连续的、多维的。连续是时间的,连续方构成课程,构成教育;多维是空间的,多维方体现集体性学习的优势,在相互启迪、意义协商的过程中"生产"知识。第六,这种参与是审美的。审美一方面指情感与认知相伴而行,学习过程洋溢着愉悦感;另一方面指经验的完整性、完美性。完美性不仅是指学习过程相对完整,学习成就达到理想状态,还有审美的高峰体验。教学不仅应当是科学,同时也应当是艺术,参与的完美性包含了学习过程中的艺术享受。

3. 效能的达成。学习能否有充实感,是检验教学是否成功的关键。教与学的效能,一是看学生对知识是否真正理解,其关键主要是内化和应用,做到位就是"学会"了;二是看学习方法和学习策略是否形成,教学总是想授之以渔,"教是为了不教",关键在于学生是否掌握学习方法和学习策略,所谓"会学"正是在这方面有明确的要求;三是看学习动力值有没有增强,"兴趣是最好的老师","想学"最重要,内驱力有了,学习动力就形成了;四是看情感的共鸣和价值观的领悟,所谓以情激情,其中的"情"包括知识、师者、学生三方面的,而从认知走向认同,正表明价值观在生根,"教书育人"大抵指向这个方面。除了从学生角度讨论的这四个方面外,还有教师角度,"教学相长",好的教学本身也是教师专业进步的过程。我经常说,名师的高度正是一节一节高质量的课垫就的,这应该也是教学效能的重要表征。

参考文献

[1] 王有文.高等数学学习论[M].北京:中央民族大学出版社,2016.

注:本文系作者在2017年12月人民教育校长峰会上的演讲,发表于《教育研究与评论》,2022年第2期。

智力发展，关键是走多远

皮亚杰曾经质疑加速儿童智力发展的做法，他说：问题不是我们能帮助智力以多快的速度发展，而是我们帮助它走多远。这个观点今天仍然具有振聋发聩的意义。

举目四顾，许多人都在为了儿童智力发展得更快而焦虑和忙碌。"不能输在起跑线上"，甚至"抢跑"也时常可见；分数成了教育的语法，不谈分数似乎不通不顺；知识点为中心的教学大行其道，从"填鸭"到"考鸭"成了学习生活的基本流程，全然不顾儿童成了"板鸭"。

好在近几年来这些问题得到高度重视，特别是党和国家全面、密集地出台了一系列教育改革的大政方针，涉及发展素质教育、立德树人、培养核心素养、"双减"等等，引导教育走向康庄大道。基层的许多老师以大爱大情怀，奉献心血和智慧，创造了很多先进经验，让我们看到好的教育确实能引导学生智力走得远，行板如歌向未来。

要让儿童智力发展走得远，应该从存在论视角认识学习。教育即生活，学习是儿童的一种生活方式、生存状态、生命表现。儿童在学习中是在"生活"，而不仅仅是"活着"，他们应该是主体意义上的人，学习应该是他们作为主体主动性的行为。当然，这种主体性在课堂情境中常常是"被动"的，因为学习行为是受到老师教学行为制约的。老师非常重要的任务就是真正把课堂"还给"学生，引导学生化被动为主动，"从做中学"，建构知识，发展智力，培养素养。

要让儿童智力走得远，必须完整理解和生动把握知识和学习的内涵。在一定意义上，智力是植根于知识的，而知识至少包括定义概念、思维逻辑、价值情感三个层次，学科育人主要是指知识完整性在学习者那里的实现和内化。基于存在论视角的学习，从来不是单维度的认知，恰如杜威所说的"经验"，有认知的、智力的，也有非认知的、非智力的。认知的、智力的经验，本身也是一种情感活动。以思维为主线的经验，达到审美状态，才形成经验的完满性。如斯，学习才是生命内涵的不断充实和发展。

要让儿童智力走得远，关键在于教给学生带得走的东西。比如，有专家说，知识创造有一个从"火热的现场"到抽象凝练的"冰冷的美丽"的过程。教学时要把定义、概念那些"冰冷的美丽"还原到知识发现"火热的现场"；也可以为知识学习创设真实的生活情境，从而激发儿童对知识的兴趣、对学习的热情。再如，重视知识的结构化学习。语文可以多用归纳的学习方式，从一个个生动的个案中，从文化（内容、主题）、心智表达（体式、结构）、语言等方面建构图式。数学重视对现实世界的数量关系和空间形式进行抽象，用数学符号表征以建立数学模型，形成抽象体系。又如，不仅关注"学会"，还要关注"会学"。"会学"至少包括掌握一般的共性学习方法，即遵循基本的学习规律；掌握学科典型的学习方法，即让学习体现学科特质；具有激活资源、学会合作的能力，创生共融，智能解决问题；学会以自己为对象加以反思，进行自我监控，在内省中提升自己。

要让儿童智力走得远，需要致力于培养儿童的创新素养。创新素养不仅是带得走的，而且是会不断生长的。首先是要培养学生的创新人格，激扬主体性，养成学生不怕挫折的健康心态，培育学生敢于质疑、求真求实的科学精神。其次要培养学生批判性思维、思辨性思维，让学生学会理性地思考问题，倡导基于论据形成观点。还要重视直觉思维、创造性想象能力的培养，让所见所想插上翅膀，从而使学习不仅是证明式的，还是发明式的。也要让课堂向四面八方打开，引导学生以广阔的生活世界为背景生成高水平的情境学习。这里的学以致用，本身就是走得远的一种表征。

注：本文发表于《江苏教育》，2022年第5期。

怎样做教育教学改革项目

为推进基础教育高质量发展,各地都启动了教育教学改革项目建设,以江苏为例,近些年组织了基础教育内涵建设项目实施工程,这些项目包括幼儿园课程游戏化、中小学品格提升、中小学课程基地与学校文化建设、特殊教育发展、基础教育前瞻性教学改革实验,以及"四有"好教师团队等。项目的申报和实施,激活了基层学校的蓬勃活力,积累了一批具有普遍指导意义的先进经验。对学校的发展而言,甚至出现我戏称的"项目为王"的现象:"有没有项目""项目做得怎样"成为学校竞争力和影响力的重要标志。因此,认真总结先行学校的经验,切实指导项目的申报和实施,包括组织好学校自己根据内在要求创立的项目的推进,是非常必要的。

一、怎样选题

项目的选题大致来自四个方面。第一,基于经验。所有项目的申报都要回答"已有基础","已有基础"最重要的是在选题方向先期的探索和实践。自己学校的扎根实践,是形成项目甚至也是凝练成果的源头活水。比如无锡师范附属小学的项目都是生长在快乐教育的沃土里。李吉林老师的情境教育不仅生长出新项目,而且作为项目成熟的结晶,荣获首届国家级基础教育成果特等奖。第二,问题导向。这里的问题指的是谁也绕不开、在发展过程中总是要解决的基本问题。正是强烈的问题导向,使我们想以项目化的方式,聚焦问题,推进问题解决。比如数学学科出现了一批从结构化、核心问题视角设计的项目,显然是想超越知识点为中心的教学,从大观念、大方法、大结构方面,引导核心素养生成。第三,文化传承。回望以往,发现先贤的实践探索形成的文化积淀,有不少是抵达教育本质、符合事物发展规律、在不同的时代语境中都具有活力的。于是"接着讲",传承和光大优秀的文化传统。这个"传统"有大视域的,如中华优秀传统文化;有中视域的,如地域文化,或百年名校这一类学校的文化;有小视域的,如本校的文化积淀。有时三者是关联的,如南京夫子庙小学关于孔子教育思想传承的项目,就具有三者关联性。当然,更多是侧重在某一方面,如南京鼓楼幼儿园的"活教育",就是源自创办该园的陈鹤琴先生。第四,八面来风的启迪。关注科技社会的发展,关注国际教育界新的发展趋势,某个新信息、新观念与自己的精神关注点相契合,于是就形成具有前瞻性的项目。如有的学校围绕成长性思维做,大概是因为成长性思维曾被列为美国年度教育热词之首,而乐观、坚韧也正是我们培养的新人应具备的特质。有不少以大数据、人工智能为背景的项目,都体现了主动适应科技和社会发展的强烈意识。

二、怎样设计项目

第一,聚焦学生发展。"培养什么样的人""怎样培养人"是教育的原点,是我们终极的价值取向,是我们永远不能忘记的初心。事实上,有不少项目做着做着就"跑调了",忘记究竟"为什么",是需要引以为戒的。第二,筑牢学理基础。做项目切忌"我以为"的思维,要说明白"是什么",知其所以然。我在和中小学的同行们讨论时,经常商量的一个问题就是"我们凭什么这么说"。"凭什么"就是学理的基础,比如李吉林老师的情境教育学理基础是认知与情感的关系。南京实验幼儿园的综合课程学理基础是完整儿童即人的全面发展理论。第三,具有项目化思维。做项目和做课题不完全是一回事,做课题可以"虚功",做项目必须"实事",强调可看见,有样态感,有辨识度;可操作,做什么,怎么做,清清楚楚,容易上手;可评价,因为目标清楚,所以做得怎样也容易测评;可迁移,其中包含了规律性的东西,且具有可行性。第四,方法、技术的有机融入。做项目不能跟着感觉走,要自觉地进行方法的设计,主动引进先进技术。顾泠沅教授的青浦初中数学实验,在每个阶段都有方法、技术匹配性的设计,从而使整个项目超越经验型,达到很高的科学水准。第五,预期成果设计。成果是"项目"的基本要素,做项目包含了预期成果。成果是项目之母,预期成果本身就是项目深入研究和有效推进的牵引力。

三、怎样做项目

第一,构建共同体。项目是靠人做的,而且往往不是一个人在战斗,需要一群人,而且这群人不是物理性的聚集,而是道德性的凝聚,成为共同体。这个共同体要有共同的愿景认同,共同的价值追求;每个个体都是主体,都迸发创造的活力;结构具有合理性,能够相互补充,相互支撑。第二,理论与实践结合。做项目既要做成事情,又是在做事的过程中探索某种规律,需要理论与实践双重探索,相互激荡。在这方面,做课程的相关项目,一定要学习、借鉴课程理论;做教学的相关项目,必须基于认知科学。第三,形成项目的"一个经验"。按照杜威的说法,经验是活的生物与自然环境、社会环境相互作用的事情,活的生物要走完历程达至完满,而不是半途而废,才构成"一个经验"。做项目要有始有终,以"一个"实现项目的最大价值。第四,重视数据和证据的积累。项目做成了,有没有说服力,关键在于过程性的资料的积累,在于基于数据和证据"说话"。"口说无凭"总是一件很遗憾的事情。第五,把握有限目标与贯通性的关系。不少学校的变革是借助项目逐步推进的,阶段性的项目有助于我们实现有限目标,而我们可以通过一个个有限目标的实现走向无限。因此,持续性的改革要注意项目的贯通性。比如江苏省锡山高级中学的课程改革,1.0阶段是20世纪末的校本课程;2.0阶段是新课程实施后的选修课程;3.0阶段是基于课程标准的国家课程教学;4.0阶段是新一轮高中课改启动后的创研性大主题课程。前后贯通,拾级而上,不断创生新境界。

四、怎样凝练成果

第一,体现基本面。项目成果的基本面包括为什么、是什么、怎么做、做得怎样等方面。"为什么"是原因,往往包括培养要求和问题解决意识等方面;"是什么"是"认识你自己",对项目内涵有准确的阐释;"怎么做"是项目的具体实施,特别注意要回到现场,真实准确地描述和归纳;"做得怎样"是成果和影响,其中最主要是学生发展、教师发展，而不能喧宾夺主。第二，提炼创新特质。项目的意义就在于创新，应该认真总结，其基本维度有理论、实践、方法等方面，但又要有个案的特点。以南京师范大学附属小学为例，新课改启动后主要是做童心母爱的育人模式，而作为一个育人模式，创新点在于怎样把个人的教育哲学转变成学校文化灵魂，怎样结合新课程推进的宏阔背景进行育人方式变革，怎样在项目推进过程中卓有成效地解决当下小学教育存在的基本问题。如是，这个生动的特殊性就具有了重要的推广价值。第三，结构化表达。项目成果要"站"起来，关键在于结构化表达。比如学校文化，精神文化、组织文化、行为文化、物质文化形成了基本结构。再如课程，一定会包含目标、内容、实施、评价这些结构要素。比如北京十一学校的育人方式变革，有理念：激活每个学生潜能；方式：每人一张课表、走班教学、探究性学习、个性化体验性的社会实践；保障：风险评估制度、导师制度、过程性监测评价制度。理念是为什么，方式是做什么、怎样做，保障是怎么保证方式落地、做出实效，这就构成了自洽的结构，甚至形成育人方式变革成果表达的范式。第四，成果发布。要尽可能把成果转化成公共产品，通过正式发表、出版与同行分享；要通过推广活动，让成果更好地发挥影响辐射作用。在成果发布的过程中，项目团队必然会对成果做进一步的提炼，这个过程看上去似乎是表达的问题，但同时也是对成果的进一步优化，对实践的改进，有着重要的作用。

注：本文发表于《江苏教育》，2022年第5期。

课堂的节奏美

"节奏是一切艺术的灵魂。"(朱光潜)教学是科学,也是艺术,节奏美是课堂教学的内在要求。

缓与急的和谐美。首先时间上要缓急得当,课堂导入要言简意赅地把学生的思维从课外引入课内;课尾,归纳、拓展,三言两语地把学生的思维发散到课外。而课的中间环节是学习新知的主要环节,特别是重难点处,要缓下来、慢下来,充分揭示知识的发生过程和暴露学生的思维痕迹,经历思路的剖析、矫正、转轨等过程。不仅时间上要有缓与急,教师的语言表达上也要有缓与急。开头、结尾以及非重点处,教师的语言可以平一些、快一些。重点处语速要缓,但要缓急有致,刚柔相济,或庄或谐,或侃侃而谈,或一唱三叹,余音袅袅……而且要富于启发性,浑然一体且有序,让学生的思维处在最佳兴奋状态。课堂教学缓急得当,就如激流勇进突转以细流幽静,能驰以回味,休以运神,形成和谐美、融和美、节奏美。

动与静的交替美。这里的"动"是指课堂教学活动的一种活跃状态,如学生踊跃发言、热烈讨论、争辩、展示,甚至表现等等;所谓"静",是课堂教学活动中的一种相对安静状态,如学生静心听课、深入思考、独立作业等等。"文似看山不喜平",课堂是需要波澜起伏的。另一方面,安静,安心,才能保持一种思考力。静得有力量,专注着迷,是孩子真实的学习在发生。现实的小学里普遍存在着两个极端,一种是存在过多的吵闹、喧嚣、高分贝的声音,师生动作匆忙,热热闹闹,华而不实,部分学生兴奋过度,以至于另一部分学生跟不上,不能够参与进来;另一种是自始至终静寂,死气沉沉,弥漫着过度的压力感和莫名的焦躁感,甚至抑制学生的思维。这些都不能取得良好的教学效果。符合教学节奏美的状态,应是动静交替的有机结合,时而凝神静思,时而跃跃欲试,时而窃窃私语,时而互相质辩,才有利于培养学生良好的思维品质,走向深度学习。

角色交互的秩序美。教学是教师的教和学生的学所组成的一种人类特有的人才培养活动。师与生、生与生的交互关系,构成了教学的基本秩序,也是课堂节奏的重要组成,如师生的进与让。传统教学中多是教师一言堂,讲与听形成了单调的枯燥节奏,现代教学强调学生的主体地位,倡导教师必要的"让",师者把课堂中央让给学生,教服从学,不断适应学的变化,这样的课堂秩序就是体现学生主体性的,舞台的光束就聚焦到学生那里。又如学生的"群"与"个",在集体性教学过程中,关注每一个个体,"群"与"个"构成互动,学生也可能在"群"与"个"中不断切换角色,这样既保证集体性带来的效率,又发挥个体性激情的力量,这里人的表现的强弱进退,都是以学为中心,以人的主体性为动力。这样的节奏感,体现了"教育是人学"(苏霍姆林斯基)的本质内涵。

注:本文发表于《江苏教育》,2021年第12期。

教育人该如何阅读

从 1971 年 4 月,以民办教师的身份站到讲台前,我开启了自己"教育人"的生涯。自我评估,在"教育人"中,我的个人阅读比上不足、比下有余,但以自己的经历,特别是对其他"教育人"因读书而成长、成才、成家的见闻,深知读书对于教育工作者专业进步的意义。所以,当年轻的朋友们邀请我谈谈这个话题时,还是很乐意分享自己的一些体会和思考。

一、为什么读

《劝学》有言:"学不可以已。"这里的"学",指的是人生的启蒙和超越。在"学以为己"的意义上,确实应该活到老,学到老,使自己生命的意义不断充盈。这个读书的第一个理由,是对所有人而言的,具有普适意义。第二个理由是教师这个职业所决定的,即维果茨基所说:"教学要走在儿童发展的前面。"[1]教师这个职业"未完成性"的特点,决定了要真正"走在儿童发展的前面",自己应当做好一个学习者,持续地乃至终身地做好一个学习者。第三,则是由时代的变化引起的。惠特曼有诗:"时代啊,从你深不可测的海洋升起。"当下,知识更新变化迅捷,知识迭代已经是几年甚至不再跨年便能完成,诚如有专家所说,在传统的工业革命之后,出现了数字经济,人们之所以不适应,是因为它是一个代际概念,它带来的是数字世界,一个新的世界出现了,你的动作、操作、理解都会发生彻底变化。关键是,大家还没有整明白时,元宇宙世界、星辰大海世界又接踵而至。新的"世界"出现,人们的生活方式、生产方式都在变化,教育的变化必然相伴相生。我们稍微注意一下,就会看到我国的基础教育课程改革大约十年左右就会出一次新方案、新课标、新教材,其重要原因之一,就是教育要适应时代变化,每一轮课改都包含学习内容的迭代更新,它就使教学"走在儿童发展的前面"呈现动态的、弥漫着紧迫感的意蕴。

二、读什么

读什么是由具体的阅读目的决定的,大致可以分成四类。

1. 养以必读。金克木先生有篇名文,叫《书读完了》,讲的是陈寅恪先生的轶事,说陈先生等学者认为,人生的读书,"不就是那三四十本嘛!"这种读书,精髓在"养",这"三四十本"都是安身立命的经典。具体地说,还可以分为:① 学以做人的经典。古人讲"修""齐""治""平",是以修身为发端、为源头的。孔子说"学以为己",孟子倡导"养吾浩然之气",荀子认为"君子之学以美其身",到了苏东坡,则吟出"腹有诗书气自华",清代陈澧则指出"士大夫之学,有益于身,有用于世",等等,说的大致是一个意义。② 信仰人生的经典。教育工作者为党育人,为国育才,自然、必然有明确的政治站位,今天我们要赓续红色传统,厚植红色基因,自己当然要进行"红色阅读",而这种阅读,着重要领悟红色文化中如习总书记指出的"真理的味道",从而进一步建构红色的精神谱系。从政治信仰角度看,这也是一种"修身"。③ 知性人生的经典。"教育人"自然应当有知性人生。培根说:"读史使人明智,读诗使人灵秀,数学使人周密,科学使人深刻,伦理学使人庄重,逻辑修辞之学使人善辩。"[2]这也可以理解体现学科特质的学科育人。如黑塞所言:"深入书的世界,一步一步地发现这个世界是何等广大恢宏,何等气象万千和令人神往。"[3]于是,才可能有了厚积薄发,有了从容自如。④ 教育人生的经典。"教育人"是知识分子的一个特定群体,教育是一个专业,是一门科学,"教育学是迷恋他人成长的学问"(范梅南),当然也有经典之作,值得并需要我们驻足、流连。

2. 教以引读。对教师来说,读书在前,教学在后。这里的"读"又可以分成为教育理解而读和为具体教学任务而读两个方面。为教育理解而读,关键是理解学生、学习、学科,理解三者的融为一体。我自己的教育理解,就受到郑也夫教授《阅读生物学杂志》说到的幼态持续理论影响。幼态持续理论讲最高等的生物的成熟期最长,儿童的成熟期长达20年。幼态持续非常有利于保持童年的特征,给教育创造一个"新人"留下了积极可能性,而且,教育的一个使命就是要让一些儿童的特质"持续"保存并生长。从这个角度审视儿童和教育,我们会有新的启发。再如认识儿童自由生长,我深受《康德论教育》的影响。康德说,儿童是树林中的树,而不是旷野中任意疯长的树。许多贵族的后代如旷野中的树,无所制约,满树枝枝权权,不能成材。树林中的树要吸收阳光雨露,必须挺拔向上。在教育中,就是学生既要接受社会规范又能自由成长。这样,我们对于把握学生社会化进程中的自由发展,就找到一个比较准确的平衡点。为具体教学任务而读,是每位老师教学的"一日三餐"所面临的任务。多年来,我倡导要让所教的知识达到通体透明、形神兼备的境地。虽然往往达不到,但自己确实是努力的。在中小学教学时,如果第二天有课,晚上的最后一件事,一定是把第二天要教的课文拿出来再读两遍,想一想,捋一捋,看看是不是顺了、通了、透了。前贤讲读书要"入乎其内,出乎其外",如教一篇课文,要细读、品味,又要从一篇课文,到一个作家、一类文本,然后再回过来,这样才能达到前贤要求的,既"真切"又"高致"(王国维)。以此类推,所有学科的教学莫不如此。

3. 研以带读。研究是一名教师应有的素质,而教学研究要有谱系意识,通过广泛阅读,了解前人、他人取得的成果,在已有成果思想滋润的基础上开展工作。2020年底,我的《语文教学艺术论》修订重版,而这本书的初版写于上世纪80年代末90年代初,当时写作这本书,我确实是在读遍优秀语文老师公开发表的案例和文章,同时结合自己与斯霞、于漪、李吉林、于永正等老师交流学习的体会,然后下笔的。近些年来,我在《江苏教育研究》开辟了"幸福教育的样子"专栏,每期一篇,记录学校和老师们在教育教学改革中的创新实践,有的校长和老师说"你比我们懂我们",何以能获得这样的褒奖呢?在我的这些抒写对象,多少是"只缘身在此山中"。在我,一方面是因为这些"教育人"践行教育理想,契合我心中对"幸福教育的样子"的想象,我被深深感动了,情动于中;另一方面,我每次都围绕他们创新的主题搜集一些文献,甚至和一些同行进行探讨,进行理论与实践的对话,往夸张的角度说,努力在记录的过程中实现某些引导,所以得到他们和读者的认可。

4. 暇以伴读。"无声听细雨,寂寞闲读书。"读书还是一种心灵的陪伴。没有任务,好书相伴,"独与精神往来",岂不快哉!哪怕随手翻翻,打发时光,也是一件很惬意的事情。读书人都有这样的体会,读着读着入迷了,时间的推进,如张爱玲在《太太万岁》的题记里所写,"日光""从房间的这一个角落照到那一个角落,简直看不见它动,却又是倏忽的。"

三、怎么读

1. 经典反复读。经典之所以是经典,就是因为值得我们反复读,常读常新。经典是我们精神上安身立命的原乡。除了经典,我们还有广泛的阅读,也会受到滋养。我以为,那大体是从精神原乡出去旅行,是精神原乡的拓展,沿途所拾又可以不断充实、丰富我们的精神原乡。陈寅恪先生所说"不就是那三四十本书嘛",那就是案头必备、反复阅读的经典。当然,经典有人们共同享有的,也有因志趣所致形成的带有个性色彩的经典。因为是安身立命之所在,我们的精神生命正是在这块沃土上生长的。

2. 开展主题性阅读。主题性阅读,有助于积累知识和解决问题。2002年前后,新课改启动,我和其他许多同仁一样,要补上课程理论这个短板,就尽可能找来课程史、课程论的几十本书,进行较为系统的阅读,在工作中多少克服了"书到用时方恨少"的困窘。

3. 在实践中做一个思想者。经常有老师问道,这些书大家都读了,为什么有的同事比我们有感觉。其中一个原因,是因为那些同事在实践中是一个思想者,他们的问题在一定意义上是有备而来,哪怕是不期而遇,但他们的思考还是被激活了,他们在阅读中实现了对话。所以,要养成一个习惯,把工作当学问做,让教学也成为一种研究,这样再去读书,相信效果会好许多。

4. 养成对某种报纸杂志的阅读习惯。报刊大抵都有特定的阅读群体,长此以往,报刊与读者之间会达成某种默契。对某种报刊数年、数十年持续的阅读,有助于我们从一个特定视角,形成对社会、对业界的了解,也在无意之中有了"史"的阅读积淀,对这种报刊持续关注的某个问题,有"了然于胸"的感觉。当然,选择什么样的报刊,这与"教育人"自己的兴趣、专业相关联,不可统而概之。

5. 构建对话场,在交流激荡中相互促进。在个体知识观向群体知识观演进的大背景下,要充分认识社会情境对知识生产的意义。以读书说,每过一段时间,三五知己围绕一个共同感兴趣的话题进行交流、碰撞,一定会迸发思想的火花,将阅读引入深入。在大学毕业后的那几年,我和几位好友有每月一聚的习惯,话题都是围绕语文教学展开,粗茶淡饭,彻夜长谈,感到十分过瘾。后来有了更多的机会,或是组织安排,或是民间行为,围绕某个专题,在个人阅读的基础上参与深度研讨,每次都有受益良多的体会。参加编写高中语文教材时,话题更为聚焦,任务更加具体,讨论也更是热烈,正是这种思想交锋让教材呈现出如琢如磨的美感,教材组本身也如有的老师所说,"就是一所教师进修学院"。

四、什么时间读

谈到阅读,许多同仁都受困于忙碌,这就有一个时间管理的问题。我的建议是:

1. 读书成为日常的生活方式。开始可能要有强制性,自己对自己订一个制度,以我自己来说,在中小学讲坛上站了 18 年,后来到机关和事业单位做行政工作,又有疏懒的天性,忙起来一想到还要读读书,就很着急。于是,自己立了一个规矩:一周至少有五个晚上读一小时书,周六周日至少有半天用于读书。人常说,制度成规范,规范成习惯,习惯成自然,自然而然以后,稍加盘点,大都是超过最低时限的。当然,不少"教育人"天生就是读书的种子,读书的自觉性远比我强,耳闻目睹以后,我会用这些榜样激励自己。

2. 整块时间系统性阅读。在每个人的生活节奏、工作节奏中,总还是有些整块的时间的,应当十分珍惜,比如节假日,除了休息、休闲之外,要有利用整块时间的意识,做好准备。前年春节期间,由于疫情关系,整块时间突然拉长了,我抓紧把积极心理学的几十本著作找来,边阅读边写作,努力从学理上把幸福教育说得清楚些。所谓"抓住机遇",时间管理也是如此。

3. 利用"边角料"进行碎片化阅读。当代人的阅读主要是碎片化阅读,就看看身边的人,包括我们自己,每天翻多少次手机,就知道"碎片"到什么程度。对于碎片的阅读,不能排斥,而是要顺势而为,发挥它的价值。人们的知识吸收,有两种思维模式:一种是树根思维,这主要来自系统的学习;另一种是块茎思维,如同马铃薯切片埋在土里,可以向四面八方生长。学习,应当把这两种思维模式结合起来。有的科学家说,自己的灵感主要来自碎片化学习,就是因为碎片化学习"触发"了、激活了他的思考,块茎思维与树状思维融通了。我在讨论学校文化时,化用的一些意象都是来自碎片化阅读。如幸福学校应当"到处流淌着奶和蜜",幸福的老师"你是人间四月天",学校特色建设是在"寻找自己的句子",等等,都是在随手翻翻中获得的灵感。

弗洛伊德说,人生三件事,爱、工作、休闲,许多"教育人"休闲是少不了暇以伴读的。如此说来,读书是可以把三者串联的,而回到读书的意义,则是爱将三者贯通。愿我们共同努力,通过读书的桥梁,让爱照亮人生。

参考文献

[1] 吴国来,张丽华,等.学习理论的进展[M].天津:天津科学技术出版社,2008.

[2] 徐晓琳.中外教育名人名言[M].北京:企业管理出版社,2019.

[3] 张新颖.读书这么好的事[M].上海:上海人民出版社,2017.

注:本文发表于《人民教育》公众号,2022年2月4日。

阅读,我们与作者"同在"

戴维·伯姆在《论对话》中说,对话是"一种流淌于人们之间的意义溪流"。[1]这种"流淌"如果能发生在读者与作者之间,阅读就成为作者与读者共话、共赏、共欢、共享的活动,在伽达默尔看来,这种现象被称作"同在"。真正的阅读,应当追求"同在"的境界,应当实现"意义溪流"在作者与读者之间的流淌。

一、走进人物的精神世界,这是一种"同在"

在《红与黑》里有这样的一个场面:"一点钟以后,他睡得很熟,他觉得有泪水滴在他的手上,他惊醒了……他睁开眼睛,那是德·瑞那夫人。"[2]这一滴泪水意味无穷:在一个教士的欺骗、强迫下,德·瑞那夫人写给德·拉·木尔先生的信,导致了于连的被逐。于连激愤之下,顿生报复念头,回乡刺杀德·瑞那夫人,使之受伤。事过之后,这一对真诚相恋的情人都处在巨大的悔恨中,德·瑞那夫人伤愈后,赶到狱中探望被判死刑的于连,于是有了这滴非同寻常的眼泪。这一滴眼泪写出了德·瑞那夫人莫大的懊悔和无限的真情。体会到这些,自然就会体会到作者的匠心所在。

二、把握人物的性格特征,这是一种"同在"

在托尔斯泰的笔下,喀秋莎·玛丝洛娃"眼睛显得很黑很亮,稍稍有点浮肿,可是非常有生气,其中一只眼睛略为带点斜睨的眼神"。眼睛是心灵的窗户,透过这扇窗户,从"很黑很亮"处,我们可以想见青年时代的喀秋莎心地善良,不乏智慧,那"略为带点斜睨的眼神",既是外貌独有的标志,又透现出这位受尽凌辱、深受毒害的劳动妇女正在堕落的特征,如此解读,想来就是托尔斯泰塑造的"这一个"。

三、体味作品丰厚的意蕴,这是一种"同在"

何其芳说,"一个作品没有诗,几乎就是没有深刻的内容的同义语"。[3]何其芳这里说的"诗",是指诗意,即诗的意蕴。读朱自清的《荷塘月色》、孙犁的《荷花淀》、茹志鹃的《百合花》,如果能体味到作品的丰厚意蕴,可谓得其精髓。

四、丰富文本的意义空间,这是一种"同在"

沃尔夫冈·伊瑟尔认为,"作品的未定性与意义空白促使读者去寻找作品的意义,从而赋予他参与作品意义构成的权利"。[4]正是作品的这种"召唤结构",使作品潜在的信息、隐寓的意蕴被揭示出来,于是一千个读者眼中就有了一千个哈姆雷特,就有了说不尽的《红楼梦》。"象外之象,景外之景"在读者心中有了新的图像,"见于言外"的"不尽之意"得到了再度创作,于是作品具有了完整的意义。

五、领悟作者的创作个性,这是一种"同在"

所有的作家都希望在创作中留下"自己的声音",按上"文字的指纹"。与作品交流对话,能够体味、领悟作家的个性、风格,可以说在审美性阅读方面已登堂入室了。比如谈李白的诗,透过字里行间,想到"一个诗人正是刚从那上山的路走上了山尖,一望四面辽阔,不禁扬眉吐气,简直是'欲上青天揽明月'了"(林庚《诗人李白》),就能较好地把握李白豪迈奔放的艺术个性。读杜甫的诗,则应注重体会内容的博大、深沉、厚重,艺术手法的凝练、深厚、老成,以及由此熔铸成的"沉郁顿挫"的风格。这样才能真正走进他们的精神世界和艺术世界。

要实现与作者的"同在",需要多方面的努力。比如,"书山有路勤为径",用心去读,就有所得;不断积累自己的经验,阅读在某种意义上就是一种"经验交流"(王蒙语);学会必要的方法,注意获取打开书籍的钥匙;还得讲点意志、毅力,应当坚信:世上无难事,只要肯攀登!

参考文献

[1] 戴维·伯姆.论对话[M].王松涛,译.北京:教育科学出版社,2004.

[2] 司汤达.红与黑[M].罗玉君,译.上海:上海文艺出版社,2007.

[3] 何其芳.论红楼梦[M].北京:人民文学出版社,1958.

[4] 陈厚诚,王宁.西方当代文学批评在中国[M].天津:百花文艺出版社,2000.

注:本文发表于《凤凰大语文》,2021年10月21日。

第二辑

守朴开新

现在的时代就是黄金时代

——集团化办学的常州经验

锦绣常州，钟灵毓秀，有"一城文化精粹，万众求知乐土"的称号，足见常州教育的底蕴和精彩。近些年来，常州在区域教育创新中大力推进集团化办学，创造出值得称道的常州经验，有力地促进了常州基础教育的高位均衡发展。

一、政府科学主导

我国教育是社会公益事业，教育发展水平在很大程度上是由政府主导的，集团化办学则首先甚至主要是一种政府行为。常州市在这方面表现出很高的科学水准，这主要表现为五个方面。

一是站位高。常州市真正从人民利益出发，用集团化办学来破解人民群众不断增长的教育需求同优质教育资源供给不足的矛盾，为老百姓办好每一所家门口的学校。立足于苏南现代化的宏阔视野，充分认识到教育现代化的基础性、先导性作用，从 2007 年起就启动集团化办学，努力以整体优质的教育生态为经济、社会的现代化创造条件。始终坚持以提高教育质量为主体战略，推进高位均衡，把集团化办学的功能主要定位在孵化、培育、丰富优质教育资源上，而不是简单的削峰填谷。

二是视域宽。在地、市层面整体布局集团化办学是不多见的，何况常州在 2007 年就全面启动这项工程了呢！不仅如此，常州教育人还跨越地域，从全国一盘棋的角度担起一份责任,在两厢情愿的情感基础上,把对口支援的兄弟省市相关学校也吸收进来。他们具有时间意识,已建、在建、将建的新校都在其视野之内,将大量新建校纳入既新且优的发展轨道。

三是看得准。谁是核心校?集团怎么组建?这是需要从空间教育学、空间社会学角度思考的问题。从集团运行的普遍情况看,教育集团大多有一个惬意、舒适的整体氛围,核心校能够引领,成员校融入渐深,可见市、区(市)级教育行政部门是基于深入调查、进行过精心谋划的。

四是措施实。常州市对集团化办学有统筹考虑,从目标提出到具体实施,到过程指导,到评价考核,每一步都踩在实处。具体到某一方面工作,也都尽可能落到实处,让基层明了做什么、怎么做。比如,为在优化办学机制层面破解集团化办学的难点,市政府办公室专门发文,明确创新教师编制配备、加大经费投入力度、优化集团治理结构、完善绩效激励机制等方面的要求,并做出具体部署,有效地促进了问题解决和工作创新。

五是策略活。常州市集团化办学的基本原则是"因地制宜、分类指导、量质并举、以质为本",教育行政部门给教育集团的组建、运行以很大的空间。常州市集团化办学采用一体化办学、联盟式办学、结对帮扶、委托管理、项目合作、城乡共建等多种方式,有的集团用一种方式,有的集团综合使用多种方式,选择什么方式是因地因校反复考量确定的。在集团组建后,市教育局既有具体的工作部署,更鼓励学校充分发挥主观能动性,"寻找属于自己的句子"。在集团化办学运转一段时间后,基于广泛的民主协商,让一些已经成熟的优质成员校脱离集团"单飞",或让这些新的优质校组建新的教育集团。民主是科学的孪生兄弟,政府主导因民主而更具科学的意蕴。

二、学校创新实践

常州市基础教育阶段名校众多,这就使教育行政部门在集团核心校的选择方面游刃有余。这些核心校大都有深厚的文化积淀,有显著的办学业绩,也都具有很强的自主发展、创新发展能力。集团化办学进一步打开办学空间,使命感、责任感催生学校发展的内在动力,教育行政部门的鼓励和老百姓的期待激发学校发展的创造力,使得常州市推进集团化办学的实践成为创新实践的过程。他们的创新实践,集中表现为以下六个方面。

第一,文化为核,价值认同。集团化办学是学校组织的一种新形态,成熟的组织文化都是以价值认同为灵魂的。常州市的教育集团核心校对此有高度自觉。这些学校都有学校文化沃土里生长出来的学校精神,比如局前街小学的"关怀",常州市实验小学的"分享",觅渡桥小学的"觅渡",武进区实验小学的"上善",等等。这些学校精神有着学校文化传统的印记,又都从某个维度、某个方面表达出教育本质,具有普遍性。一方面,核心校在价值认同上做文章,在集团内树立核心价值观,另一方面,在文化共融的过程中,成员校自觉探索和而不同的表达。如武进区实验小学教育集团的核心文化是"上善",他们的成员校有实小分校、李公朴校区、人民路校区、海南屯昌实小,每家都围绕"上善"形成各自契合学校特点的表达。金坛段玉裁中学是常州二十四中教育集团的成员校,集团鼓励段玉裁中学弘扬段先生"在求是中求道"的治学精神,办出特色,办出水平;"在求是中求道"又深化了二十四中教育集团对育人目标、育人途径的认识,丰富了学校精神。

第二,资源开发,共建共享。集团化办学资源配置体现区域教育水平,在常州这样的经济发达地区是比较容易做到的,关键在于资源如何共建共享。"广义的共享,是指共同参与、共同分担的一种活动、组织、经济模式、制度或战略思想。"[1] 常州市实验小学的教育哲学是"人人都是吸纳的树,个个都是分享的源",他们与成员校都努力承担起"吸纳的树"和"分享的源"这样的双重角色。其他教育集团也大致如此。其共建共享的内容一般包括物质资源、知识资源、社会资源。正如科尔曼所说,社会资本"是一种表现为互相关心、互相信赖关系的无形资本和公共产品"[2]。常州集团化办学很多成员校的兴起,都是与集团核心校社会资源的共享紧密关联的。共建共享盘活了资源,创生了资源,凝聚了人心,提高了效益,也推动了学校办学境界的进一步提升。

第三,组织架构,扁平贯通。为了适应集团化办学的要求,各教育集团都创新了组织架构,体现"条块并举,纵横贯通,充分结合"的要求,推动扁平化管理,尽可能减少管理层级,消解人为边界,保证管理渠道的流畅通达。如常州市第二实验小学采用"纵向条线贯通、横向校区切块、执行校长校区轮岗、分管校长年级蹲点"的管理模式,并组织中层、基层岗位竞聘,形成高效运作的良好态势。

第四,制度创新,运行高效。古人云:"仁圣之本,在乎制度而已。"教育情怀、教育理念要落实下来,很大程度上要靠制度。制度一般的含义是要求大家共同遵循的办事规程或行动准则。好的制度往往能生成优质高效的机制。教育集团比起单体学校,体量大得多,头绪多得多,这就使得制度建设、机制确立非常重要。常州的各教育集团深谙其道,有些教育集团更是在这方面下足了功夫。以《觅渡桥教育集团管理手册》(2011年修订稿)为例,其管理职责篇、岗位设置篇、奖励绩效篇、流程管理篇,对整个集团的工作进行了精心设计,从其中的"常州市觅渡桥教育集团学校质量控制体系流程图"(如图1)可以看出其管理流程的规范,也自然让人对其运行效率有很高的期待。

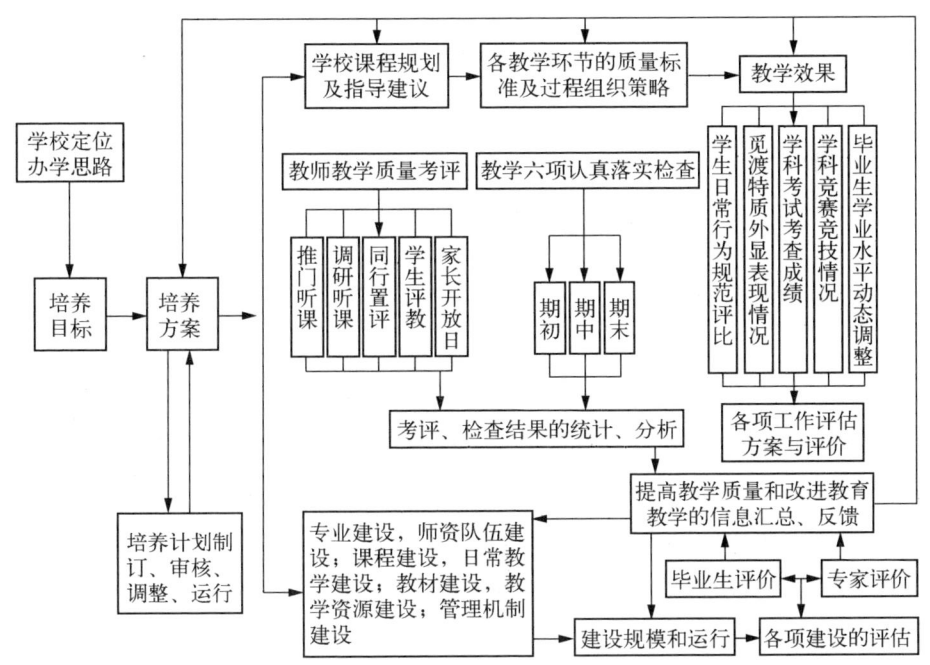

图1 常州市觅渡桥教育集团学校质量控制体系流程图

第五,深耕课程,培育内功。国家对课程有较好的顶层设计,能不能落地生根,关键在基层能不能很好地"接盘"。学校内涵发展的差距,很重要的表现就是课程能力建设的差距。我们把学校课程能力表述为"是以学校为主体,为实现学校培养目标,整合各种教育影响,通过教育的整体化设计所形成的课程与教学过程及其结果,是直接并积极影响学生成长的学校机构能力之一"[3]。在集团化办学过程中,常州市各教育集团普遍重视成员校的课程能力建设。如局前街小学的"儿童成长节律"课程在集团内的华润小学实施时,由华润小学自己拿出方案,开发资源,然后在集团内分享。现在华润小学已经"独立门户"领衔组建教育集团,这与学校课程能力的形成是有紧密关系的。

第六,教师成长,量质并增。相对单体学校,教育集团资源更加丰富,机会更加多样。比如:轮岗交流——参与轮岗交流,成员校老师们能学到更多的东西,核心校老师也获得更多发展机遇;项目参与——集团往往设置一些集团发展和学校变革的项目,教师有更多参与甚至领衔的机会,这种经历无疑会促进教师向专业领袖的方向成长;课堂研磨——集团专业资源丰富,组织课堂教学研讨,往往比单体校机会多、质量高;名师带徒——普通老师、年轻老师与名师的距离更近,学习的机会更多;教师培训——教育集团教师培训往往主题更有针对性,方案更为周详,介入培训的专家阵容更强大。总体看来,在常州市集团化办学过程中,学校创新实践,都是直击集团化办学的基本问题的,其基本经验都体现了集团化办学的一般规律。

三、研究团队专业跟进

常州市基础教育的改革与发展,向来高度重视专业引领,集团化办学也不例外。他们组织了多个研究团队,自始至终强调专业跟进,大大提升了集团化办学的专业品质。

一是教育决策以研究为基础。笔者研读过常州市关于集团化办学的所有文件,强烈的印象就是这些文件的出台都以深入调查为前提,政策的提出都有着扎实的学理基础。以《常州市义务教育集团化办学评价标准(试行)》为例,其价值意蕴、结构化体系、指标、权重,都是经得起推敲和品味的。

二是以研究促进问题解决和创新。集团化办学是种新的探索,总会碰到一些新的问题。常州市由教科院领衔,组织"区域推进集团化办学的理论与实践研究",在削峰与填谷、同质化与多样性、长效性与短期化、分与合等重大问题上,及时提出意见,使工作推进更符合教育规律。

三是设置重大项目,实现重点突破。常州市针对集团化办学的重点难点,启动学校课程建设、学生素养培育、教师专业发展、组织领导变革、机制体制创新、特色文化建设六个重大项目。每个项目由一所学校领衔,一批学校参与,行政和科研协调,并引进高校的专家介入。这样,重点与一般兼顾,研究与工作同步,理论与实践互动,先形成经验,再将经验上升到政府决策层面,通过强力推动,取得全局的胜利。现在这些重大项目的研究都已形成专著即将付梓,相信会给同行带来许多有益的启迪。

迄今为止,常州市高中校加入教育集团的比例接近100%,义务教育和学前教育阶段的学校加入教育集团的比例分别达90%和85%以上。关键是,他们的集团化办学真正促进了教育优质均衡发展。常州市教育局局长杭永宝在谈及集团化办学时很有信心,他说:"我们相信,未来会更加美好。"我当然对此坚信不疑,但我更想说的是:现在的时代就是黄金时代!正是这样的黄金时代,孕育着美好的未来。

参考文献

[1] 董成惠.共享经济:理论与现实[J].广东财经大学学报,2016(5).

[2] 杨善华.当代西方社会学理论[M].北京:北京大学出版社,1999.

[3] 杨九俊,彭钢,万伟.学校课程能力的实践创新与模型建构[J].教育研究,2017(2).

注:本文发表于《江苏教育研究》,2020年第11期。

小初衔接:一个值得研究与探索的时代命题

进入新时代以来,全面育人既是基础教育的主旋律,也是主方向,承载全面育人使命的义务教育更需要走在时代的前列。依据当前的教育阶段划分,小学和初中同为义务教育阶段,但在具体实践中,两个学段又可能呈现出相对独立办学、彼此封闭的状态。在管理体制上,两者也多是各自为政,鲜有交流。多种因素导致的学段隔阂是造成义务教育阶段教学质量提升费时费力、步履艰难,以及全面育人效果不尽如人意的重要原因之一。

苏州市教育科学研究院丁杰院长领衔开展的"贯通·融合·协同:小初衔接的区域实践",正是全面深化教育领域综合改革,主动破解制约教育事业发展体制机制障碍的生动体现。作为一个见证者,纵观整个研究与实践过程,笔者有以下几点深刻感受。

一、契合现实需求的研究才是最具价值的研究

习近平总书记一直强调,"群众的需要就是我们努力的方向"。当前,人民群众对教育的重视程度史无前例,对"上好学"的需求空前高涨。人的学习成长有多个重要阶段,其中,小学升初中无疑是一个极为重要的节点。但是当前小学、初中两个学段间,无论是在学习内容、学习方法、学习程度上,还是在学习节奏、学习动机、学习心理上,都存在不小的差异,甚至在某些认识和做法上还存在一定的矛盾

或脱节。因此,刚进入初中阶段的学生出现了种种不适应的情况,家长也相应产生紧张、焦虑等问题。如何帮助学生更好地适应初中阶段的学习,始终是一个教育热点问题,并逐渐成为社会焦点问题。另外,对苏州城区来说,还存在一个特殊情况,小学属于区级教育行政部门管理,中学则是市属直管,管理体制的层级不同使双方的沟通与衔接更加不便。

值得欣慰的是,苏州市教育科学研究院与姑苏区教师发展中心协同攻关,以问题为导向,从专业的视角,用创新行动破解现实难题,积极开展基于小初衔接的区域实践研究。市区两级教科研专业部门的深度合作,探索"市区通联"的体制创新、"教科研融合"的方法创新、老百姓"教育获得感"提升的效能创新,这对于推动整个区域教学与育人质量提升具有里程碑的意义,也是教育部门呼应人民需求、推动教育优质均衡发展的应有担当。

二、开展系统推进的实践才会收获理想成效

从项目的顶层设计和具体实施来看,苏州市教育科学研究院的思考是系统的、推进是扎实的。研究者和实践者没有局限于学科教学,更没有狭隘于语、数、英等学科知识的掌握,而是从心理调适、知识过渡和方法指导等方面进行系统架构,构建了"贯通、融合、协同"的机制,逐步实现培养目标纵横贯通、课程教学有机融合、教科研训全面协同的理想状态,初步形成"上下贯通、有机融合、互相协同"的义务教育小初衔接样态,让所有师生共同经历一个全方位身心转型期,由此可见,他们对高质量教育的理解是正确的,是到位的。

"协同"推进,为项目有效实施提供了坚实保障。苏州市教育科学研究院先是组建了由12所市直属初中、20所区属小学组成的小初一体化衔接教育试点联盟校,积极采取"区域间联动""校际互动""学校与家庭齐动"等策略,建立"教科研融合建设基地",构建"学养绿色达标评价体系",促进小学与初中实现课程一体化、教学一体化、研训一体化、评价一体化。在取得一定成效后,更是将实践范围扩大至所有中小学,实现整个区域全覆盖,最终形成有机衔接、相互协调、科学合理、质量保证的全面协同推进新样态,打造出全新的小初衔接过渡期教育新模式,为实现全面育人创立了一个新机制,为整体提升教育教学质量提供了一条新路径,更是推动区域教育达到优质均衡的理想状态。

三、打开更多视角的研究才能取得更大突破

教育改革涉及方方面面，质量的提高更是各种相关因素共同发力的结果。如果仅仅认为抓住了课程、抓牢了教学、抓好了教师，就能实现小初学习畅通、质量稳步提升的局面，我们很可能陷入一厢情愿的窘境。苏州市教育科学研究院在这一点上显然有着非常清醒而专业的认识，他们在项目设计与实施的过程中，把发展学生的习惯、心智和能力，树立正确的家庭教育观等放在了同等重要的位置。

小学阶段的学习以诵读和记忆为主，中学阶段更需要学生独立思考、多角度分析；小学教师的管理全面而细致，初中教师的管理则较为粗略、开放；小学生思想比较单纯，没有太多负担，中学生自我意识提升，开始形成精神压力；小学阶段家长对孩子多耐心、多包容，进入中学后家长对孩子会有更高的期望……上述种种改变如果突然发生，确实比较难以接受。小初衔接项目将这些改变缓慢渗入实施过程中，形成一个可适应的发展阶梯，这是项目能取得成效的关键所在。毫无疑问，只有培养学生良好的学习习惯，培养学生自我管理的能力，培养学生的爱心与责任感，引导家长建立正确的教育观，才能真正实现小初学段无缝融合的目标。小初衔接的区域实践只有聚焦这些现实问题，从细节上做实，才能收到显著的成效。

当下是一个创新的时代，教育更需要创新，唯有创新才能赢得未来，这是作为教育工作者应有的担当，更是推动教育高质量发展的使命和责任。苏州市的教育同行们立足百姓需求，直面教育难题，用实实在在的研究与实践成果惠及人民群众，使苏州城区的基础教育凝成一个完美融合的整体，必将为苏州教育质量的整体提升带来质的飞跃。

注：本文发表于《江苏教育》，2021年第8期。

集团化办学"三部曲"

21世纪以来,我国基础教育自上而下地推进集团化办学,其基本内涵,恰如2012年国务院《关于深入推进义务教育均衡发展的意见》所指出的:"发挥优质学校的辐射带动作用,鼓励建立学校联盟,探索集团化办学,提供对口帮扶,实施学区化管理,整体提升学校办学水平。"如何顺利推进集团化办学?各地成功的经验似乎可以概括为集团化办学"三部曲"。

一是理顺。这主要指:第一,解决相对薄弱学校原来存在的一些突出问题,如某些物质基础设施不到位,学校内部不团结,教师缺口较大等。"集团化"本身就是一个梳理问题、分析问题和解决问题的机会。核心校往往有更强的调动资源和解决问题的能力,在集团成立初始,其首要任务就是解决突出问题,提振信心、凝聚斗志,打造一个良好的开局。第二,集团运行机制制度化。恰如沙华中校长分析的,总校与分校的关系错综复杂,若处理不好,运行不畅,集团运行自然难有效率。第三,在集团化运行建设中,面对生成的突出问题,要及时解决。如常州市由教科院牵头,组织"区域推进集团化办学的理论与实践研究",在"削峰"与"填谷"、同质化与多样性、长效性与短期化、分与合等重大问题上开展深入研究,及时提出指导意见。各集团也要重视自身过程性生成问题的及时化解。每一次问题解决,都是一种深化和提升。

二是共建。"在一个学校发展共同体,信任和尊重则是保证共同身份持久存在的基础。"[1]信任应作为集团化办学的一种共同文化底色。共同体应当是以共同价值观、共同信仰为基础的多主体的集合,而不是化多为一,同而不和。集团化办学的过程应当是各成员校迸发主体活力、共建共享的过程。在文化建设方面,要和而不同,让各校的文化在相互激荡中融合和提升;在组织架构方面,要让各校的领导有"挑头"的机会,有当家做主的感觉;在课程建设方面,要发挥集团化办学的优势,拓展课程的广度,提升课程的质量;在教师专业发展方面,集团化会创造更多的机会,教师要通过专业实践的改进,有效提高教学质量,推动集团内教师专业素养的普遍提高。专家在分析集团行动理论时,把"利益"作为核心概念之一,在共建的过程中,实现共同利益是集团化办学的一大目标,而这种利益又可以转化为集团化办学新的动力。

三是"造血"。张慧群校长专文讨论的这个问题非常重要,集团化办学重在促进教育的均衡发展,总体上要经历由"扶"到"放"的过程,集团化应当"好离好散","好"了就应当"散",就应当自立门户,甚至成为新的核心校,这才是集团化办学的真正目的所在。所以,集团化办学应当从"输血"走向"造血"。怎么"造血"呢?张慧群校长和其他各校都贡献了他们创造的经验。笔者重点关注到以下几点:一是唤醒道德自觉。前一段时间访问一所学校,和部分教师谈到新任校长给学校带来的变化。他们说:"我们还是这群人,学校还是原先的学校,但就是不一样了,原因就在于新校长把大家唤醒了,激活了。"因此,集团化办学要在集团引领的文化重构中,鼓励教师寻找使命感,树立事业心,把教育教学视作意义人生的生动实践。二是培养学校的和专业的"领袖"。美国一个州曾制定过八项校长标准,其中有一项就是培养接替自己的人。集团化办学核心校的校长,要有大胸怀,要把培养一批优秀管理者视为己任,争取通过数年集团文化的涵育,使成员校的校长独立挑大梁。同时,核心校要走扁平化管理的路线,引导组织成员动态地担负领导职能,让学科优秀教师参与管理,在完成项目的过程中成为专业领袖,或者是潜在的专业领袖。三是重视现代学校制度建设。制度化是组织和程序获取价值观和稳定性的一种进程。集团化办学要让价值观的意蕴落实到制度上,让制度闪耀文化的光彩,让学校按照制度运行。这样,既有价值观为组织行为导航,又保证了行动效率。四是重视学校课程能力建设。当前,一些地区学校发展的差距,就是学校课程能力建设的差距。国家课程改革顶层设计相当成熟,但怎么落实?怎么创生?关键在学校。对此,有相关研究建构了学校课程能力的基本模型和动态模型。集团化办学,为学校课程能力建设创造了更好的条件,核心校和成员校要在统分结合中培育课程能力的主体力量,无论作为一群学校的集合体,还是一所独立的学校,都要有能力创造性地实施国家课程改革的顶层设计,从而实现促进学生健康成长的愿景。努力完善以上几个方面,一所学校的"造血"功能也就基本健全了。

理顺、共建、"造血"并不完全是程序性的,也可以理解为"三要素"。在具体的学校情境中,又常常表现为一种交响乐。总体上看,奏响"三部曲",便能成就集团化办学的"欢乐颂"了。

参考文献

[1] 杜芳芳.义务教育学校发展共同体建设的社会学分析[J].教育理论与实践,2018,38(25).

注:本文发表于《江苏教育》,2021年第9期。

主动融入　全面提升
——苏州市吴江区教育发展路径的创造

为激情燃烧的吴江教育人所吸引,笔者经常造访江苏省苏州市吴江区的学校,深深地为他们主动融入长三角教育一体化的创新气魄、创意举措、创造成果所感动。在区域教育发展路径方面,吴江区的探索实践是可以给同行带来启迪的。

一、抓住"长三角一体化"新契机

长三角一体化,无疑是吴江教育人激情的引燃点。2019年5月13日,习近平总书记主持召开中共中央政治局会议,审议《长江三角洲区域一体化发展规划纲要》。2019年11月1日,长三角生态绿色一体化发展示范区正式挂牌。面对这样重大的发展机遇,吴江教育人迎面而上,相拥起舞。以吴江区教育局陈宇局长为首的吴江教育人准确地把握了长三角一体化发展的本质内涵:"更高质量""创新""生态绿色"。所谓高质量发展,不仅意味着更加注重城市之间的社会公共服务、多方面的同城化和一体化,而且意味着其发展内涵的更加丰富化,并通过长三角区域差异化一体化发展、高效率一体化发展、可持续一体化发展、共享性一体化发展,推动经济、社会、环境整体的更高质量的发展。[1]在教育环境中,高质量发展应当包含个人视角"每个个体"的全面发展,学校视角"全体都有"的全面发展,区域视角优质均衡发展,等等。"创新"是长三角一体化命题中的应有之义。在教育环境中,从时间维度上,伴随着人工智能时代的到来,创造性和创新能力成了21世纪的关键能力。当今世界,教育者需要以新思维来应对全球性的变化。"生态绿色"不仅是长三角一体化的重要内容,更是示范区的核心价值。从一定意义上说,"发展素质教育"就是人的发展的"生态绿色",学生关键能力的养成是人与教育可持续发展的驱动力。我们经常说,理念是行动的先导,吴江教育主动融入长三角的教育创新,是具备思想基础的。

二、迈向"五位一体"教育新目标

1. 教育发展协调均衡

习近平总书记在2014年新年贺词中指出:"我们推进教育改革的根本目的,是要让国家变得更加富强,让社会变得更加公平正义,让人民生活变得更加美好。"要实现这样的目的,教育协调、均衡的发展,必然是教育政策的核心内容。一方面是协调。这主要指各类教育之间的关系。吴江区十分重视相对弱势的职业教育、社会教育,提出"服务长三角具有国际竞争力的先进制造业基地和具有全球影响力的科技产业基地,进一步优化职业教育布局";按照联合国教科文组织公布的《教育2030行动框架》,教育的使命扩大至全纳、公平和全民终身学习。另一方面是均衡。这主要是同一类教育特别是义务教育内部的关系。吴江区筹划深化"名校+"集团化办学管理模式和跨区域教育共同体改革,推进名校集团化办学全覆盖和城乡学校结对全覆盖,实现优质资源共享,加快缩小城乡间以及校际办学差距。

2. 教育质量高位

质量是学校的生命线,无论是总体目标,还是具体目标,教育质量都是中心词,且看总体目标的某些描述:"在长三角一体化国家战略背景下,通过创新举措,建造长三角一体化的教育改革试验区、政策制度集成先行区、高质量教育发展示范区。"在具体指标中,从立德树人到学业质量,再到五育并举,都有质性和量化相结合的表述。

3. 教育活力充溢

这是创新度的主要表征。从吴江区可期的未来看,一是办学体制的突破。在民办教育、国际教育、产教一体、普教融合等方面,以机制创新为核心,主动破解发展难题,创造区域各类教育协调发展的新天地。二是育人方式的创新。聚焦长三角一体化所需的未来新人培养,在共融智能建设、个性化学习支持、学段贯通等方面"做足文章"。三是改革项目的建设。一方面,对接省内涵发展项目的布局;另一方面,全面启动"长三角基础教育一体化江苏教育研究中心""长三角一体化发展研究院江苏研究基地""长三角高中名校发展联盟"等工作,以项目为抓手,激发创新活力。

4. 教育生态健康

吴江区以发展素质教育为主旋律,营构学生"活泼泼地"生长的学校生态。在学校、家长、社会、政府四位一体的关系构建上,在区域教育改进与示范区建设、长三角一体化进程等相互激活、相得益彰的战略布局中,齐心聚力、共同创造更加有利于教育健康发展的良好生态。

5. 教育保障有力

一是办学条件。吴江区倡导"围绕建设长三角一体化世界级城市群的目标,有力推进办学条件现代化"。二是教师队伍。吴江区着力建设一支具有国际视野、师德高尚、开放包容、业务精湛、充满活力的新时代高素质专业化教师队伍,能充分胜任长三角教育一体化发展进程。吴江区教育发展的目标定位不仅观照当前区域教育发展的现实状况,更注重未来发展的长远规划和大趋势,这些对于教育目标的积极重塑与升级需在实践中推进与落实。

三、创意新举措,实践新成果

1. 从政府行为到上下呼应

以陈宇局长为首的吴江教育人积极对接国家发展战略,思考谋划具有鲜明特色的"长三角思维",把吴江区域教育发展的空间大大拓宽。但如果仅有政府的强力导向,没有基层的内在动力和真切呼应,事情还是做不好的。难能可贵的是,吴江区有多位校长、园长具备长三角联动的意识,区域合作的"民间活动"逐步日常化。"长三角高中学校发展联盟"就是由江苏省震泽中学发起的。写作本文时,笔者正在盛泽镇,听闻薛法根校长提出统编版教材使用的区域联动计划,吸引了沪、苏、浙、皖等地教育局的教研室主任集聚于此,细化方案。吴江区委、区政府及教育行政部门十分重视,上下呼应,相互激荡,注重长三角教育一体化,强调示范区建设往纵深推进。

2. 从"盆景"到"风景"

吴江区有一批在省内甚至国内都有广泛影响力的学校。吴江教育人当然很在意这些学校教育能够成为引人注目的"盆景",但他们更着力通过"名校＋"的集团化办学,让"盆景"发展成一道"风景",推进优质均衡教育落地,以呼应长三角一体化"更高质量"的内在要求。这些具有标杆意义的名校,在示范区都有对口的姐妹学校,甚至在全国都以挂钩校、工作室的形式,建立了一批联动的点。同时吴江教育人又注重在学习中转化上海、浙江两地同行的经验,主动挂钩,相互连接,推进不同区域教育的互融共享。

3. 从"借力"到"蓄力"

吴江区邀请19名国内知名专家组建成吴江区教育智库,通过深度规划、教学改革、文化创新等项目的实施,进行高端引领。在此基础上,吴江区更重视"蓄力",他们把专业领袖的培养列入"十四五"规划;通过"驻校式"请进来,让专家更深度介入学校的课程和教学改革,为潜在的专业领袖创造更好的发展条件;特别关心本土专业领导者的成长,主导、指导、引导他们进行经验梳理、思想凝练和推广辐射,不断为教育的内生发展积蓄能量。

4. 让特定的教育空间"向四面八方打开"

笔者在谈及课程和课堂教学时,曾呼吁"向四面八方打开",现在讨论吴江教育的发展,我非常乐意"迁移"使用这个词。一方面,教育要向社会打开,要从社会发展的角度思考区域教育;另一方面,要坚持区域教育开放发展的原则,特别是吴江区,教育的发展要从示范区、长三角一体化,甚至更广阔的视野谋篇布局。吴江区的教育同行正是这样思考并实践的。在长三角一体化的进程中,从微观来看,吴江教育以开放发展的理念变革学校合作方式,这主要体现在学校与其他区域学校共建共享的校际合作方面。在中观逻辑上,吴江教育以开放发展理念构筑区际联动模式。比如,吴江区正在整合示范区乃至长三角地区的资源,建设高水平综合实践基地;建设高水平教师发展学院,助推区域教师协同发展,等等。在宏观视角上,吴江教育以开放发展的理念助推区域教育国际化,吴江区以国家倡导"一带一路"和长三角生态一体化绿色示范区建设为背景,整合、激活国际教育资源,在丰富交流内涵、培育未来人才、培养卓越教师等方面都已进行具体运作。吴江教育的创新与发展意义深远、影响广泛,为我们提供了一条可借鉴的发展路径。

"江南何处好,乐居在吴江。"在长三角一体化的宏伟进程中,吴江区的"好教育"可以期盼,这个"好地方"的"好未来"令人神往。

参考文献

[1] 陈雯.以更高质量视角认识长三角区域一体化[N].新华日报,2018-06-19(013).

注:本文发表于《江苏教育》,2020年第11期。

培养自主阅读者:儿童整本书阅读的区域实践研究

早在1941年,叶圣陶先生在谈及语文教学时就提出:"把整本书作主体,把单篇短章作辅佐。"近年来,这种设想在某种程度上得到落实:高中把整本书阅读列为学习任务群之首,初中教材设置了"名著阅读",小学教材设置了"快乐读书吧"。更为可贵的是,许多老师潜心研究,认真探索整本书阅读的规律,在引导学生通过整本书阅读提升语文素养方面做出卓有成效的努力。张晨晖老师和她的儿童整本书阅读推广团队,无疑是其中的佼佼者。团队中有教研员、特级教师、学科带头人,也有优秀青年教师、乡村种子教师。他们在镇江市进行的"儿童整本书阅读的区域实践研究",风生水起,蔚为大观,有力推动了镇江市小语教育渐入佳境。

一

使命感,这是我对张晨晖团队的强烈印象。谈及整本书阅读,我戏称张晨晖老师已经有些"走火入魔",完全沉浸其中。在我看来,要把一些自己喜欢又对他人有益的事情做到极致,都是需要有些"走火入魔"的。

张晨晖老师一谈到整本书阅读,两眼就在放光,整个人都显得生动许多。在她看来,作为一个语文人,做好整本书阅读这项工作,是天职使然。她发自内心地认同整本书阅读的价值。我曾经和张老师的团队共同分享歌德的名言:"读一本好书,就如同和一个高尚的人在交谈。"我们都高度认可读书对学生精神发育、精神成长的意义。我们也一起钟情于黑塞描绘的境界:阅读经典,可以"一步一步地去发现这个世界";学校"变成了一个洲乃至全世界,变成了天上的乐园和地上的象牙海岸,永远以新的魅力吸引着他们,永远放射着异彩"。阅读经典是在不断打开乃至创造人生新的天地。我们也认真讨论过整本书阅读的独特价值。张晨晖老师认为,整本书阅读对于学生阅读体验的丰富、思维深度的引导、方法训练的拓展等,都是不可或缺的。这种见解是可以称作洞见的。

张晨晖老师非常准确地把握住问题的症结。在她看来,有的地方,有的时候,整本书阅读推行的效果难如人意,是因为儿童有一点兴趣,但不浓厚;教师有一点指导,但不得法;学校有一点措施,但不扎实。他们的实践研究具有鲜明的问题意识。他们对于儿童整本书阅读有着内化为信念的初心,这就是"培养自主阅读者"。张晨晖老师解释,自主阅读者首先是爱读的,善读的。自主不只是主体自觉的个体行动,还包括自己引导的行为,比如内容的选择、外力的激活、成果的分享。自主阅读者的重要表征是阅读成为一种生活方式,如同苏霍姆林斯基所说,"跟书籍结下终身的友谊","潺潺小溪,每日不断,注入思想的大河"。如是,阅读就能积极推动人生的"苟日新,日日新,又日新"。正是深刻的理性认识,使他们自觉担当起整本书阅读的研究和推进工作。

二

课程化是张晨晖老师及其团队整本书阅读实践研究的主要特色。他们系统建构了整本书阅读的内容:一是梳理、归纳教材"快乐读书吧"的内容;二是由课文的话题、出处等衍生整本书阅读内容;三是由教材中"阅读链接""资料袋"衍生整本书阅读内容;四是由课文作者衍生整本书阅读内容;五是围绕儿童文学的基本母题,选择"爱""顽童""自然""历史"四大主题的整本书阅读内容;六是鼓励各校、各班甚至各个学生自主选择相关阅读内容。这样的系统建构,体现了融通课本与超越课本相结合、共同要求与自主选择相结合,为儿童整本书阅读提供了丰富的养料。

张晨晖老师及其团队非常重视阅读计划的制订,以过程性管理确保读起来、好好读、读得好。他们在儿童阅读课程的推进上下了很大的功夫,设计了四种基本课型:读前指导课,意在激发兴趣;读中交流课,为儿童阅读"添柴加火";读后分享课,既是成果的交流,又是评价的落实;拓展提升课,为阅读思辨"增光添彩"。他们在阅读策略方面进行了深入研究,比如预测、提问、批注、比较、联结、视觉化、思维导图、确定重点、快速阅读、有目的地阅读等等,并对学生进行了适当的训练,引导学生掌握阅读方法。他们在"篇本类"的联读上做了许多有益的尝试,特别重视"和课文一起读",使整本书阅读既具有课程的独立性,又与课文的学习完全打通,让二者融为一个整体。他们鼓励儿童在自主阅读、自省自悟的过程中形成了很多个性化的阅读方法。他们系统研究了阅读评价,制订了评价原则、评价标准,实施"伴随式"的评价方式。同时,他们在资源建设方面也收获甚丰,拥有系列化的课程资源、全方位的平台资源,通过线上和线下融通的方式促进阅读的持续和深入。这些都使整本书阅读作为一门课程既科学规范,又有许多创生的空间。

我特别欣赏的是,他们想儿童所想,读儿童所读,为儿童而导,为儿童而行,既着眼儿童的今天,又放眼儿童的未来。这样的情怀使老师们在把整本书阅读作为一门课程的实践中,自然找到了合适的定位。从观摩课堂、听取介绍看,张晨晖团队的老师们成功地扮演了多重角色:一是顾问,帮助孩子们选择内容,引导他们制订计划;二是向导,带着孩子在整本书里行走,设置具有召唤性的阅读任务,在重点、难点、模糊点处适当点拨,引导学生在读完一本书后进行回顾与梳理,入戏而不抢戏;三是分享者,老师作为一个阅读者,作为一个陪读者,作为一个共享者,与儿童共同经历完整的阅读过程,且与儿童相互交流、相互激荡、相互映照、相互成就,直至共同走向自主阅读。

三

组织力是张晨晖老师及其团队整本书阅读实践研究顺利推进的力量所在。作为一名设区市语文教研员,张晨晖是以提升全市小语教育水平为己任的。张晨晖老师及其团队在推进整本书阅读的工程中,以价值认同凝聚人心,组成学习共同体。在一定意义上,在张晨晖那里,不是一个人"走火入魔",而是一群人"走火入魔"。大家志同道合,坚定执着。在工作策略上,他们先行试点,逐步推广,使工作推进积极而又稳妥;"农村包围城市",在基础相对薄弱的农村取得成效,再全面推开,降低了推进难度;用活动代替培训,让高质量的活动展示发挥示范引领作用;以教研力量推动区域同行,在全市范围内形成合力,实现同频共振;把资源建设作为区域推进的必要支撑,实现"互联网+"的整本书阅读;进行实践与理论的双重探索,把工作当作研究,不断探寻整本书阅读的基本规律,确保了工作的质量和品位。方向正确,策略对头,组织有序,指导得法,使镇江市的整本书阅读"风景这边独好",在省内外都产生了广泛影响。

一分耕耘,一分收获。在镇江市,社会上普遍反映现在的小学生爱读书了,而且爱捧"大部头",成了"自主阅读者"。据我了解,镇江市整本书阅读已经有了明显的溢出效应,儿童比以前爱读书、爱语文;对学科的热爱成为他们学习的内驱力,促进了镇江市小学语文教育质量的全面提升。还有一个重要的表现是,镇江市小学语文教育的核心团队已经形成并且富有力量,镇江市的小学语文老师们在提档升级,其中不少人对于语文教育似乎已有顿悟之感。在整本书阅读的实践中,老师们在上好神话导读课后,一起讨论中国神话这种现象性神话的特点;指导学生谈神话,不是采用分析、解释、建构、推理等方式,而是采用体验式阅读,在感悟、对话中走进神话。在组织学生阅读童话时,老师们借助儿童文学母题的基本理论,引导学生在大量积累的基础上归纳梳理,进而在阅读与表达中拓展运用。拓展式阅读教学更是成为老师们语文教学的一个常态,比如着眼课文学习的阅读,就有老师列举出多种拓展式阅读类型:类目式——主题相同、相近的读物,通过拓展阅读强化认识;对比式——进行对主题或写法相同或相对的读物的适度拓展;背景式——提供有关联的背景材料,以扩大视野;迁移式——让学生在"应用"中把在课文学习中习得的技巧转化为能力;感想式——由此一事或此一文引发的感想,通过"助读"得以升华。这里的阅读自然是超越整本书的,这样的阅读对于学生语文素养的提高是有显在作用的。在镇江市,让阅读向四面八方打开是始于整本书阅读的,是整本书阅读的实践研究播下了种子,从而使阅读吐露翠芽,抽出新枝,甚至绽开花朵。所以,我们有充足的理由对镇江市小语教育寄予厚望,对张晨晖老师和她的团队致以敬意!

注:本文发表于《江苏教育研究》,2021年第6期。

大美育人的创新实践

——江苏省南菁高级中学"大美育"实践探索

江苏省南菁高级中学是一所有着130多年历史的名校,从这里走出了黄炎培、陆定一、吴文藻、汪曾祺、沈鹏、顾明远、金立群等杰出校友,走出了数以万计堪称社会中坚的优秀毕业生。新时期特别是党的十八大以来,南菁高中响应党中央号召,充满对"美好生活"的向往,传承学校以美育为重要表征的文化传统,开展了"大美育"育人方式的实践探索,让师生的蜕变与成长成为追寻与体验美的幸福历程。

一、建构"大美育"观念

观念是思想的结果,行动的先导。以"大美育"总括育人方式,总括学校文化,南菁高级中学杨培明校长的团队经历了艰辛的思想跋涉,使其实践建基于学理之上。

"大美育"是相对于"小美育"而言的,"小美育"是指德、智、体、美、劳"五育"中的"一育",主要指艺术学科的教育,"大美育"则把"五育"看成一个整体。教育是引导学生走向真善美的,杨培明团队赞成这样的理解:真善美是密不可分的。知识的目的在于求真,求客观事物所投射的真实,求人生切合真实世界,求知识切合价值,从而获得对客观真实事物的正确认识。而真是道德判断形成的前提。知识的效用在于扬善,即利用知识改造社会、改造人生,实现自然宇宙、生命个体、人伦社会、天地精神之和谐。知识的这一效用使知识具有了人性、人道性质。知识的理想在于追求"开物成务"的美学境界,即把握客观、化解矛盾、实现人类理想[1]。当代科学史的奠基人萨顿曾将分别对应于"真""善""美"的科学、宗教、艺术,形象地比喻为一个金字塔的三个面,并认为:当人们站在金字塔的不同侧面的底部时,他们之间相距很远;但当他们爬到金字塔的高处时,他们之间的距离就近多了[2]。难怪《韦伯斯特大学词典》对美这样定义:"一个人或一种事物具有的品质或品质的综合,它愉悦感官或使思想或使精神得到愉快和满足。"真善美是密不可分的。

真善美可以整体观照不难理解,但为什么以"美"为主导呢?我和杨培明、马维林等同志多次讨论过这个问题,他们先是列出许多案例说明可行性,然后再逐步努力从理论上说清楚。他们研读了马克思主义关于人的全面发展观理论,深刻领悟了"人也按照美的规律来塑造"的思想。按照马克思主义的观点,人的完整、全面发展,其基本要素是需要和能力,"需要是能力的内在规定,需要的水平决定了能力的水平;需要的发展与丰富推动着能力的发展与丰富;没有内在的审美需要,主体就缺乏投入审美活动的内部动力,审美能力也就不可能得到发展"[3]。当然,能力对于需要也有作用。总体看,需要是可能,需要是动机,以人的审美内在需求为主导进行教育活动,是整全的人发展的一条正确路径。也有很多学者从真善美一体、美为主导的角度进行阐释。张世英教授在论述了善与真的融合关系、科学与美的关系后,得出结论:"所以我以为,为了使人性得到更完满的实现,人不能只满足于求真,不能只满足于科学的快乐,而是应该由此出发进而上升到求善,上升到审美的愉悦。人生的最高境界或者说人性的最完满的实现应该是真善美的统一,而且在这个统一体上,美是主导的。"[4]有学者认为,西方的真善美三分一体结构说,是构建于其"造物塑形"文化观念的底盘上,以造房子说,设计房子和造房子是真与善,造出来的房屋形态以静观欣赏,即是美[5]。依据这种理解,美更可看见,更可感知,由此而进入求知的世界,应当是可行的。

二、变革育人方式

有什么样的教育理解,才可能有什么样的教育行为,南菁高中建构"大美育"观念并付诸实践,切实推动了育人方式变革。

体系化是"大美育"的特点之一。南菁高中提出美育课程"Y型模式"[6](如图

2)。这幅图主要是介绍课程的,但从中可以看出南菁高中"大美育"的整个实践体系。一是艺术教育。从一般意义上说,"大美育"是从美育发端的,艺术教育居于首要位置。在一般学校的育人模式图中很难看到艺术学科的地位,南菁高中认为专业类艺术课程天然具有审美性质,所以给予其应有的地位。在南菁高中的"大美育"体系中,艺术教育得以被重拾,而且学校强调艺术教育主要不是艺术知识、艺术技能教育,而是审美素养教育。二是教育美学。从艺术教育到所有学科的美育渗透,这就是"教学也是艺术"的一条路子。推而及之,其他教育行为也是有美学追求的,南菁高中在这方面的探索卓有成效,后面我们再举例详述。三是美学空间。尽管这幅图没有描绘环境,但凡是到过南菁高中的人都为典雅厚重而又不失青春朝气的大美校园所震撼。恰如杨培明校长所说:"课程是教育与学生之间的媒介,校园则是师生生活进行'催化'的物质空间,更是师生生命成长的文化空间和精神家园。"[7]四是日常的美的生活。从这幅图可见南菁高中制度化设计的校园生活,而徜徉在南菁校园,我们更是随处可以看到"以美育重构中学生活"已经"随风潜入夜",俯拾即是的生活细节都在讲述这方面的故事。南菁高中引导学生以审美态度对待人生、对待生活,重点在于由"知"向"行"的转化。我们曾经在一起分享过张祥龙先生的观点:"如果从具体到抽象的过程叫作'认识',那么,从

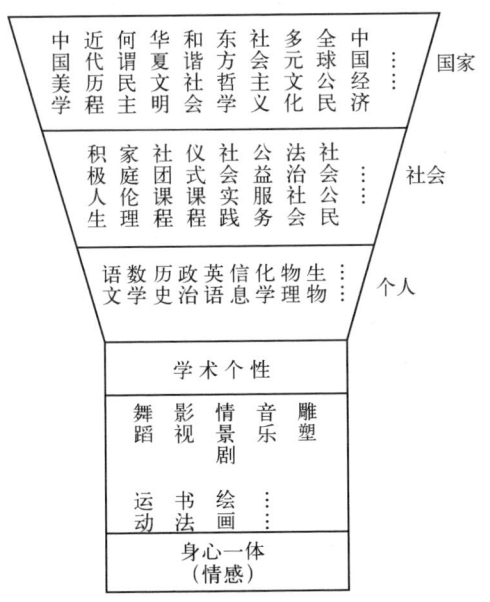

图 2　南菁高中美育课程"Y 型模式"

抽象到具体就叫作'领悟'。"[8]这是一条认知规律,也是一条道德养成的规律,一条塑造审美人生的规律。南菁高中应是循此展开,渐入佳境。

关键要素落实是"大美育"的另一个特点。南菁高中"大美育"的重点在于课程和教学,课程从前文已见一斑,而在教学上他们用力更多。他们提出"让课堂成为学生成长的美学世界",推进教学审美化实践。他们建构理论主张,明晰了教学审美化的发生机制,提出将所有教学要素都视为审美对象,让教学成为师生互动合作体验美、欣赏美、表现美、创造美的过程;创生实践流程,构建"感美·立美·创美"审美化阶梯;开发审美化课型,包括基础课程、拓展课程和综合课程,教学方式与课型匹配;研制评价量表,聚焦学生表现,围绕教师表现和整体课堂表现研制评价标准。其中新意颇多,以课型研发说,基础课程从学科内容和教育过程体现审美化实施;拓展课程则从主题的确定、项目的形式,到资源工具的开发、浸润性体验活动的展开,再到作品的展示、交流与评价,都以审美感受和创造贯注始终;综合课程,则围绕"感美·立美·创美"构成循环往复的实践路线图,引导学生沿着螺旋式上升的审美阶梯不断拾级而上。这样,就使教育美学落实到所有课程和所有课堂。

三、建立保障机制

按照我的理解,育人方式变革即是观念、方式、保障构成的结构化实践体系,南菁高中的"大美育"成就斐然,也得益于他们保障体系的建设。

一是组织策略保障。以教学审美化为例,他们创新推进策略,由四大团队协同完成:学科领导团队,由学科首席(评选产生)领衔,形成整体教学规划,梳理学科大概念体系,构建系列化学科大主题,规划科研项目;项目建设团队,由项目主持人领衔,完成团队组建,研发项目,分解项目,情景化、审美化推进项目;评价考核团队,由督导首席领衔,对某一学科教学活动定期进行评价,以促进教与学的有效改进;后勤保障团队,由技术首席领衔,建好学校教学案例库,为教学审美化活动的开展提供服务。

二是专业支持保障。育人方式变革,关键在教师,南菁高中教师队伍建设的做法如下:第一,系统构建教师成才、成名、成家的发展体系,要求青年教师"一年熟悉课堂,两年能力初成,三年形成专长,五年能挑大梁",实施"结对子,压担子,拉场子,树样子,摘果子"的"五子登科"培育方案,搭建高水平平台,让教师有更多"出人头地"的机会。第二,坚持以改进专业实践为主要成长路径,"大美育"实践的过程,也成为教师审美素养大提升的过程。学校教师在职攻读博士,读的是美学专业;教师说到美育,滔滔不绝中总让人感受到其独到的心得。第三,跨界化合作,促进教师成长。跨学科合作,不同学科教师共同合作开展研究;跨学校合作,与高校、其他高中合作,共同研发项目;跨界合作,与高新企业、社会各界合作,推进项目的深入开展。种种有力措施,促使教师长见识、开眼界、练本领,得到长足发展。

三是学校治理保障。南菁高中在课程建设、教研活动、文化建设、领域拓展、对外合作、校际交流、优生培养、学生实践、教研创新、资源建设、模式探索诸多方面同时发力,建成"大美课程"课程体系、"江南园林"校园建筑、"国际理解"教学板块、"美育联盟"牵头单位、"校长国培"重要基地、"南菁书院"育人模式、"研学节庆"双重引擎、"审美课堂"全国会议、"艺术·科技"特色场馆、"五育融合"推进方式这十种相互协同的发展平台和管理机制,其治理机制包括责任管理制、专门化场所配备、项目式资助、积分制职评、顾问式服务、阶梯式培养等,促进了"大美育"的坚实扎根。

南菁高中的"大美育"风生水起,活色生香,师生在"美好生活"中形塑美好人生,实践成果频获国家和省级奖励。难能可贵的是,他们"就实践生理想"(陶行知),总在向往"诗与远方"。"潮平两岸阔,风正一帆悬",南菁高中在教育现代化的伟大航程中,正在乘风破浪、扬帆奋进,驶向更美好的未来!

参考文献

[1] 陈微."知识道德"新论[J].社会科学,2000(5).

[2] 刘兵.人类自在的天性:关于科学与艺术之关系的一些思考[J].作家,2001(5).

[3] 杜卫.美育论[M].北京:教育科学出版社,2000.

[4][8] 张世英.境界与文化:成人之道[M].北京:人民出版社,2007.

[5] 蓝国桥.真善美三分一体结构说反思[J].人文杂志,2014(2).

[6][7] 杨培明.南菁高级中学:新时代发展素质教育的美学范式——"以美育重构中学生活"的实践探索[J].人民教育,2019(3—4).

注:本文发表于《江苏教育研究》,2022年第1期。

生命自觉:从实然走向应然
——记江苏省新海高级中学卓越教师团队建设

教师是教育发展的第一核心资源,名校之所以卓然而立,关键在于有一批名师。名师何以能"名"?怎样让教师走向卓越?又是怎样让教师的成长有一种龙腾虎跃的景象?江苏省新海高级中学(以下简称"新海高中")在创建高品质示范高中的进程中,以教师生命意义的追寻和超越为一根红线,贯穿教师专业成长的始终,以卓越教师的团队建设推进学校办学品质的跃升。

一、以生命化语文为示例

新海高中教师队伍建设的主题词是生命自觉。自觉,就是知道这件事的意义,发自内心主动去做。师者的生命自觉,就是明乎教书育人的重大使命,把教师专业应然的情感、态度、价值观内化为内心稳定的信念,外现为自然而然的行为。新海高中对这个主题词的选择,一定是受李震老师生命化语文团队的启发,或者说是一个学科团队的光亮弥散到整个新海园,点燃到许多光源,引发了相互映照的景象。

我多次到新海高中,每次都去造访李震老师的生命化语文研究院,不时会在震撼之中生成新的领悟和启发。李震曾任新海高中副校长,在新海园耕耘多年,属于学校发展元老级的人物。更重要的是李震恰如于漪老师题字所言,是"中国语文人",对语文教学的研究专心、痴心,我戏称为是到了"走火入魔"的境地。在长期的教学实践和研究中,他提出生命化语文的教学主张,并以其高品质的实践成效和丰富的研究成果产生了广泛影响。生命化语文,是对语文学科本质的揭示,文以载道,文以喻道,学习语文,以文化人,是"道"的"随风潜入夜",是生命意义的启蒙和超越;语文的应用,以言行事,以言取效,本质上是内在的价值信念统驭下,"在适当的场合说适当的话"(叶圣陶),是生命的一种呈现方式。语文的学习,就是为了过高品质的语文生活,为了追求高境界的人生。生命化语文,是对语文教学样态的理想塑形。李震老师曾在文章中引鲁洁先生的话,"价值,理想中的事实",显然是在吐露自己的心声。李震希望语文教学的起点是生命,直面鲜活个体;过程是生命,遵循生命规律;结果是生命,促进生命成长。如他自己所说,要"以生命特性为依托,让学生有着严谨的文化思辨和深刻的生命探寻,让学生语文情感的线条触向历史的空旷、现实的前沿和未来的悠远,实现语文素质教育的深度推进"。生命化语文,也是倡导语文教师积极的生命存在。借用王栋生老师的话说:"不跪着教书!"师者有主体意识、主体生命,课堂才可能是和风惠畅的生命场。而且,生命化语文也包含师者自我生命境界的拓展和提升,在李震老师那里,表现在教学个性逐步彰显和教学研究卓然大家。这种人生的全面进阶又转而拓宽拓深教学的河床,使语文的生命意义更加充盈。难能可贵的是,李震老师不止于此,近一二十年来,他花了很大的心血奖掖后进,扶持青年教师的发展,他主持生命化语文团队的建设,将团队建成一所"教师进修学院",迄今已有五期成员"毕业"。团队成员挑起学校以至连云港地区语文教学的大梁,一批特级教师、"正高"从这里走出去,教学成果屡获国家、省基础教育教学成果大奖,成为业内瞩目的"李震现象"。

新海高中很在意生命化语文的团队,和顾爱军校长以及前几任校领导交流时,他们也都为之自豪和骄傲。高品质示范高中创建工作启动后,新海高中突出优势探索,总结、研究"李震现象",提炼教师队伍建设的一般规律。在和顾爱军校长、李震老师等讨论时,大家就着新海园里自己的创造,认为沿着生命化这条路往前走是可能的,也是应该的。大家认识到,从教师成长的一般规律看,大致可以成为前经验型、经验型、专业型、道德型、审美型。前经验型,主要根据自己接受教育的经历和一般的生活经验,重复自己的老师和看到听到的其他老师的做法,依样画葫芦;经验型,主要基于自己的教育经验,跟着自己的惯性走,这种状况并不以入职时间长短去区分,如果不思进取,也有可能一辈子都陷在经验型的泥沼里;专业型,可以用教育的专业理论解释、指导自己的教育行为,在知识、技能方面达到规范的层次;道德型,在价值层面知道应该怎么做而且努力践行,在一般意义上已从"经师"走至"人师";审美型,教育已经成为自己的"宗教",发乎内心、本乎自然地热爱,全身心沉浸其中,创造性工作,享受幸福的人生体验。于是,大家聚焦到"生命自觉"这个词组,一致认为,卓越教师的"卓越",本质意蕴就在于到达本性使然、自然而然的高境界,心向往之,必然可以拾级而上,新海园教师成长因此有了闪亮的灵魂。

二、整体谋划发展方略

与有些学校的"望天收"不一样,新海高中的教师专业发展是从"十一五"开始就整体布局,有序推进。在高品质示范高中建设过程中,他们又不断优化,形成了六种基本策略。

一是规划引领,工程培育,铺设专业成长之路。在高品质示范高中新海轮值会上,顾爱军校长介绍了学校教师培养的三大工程:青蓝工程,重在以老带新,以新促老;成长工程,重在自我发展,自我更新;名师工程,重在以"德""课""绩""研"而名,发挥示范引领作用。每个工程都有结构化的考量,三大工程又构成贯通性的联系,引导并且推动教师"人往高处走"。

二是课程教学改革,校本创新,全面提高课程建设水平。新海高中以改进专业实践为提升教师素养的基本路径,引导教师在课程开发和教学改革方面用心、用力、用情,学校建构了精神培育、学术成长、艺术审美、体育健康、人生规划、技能养成、研究创新、视野拓展八大课程。各学科又根据学科特点建构学科课程。如环境化学分为四个课程板块:国家课程,分为必修、选择性必修、选修;校本课程,分为环境化学、化学与生活、化学与技术;先修课程,分为无机化学、有机化学、分析化学、结构化学;活动课程,分为社会实践、校园环境监测、实验测量与分析。在教学改革中,学校创生了生态课堂,由自学质疑、交流展示、互动探究、精讲点拨、矫正反馈、迁移应用六个模块组成,取得很好成效,该项目也获得省基础教育教学成果特等奖、国家二等奖。结合课程基地建设和社会实践活动的开展,促进学习方式变革,创造了体验的课堂、行走的课堂、开放的课堂、探究的课堂、自主的课堂、合作的课堂,促进素养引领的学习。

三是校本研修,课题聚焦,提升教学研究能力。研究往往是教师发展的重要支点,新海高中通过设计、行动、追踪、反思、改进五大环节,在解决问题中实现教学的内在价值,在实现教学的内在价值中提升教师的专业素养。大部分教师都成为课题研究的参与者,相当多的成果都在课题研究中得以酝酿,以至成熟。

四是名师引领,项目拉动,促进教师高位发展。学校邀请著名专家学者扎根新海园,成为育人共同体的成果,如中国工程院院士王文兴为学校建立两个气象站和科学实验室,南京大学侯文华教授为学校建立化学创新实验室,北京大学地球与空间科学院副院长张飞舟教授来校共建项目,等等。这些高层次专家参与创新人才培养,也给新海高中的骨干教师带来学术引导和学术资源。学校积极参与内涵项目建设,有7个课程基地、2项前瞻性教学改革项目、1项中小学品格提升工程、1个化学学科发展创新中心、1个青少年特色科学工作室,并建有国内首个中国排球博物馆和国内首个百年中国语文人研究院。项目已经成为江苏名校的重要表征,学校的影响力关键看项目的数量和质量,教师参与甚至主持项目建设,自然成为学校变革的核心力量,做成了项目,发展了学生,推进了学校进步,也极大地提升了自己的专业素养。新海高中的教师专业发展,在很大程度上也正是得益于参与项目建设。

五是规划生涯,高端研修,扩展教师学术视野。指导每个教师制订自己的专业发展规划,往"成师""成才""成家"一路走去。启动"重回大学"计划,与苏州大学合作,选择45位中青年教师参加研究生课程学习,通过考核答辩,全部获得硕士学位。2018年、2019年,分别组织教师走进北师大和华师大进行课程学习和专业培训。近年来还组织40多位教师到国外培训,开拓学术视野。

六是区域联通,打造联盟,建立发展共同体。学校建立校内学科教师发展联盟和学科发展共同体,建立区域教师发展共同体,参与建设区域发展共同体。在一定意义上,教师都在"组织"之中,都在共同体中相互滋养,相互成就。

如是,新海高中教师队伍建设,不仅核心意蕴是自觉,政治站位也是自觉,顾爱军校长和他的团队,立足于党和国家对教师培养的新要求、高中新课程改革、国际教师教育新潮流这样的方位,筹划教师队伍建设这一学校发展的第一工程;组织行为也是自觉,整体布局,有序推进,措施扎实,一路走来,渐入佳境。

三、基于规律的校本化创造

新海高中抓教师队伍建设,真正是"专业的人做专业的事",不断探索规律所在,进行了基于规律的校本化创造,其中的三个关键词给我们留下深刻印象。

一是"未完成性"。学校领导团队高度认可教师职业"未完成性"的特点,这种"未完成性",从空间维度看是完整性,比如萨乔万尼谈校长之力的师者之心(情怀)、师者之脑(思想)、师者之手(本能),自然也可以看作师者之力是由这三个要素的相辅相成而成。再如帕克·帕尔默提出教师道德、情感、知识的内心完整,等等,都是从这个视角出发去讨论的。从时间维度看,"未完成性"则是发展性,"学不可以已",对人生意义的启蒙和超越永远不应停止,要成为"人师",在"学习做人"方面当然"活到老学到老",况且知识更新的加快,科技社会的变化,我们对学生、学习、学科的本质的感悟和接近,都决定了教师是个终身学习的职业。新海高中正是把握"未完成性"的特点,对教师发展的目标进行了全面设计,特别是在价值引领方面,引导教师在学校"普爱"文化的浸润下,往有"仁爱之心"方向走,"生命自觉"正是由此生成。

二是精准化。新海高中的教师队伍建设,基于数据和证据,从而能精准发力。他们邀请江苏师范大学"优雅"团队,对学校教师队伍情况进行了全面的调查、分析,调查从"教师基本情况""教师专业学习共同体""心理韧性""专业精神""专业知识""专业能力""职业倦怠""教师压力"等八个维度进行,覆盖至所有老师,对调查的有效问卷,用SPSS统计软件进行科学分析,通过调查分析,在看到学校教师队伍取得重大成绩的同时,也发现存在的缺少认识高度、缺少价值引领、缺少目标意识、缺少合作机制、缺少激励机制等突出问题,从而有针对性地系统优化学校教师发展的整体设计,在难点突破方面精心谋划以求顺利破局,努力做到清晰自觉、可靠证据、缜密逻辑的一致性,使决策体现了较高的科学化水平。

三是团队式。新海高中教师发展的破局之旅主要是团队建设,他们认可的教师团队,是以名师、学科带头人或骨干教师牵头,以共同的价值理念为指导,有着共同的教育价值追求,能够实施先进策略,为实现共同的研究目标,团结协作,相互依存,在创新实践中共同承担责任的教师群体。在团队建设方面,坚持明确一个目标:建设一支传播知识与真理、塑造灵魂与生命、爱岗敬业、立德树人的高品质教师队伍;确定一个理念:自我更新、生命自觉,不断促进专业素养的提升、演进和丰富;遴选一个"头雁":选准团队领袖,着眼于能营造文化,赋予精神,催升活力,达成目标的领袖;构建两个框架:一是以学科为中心的教师组织金字塔,二是教师团队梯度发展金字塔,前者着重在创生新型学术关系,后者侧重于将有限目标与无限可能连接起来;明确三个站位:站在高中课程改革前沿,站在国家教师队伍深化改革前沿,站在国际教育前沿,做时代弄潮儿;实现"共""个"并举,"共"即按学校总体方略的路子走,"个"是鼓励各团队"寻找属于自己的句子",独树一帜,绽放出"领新标异二月花"。如是,龙腾虎跃、千帆竞发的喜人场景就可以想见了。

注:本文发表于《江苏教育研究》,2022年第2—3期。

书院文统谱新章
——记江苏省苏州中学书院制育人方式的探索

江苏省苏州中学书院制育人模式(以下简称"书院制")的实践研究风生水起,成就斐然。

"书院制"在苏州中学是有根的。办学原址未变,文脉绵延千年。追根溯源,大致形成1000年、300年、100年三个重要的时间节点。1000年:1035年北宋仁宗时期,范仲淹购置苏州中学现在所在的这块土地,捐宅办学,兴建苏州府学(时称"州学")。然后范仲淹聘请胡瑗担任教授。胡瑗"明体达用""分斋教学"以及"质疑""商讨""游学"等教育教学思想,不仅在苏州府学结出硕果,而且传统延续至今。300年:1713年,清代理学家张伯行在此创办紫阳书院,并亲定办学宗旨,"居敬以立其本,穷理以致其知,返躬以践其实",倡导"对话研习,合作实践,分类指导"的书院精神,造就了一大批杰出人才,仅状元就有六名。100年:1904年,江苏巡抚端方在此地扩建江苏师范学堂,将书院改为学堂。1927年,杜威的学生汪懋祖先生辞去大学教职,回乡组建苏州中学,将办学定位在办一所"学术化的学校",同时又是能够光大中国学术传统的学府,一时间大师云集,气象巍然。树大根深,枝繁叶茂,改革开放后,苏州中学又进入一个新的鼎盛期,"名人掌校,名师执教,名人辈出",风貌依然,蔡元培当年激赏新学格局"安定规模犹在",仍在铿锵回响。

"书院制"在苏州中学是有魂的。这个"魂"就是书院精神。综合关于中国古代书院的研究,我以为书院精神主要在四个方面:一是以道德修养为根本的内核。中国传统教育的主题就是"学以为己",学习是为了自身人格的完善和精神的充沛。"修""齐""治""平"是以"修"为基础和发端的。那些在历史上留下身影的书院,都是以培养人的德行操守为第一目的。二是因材施教。课业"分离",自修为主,师生可以双向选择,教学体现针对性,在书院中大都得到体现。三是学术自由。书院提倡"讲会"制度,鼓励学术争鸣和学术交流,历史上不同思想流派的争鸣甚至都酿成了影响深广的重大文化事件。关于紫阳书院历史考证的文章就提到,讲会是"学者借以自由传嬗学术自由思想之团体"。四是环境熏陶。书院多处山泉林胜之地,风景优美,有助于师生陶冶心性,砥砺情操。这些主要是从古代书院的考察梳理而来,具体到苏州中学的"书院制",则又打上许多"新学"的精神烙印。我曾经在一篇文章中把百年名校的核心资产归纳为五个方面:以"学以成人"为内核的文化传统,以向往未来为目标的理想追求,以他山之石为借鉴的开放视野,以使命担当为信念的人格典范,以扎根探索为路径的经验制造。[1]我想,这些新学传统,在中国教育发展史上是承先启后的,在苏州中学的"书院制"中也是不难辨识的。

　　从历史到今天,从一般到具体,每个学校都有"属于自己的句子"(海明威语),苏州中学的书院制精神是什么?我的理解,第一,忧乐天下、经世济用的家国情怀。无论是府学还是新学,其创办都是"忧天下"的情怀使然。今天,我们倡导办教育的国家思维,也是要为党育人,为国育才,担负起民族复兴的大任。第二,全人目标、因材施教的制度设计。范仲淹圣人一般的人生境界,胡瑗的"分斋教学",以及汪懋祖的修养标准,都是深植于优秀传统文化的沃土。今天,苏州中学"书院制"以培养核心素养为宗旨,其课程和组织都与先贤精神一致。第三,知行合一、自由生长的育人方式。胡瑗的"明体达用"倡导"实学",汪懋祖推行"做中学",在本质上有相通之处。古代书院和新学的师生平等、自主发展,这些都是体现教育基本规律的,在今天苏州中学"书院制"的实践中,得到了光大和弘扬。

　　"书院制"在苏州中学是有体的。苏州中学采用"年级+书院"的体制,组建道山(人文)、春雨(理工)、碧霞(艺体)和国际四大书院。书院有完善的课程设计,让学生在必修、选择性必修学习的基础上,有宽阔的选择空间。

表1 四大书院特色课程体系

书院	核心素养领域	课程类别	提要	教与学方式	评价方式
道山书院（图书馆、道山亭、尊经阁、碑廊）	人文素养领域	国学史学	建设实施人文类课程群，着力培养融通传统文化、融汇西方理念、践行学做合一、对接生活世界的复合型人文英才。	倡导基于批判性思维的学习。用问题引导，推动学生开放性思考、研究。	论文评价、史料编辑
		文学哲学		倡导基于课题研究的学习。梳理对比史料信息，学会判断信息的可靠性。	
春雨书院（量子馆、梦工场、实验室）	科技素养领域	科学课程	建设实施数理拔尖学生培养课程基地、梦工场STEAM课程中心课程群，鼓励学生开展独立自主的学习和探究活动，培养学生的科学精神和实践能力。	倡导基于实证研究、实验研究的学习。指导学生立足于实证、实验进行研究，并学会有条理地表达、论证、撰写研究报告。	设计方案、实验报告
		技术课程		倡导基于项目的学习。集信息收集、自主探究、"产品"制作、成果交流于一体。	项目评价、团队评价
碧霞书院（来秀坊、体育馆、运动场、道梦空间）	身心健康领域	艺术课程	开设艺术鉴赏课程，开展油画、水墨画、版画、刻纸和瓷刻等创作及展览；开设音乐剧创作课程，开设各类舞蹈课程，组织艺术团队，开展舞蹈排练、管弦乐排演；开设动心课程，组织排演心理剧，促进身心和谐发展。	倡导基于鉴赏与创作的学习。引导学生参观各类艺术馆、博物馆，体验不同艺术门类对话融合的创意魅力。倡导心理疏导，促进心理健康。	展览、展评、活动、展演
		体育课程	开设帆船、足球、排球、篮球、棒球、羽毛球、跆拳道、健身、健美操、定向越野等课程，面向全体开展活动、竞赛，组织运动队培养有特长的学生。	倡导基于自然运动的学习。在自然运动课程中体验科学性与规则性，并训练勇敢精神和锲而不舍的精神。	活动、竞赛

续表

书院	核心素养领域	课程类别	提要	教与学方式	评价方式
国际书院	国际发展领域	国际课程	"卓越课程"、美国大学先修课程（AP课程）、AP衔接课程、学术英语课程、美国高中特色课程、大学申请指导课程等。	中外课程融合学习、网络学习、讨论式学习、演讲、辩论、综合实践活动等，促进自主学习、合作学习、探究学习、团队协作等能力的提高。	过程测评、阶段测评、综合测评、活动、竞赛

书院有流畅的组织运行。学校成立书院管理委员会，由校长任主任，各书院院长任副主任，行政各处室及各年级部主任协助各书院做好日常管理、学生管理、通常教育和文化建设等活动。书院设名誉院长（名教师或知名校友）、书院院长（全面负责）、书院山长（协助）、书院教师（校内外聘任）、书院导生（从优秀学生中选拔，协助导师工作）、书院学生（学生自主申请）。在运行上抓住组织结构、工作过程、组织文化三个要素，实施"扁平化、矩阵式、项目制"管理，完善各项管理规范制度，保证机构的流畅运转。书院有富有创意的育人空间。苏州中学坐落苏州城南，"近水远山皆有情"，东邻沧浪亭，南面为文庙，北面毗邻林则徐、丁日昌等诸多名臣主政过的巡抚衙门，校内古建筑成群，沿着中轴线看去，可谓一眼望千年。学校后来的建设沿此拓开，融入现代创意，体现出优美与实用、古典与现代、物质与文化的浑然一体。道山书院，由靠近文庙的图书馆、道山亭、尊经阁、碑廊等整合而成。道山虽仅海拔数米，但有千年以上的悠久历史，因纪念周敦颐而得名。春雨书院，由量子馆、梦工场、实验室整合而成，命名来源于道山北侧的春雨池，春雨池为五代南园遗胜。春雨书院涵盖了数理拔尖学生培养课程基地和梦工场——STEAM课程基地。碧霞书院，由来秀坊、体育馆、运动场、道梦空间等整合而成。命名来源于道山南侧的碧霞池，碧霞池亦为五代南园名胜。包括国际书院在内的各书院内部，都是以学生成长为内核设计，它们是一个学习社区，方便师生的交流和学习；它们是一个公共生活社区，学习、生活、休闲融为一体；它们是一个修养身心的诗意空间，处处让人有怡情惬意的感受。

"书院制"在苏州中学是成气象的。范仲淹《岳阳楼记》中有句："朝晖夕阴，气象万千。"这可以简要看作是先贤对后人,对我们今人办学的一种期待。而在苏州中学,我们感受到办学正在生成气象。其重要表现是对大学境界的追求,当然,这里的"大学"是指办学层次,更是指精神境界。大学首先在大师,在苏州中学历史上,罗振玉、王国维、钱穆、吕叔湘、汪懋祖、胡焕庸、吕思勉等均在此执教,蔡元培、胡适曾来此讲学。今日"书院"的名誉院长都是学界翘楚,院长和导师也有如黄厚江、蔡明等学界中坚力量。中学的"大学",还在于与大学的贯通。1985年起,苏州中学和中国科学技术大学联合创办"中国科学技术大学少年班江苏省苏州中学预备班";2009年,苏州中学成功引进西安交通大学少年班拔尖创新人才培养计划,苏州中学与西安交通大学联合按照"预科—本科—硕士"方案八年贯通培养;2012年至2016年,尝试探索"2+4"高中大学贯通式培养,即南京大学·匡亚明班。中学的大学境界,更在于学生的学习方式和成长方式,苏州中学杰出校友庄小威院士曾总结为"动力、眼界、深度思考",这样的教育是真正有远见、有格局的。这样的办学追求在书院中集中实践,在全体学生的培养中普遍体现。一分耕耘,一分收获,苏州中学对办学境界的追求结出丰硕成果。在改革开放后,苏州中学也是英才辈出,中科大少年班的五位院士就有两位出自苏州中学,各行各业的苏州中学优秀毕业生更是浩浩荡荡,栋梁成林。王绩有诗句:"树树皆秋色,山山唯落晖。"正是"树树""山山"的众多和阔大,才堪为气象。在苏州中学,书院文统谱新章,成就了"大学"的气象。

参考文献

[1] 杨九俊.试论百年名校的"核心资产"[J].中小学德育.2019(1).

注:本文发表于《江苏教育研究》,2022年第4期。

德性生长的丰富实践

德性生长,是基础教育阶段学校立德树人的第一任务。江苏省梁丰高级中学(以下简称"梁丰高中")以高度的责任心、使命感,长期抓牢第一任务,开展丰富的校本实践活动,取得显著成效。

一、整体构建德性生长的实践体系

梁丰高中对德性生长"怎么做"进行了整体设计。第一,德育内容的融通建构。梁丰高中在重视普遍性、共同性德育内容的基础上,充分挖掘、开发地方和校本的德育资源。从地方德育资源看,张家港市是全国文明城市建设的一面旗帜。梁丰高中把握住学校生态位,把学生德性生长作为张家港文明人培育工程的有机部分。从学校德育资源看,梁丰高中早在革命战争年代就是当地较早的一个党支部诞生地,红色基因的传承是梁丰文化建设的天然使命。梁丰高中把普遍性、共同性的德育资源与地方和校本的德育资源融通一体,整体建构,丰富了内容,彰显了特色。第二,思政课的三重激荡。思想政治课是学校德育的第一阵地,梁丰高中在思政课育人方面做出了卓有成效的探索,实现了主流价值观、活动体验和反思内化的三重激荡。思政课强调学生在活动中亲历体验,更重视"辩"在思政课中的落实,内化反思,真正促进了德育内容的入脑入心。第三,德育的全学科渗透。每个学科教研组都系统梳理德育内容,与思政课形成有机呼应,同时恰到好处地渗透学科育德。第四,校本课程、德育活动的创意设计。校本课程主要结合学校文化传统,落脚在红色基因的传承。德育活动较多地安排学生在社会参与中感受体验,与张家港文明城市建设同频共振。第五,当下与未来相互贯通。一方面,梁丰高中持续开设日常"好习惯养成"课程;另一方面,梁丰高中又很重视学生人生的"问向",开设生涯规划课程。二者结合,使梁丰学子走得稳,走得远。

二、育德环境的创意设计

环境与人格的形成有着互动、共生的关系。梁丰高中的德性生长工程对环境有着整体的富有创意的设计。第一,富有生命感的校园环境。在梁丰高中的校园里,我们确实真切感受到学校成了"孩子们文化扎根的精神之家"。第二,真实的生活环境。梁丰高中的"好习惯养成"等课程,"共育共享共成长"等活动,就是让高中生在真实的生活环境中,正常地、积极地成长。第三,特定的社会环境。张家港市在文明创建、改革创新等方面都是一方沃土。梁丰高中的德性生长工程,引导学生积极投入生机勃勃的社会生活,唤醒城市文明基因,不断丰富精神能量。这些育德环境的设计与开发,大大丰富了"品端成梁"的积极可能性。

注:本文发表于《江苏教育》,2020 年第 11 期。

教师成为推进变革的核心力量

在2021年两会的"委员通道",唐江澎校长关于"好教育"的阐释,直抵教育本质,回应社会关切,引起强烈反响。因为和江澎校长熟识,我们都因此跟着忙乎,比如《光明日报》《中国新闻周刊》等报刊的记者都对我进行了电话采访。我还经常在和其他同志交流时不断解释,江澎不仅是这样说的,更是这样做的。为了证明此言不虚,我会打开微信,进入"省锡中专家团队群",展示一下2020年上半年时,唐校长是怎样在十多年研究探索的基础上组建这个群,组织我们集中研讨学校的"毕业生形象"(即四个"者":终生运动者、责任担当者、问题解决者和优雅生活者)。现在讨论江苏省锡山高级中学(简称"锡山高中")的教师专业学习社群,我恍然大悟,江澎一定是由自己学校的教师专业社群拓展开来,专门组织了这个特定的问题解决的群。我自己其实也成了锡山高中教师专业学习社群的参与者,与有荣焉。

锡山高中为什么能出现一批教师专业学习社群?我以为,是因为唐江澎校长及其团队一直走在改革的前沿,他们会遇到新问题,思考新方案,想象新风景。面对时代的变化,他们表现出了积极的胜任力。一是适应知识形态的新变化。传统的知识观是个体知识论。在笛卡尔、康德那里,知识的确证是建立在个体意识之上的。它的特点:① 注重个体心灵,忽视知识生产共同体。② 研究对象是经验。③ 知识的产生与确证脱离社会对其效果的要求。④ 不研究知识的传播与接受,知识、权利与民主的联系。[1]而罗蒂等人提出"群体知识观":知识不是一个自我封闭的单子。恰恰相反,它是那种因为自己能够不断地敞开自身……建立在宽容、多样性基础之上[2]。这样的知识观为教师的专业发展打开了新的理论视野。传统的知识观还认为知识是客观的、确定的,而在大数据时代,知识显现出新的样态。戴维·温伯格在《知识的边界》一书中提出几个热词,如宽度、无边界、平民主义、悬而未决、"他者"授证等。"宽度"是说,足够多的人参与,足够的宽度本身就是一种深度,组织专业社群,在一定意义上就是体现"宽度"。二是适应科学技术的新发展。唐江澎校长几乎斩钉截铁地说:"基于智能手机的微信群建设,应当引起关注。"他们是在这个微信群的基础上,按照专业化的要求,组建了学习社群。三是适应学校组织形态变革的内在要求。传统的学校教研组是基本的细胞,是分科的,具有相对封闭性,但当下的知识生产和知识传播具有综合化的趋势,学校的工作有很多也都是综合性的,在一个不断变革的学校里,对综合性的要求更高,专业学习社群成为与学校教研组相对应的专业组织,专业性与综合性、稳定性与灵活性各有侧重,相得益彰。锡山高中不失时机地引进"教师专业学习社群"的思想,实现组织创新,学校组织构成更加完善,学校组织也就更有力量。

教师专业社群的形成,也是锡山高中文化生长的必然。第一,群体知识的一个重要特点是"主体间性"。在一个专业社群里,每一个教师都是主体,都能迸发主体的激情和创造力,这个专业社群才真正具有活力。锡山高中长期高扬"人"的旗帜,大家同心协力培养终身运动者、责任担当者、问题解决者、优雅生活者。天职使然,每位教师都在追求意义人生。学校治理以科学、民主为准则,教师的职业生活富有尊严感。这就使很多教师有做事的内在欲求,有主体创造的激情,"主体间性"因而成为可能。第二,锡山高中长期推行分布式领导,不少项目不是采取由上而下的垂直管理,而是项目负责制,让一些专业领袖承担主要任务,且在工作推进过程中,培养潜在的专业领袖。教师专业学习社群其实是更彻底的一种分布式领导。第三,改革对于锡山高中,一直是"在路上"。他们一直通过不断变革培养时代新人,创建理想学校。他们一直想做事,一直想把事情做得卓越,学校也需要更多教师一起努力,共同推进学校发展,于是有志参与变革的教师才有了用武之地,从而在做事的过程中为学校发展作出贡献,也使自己得到更好的专业成长。试想,一个死水一潭的校园里,不可能"每天都是新的",除了上课、管学生,也不需要教师们另外做什么,专业社群也就失去了存在的意义。

我们经常讨论什么是教师专业发展的最佳路径?锡山高中的经验告诉我们,

"做项目",不断改进专业实践,就是教师专业发展的最佳路径。更重要的是,教师们成为学校文化变革的核心力量,其人生价值得到更好实现。唐江澎校长想象的时代新人,也因此得到更好成长。"喜看稻菽千重浪,遍地英雄下夕烟"这种胜景,使得"匡园"常常成为我们流连忘返的地方。

参考文献

[1] 顾林正.从个体知识到社会知识——罗蒂的知识论研究[M].上海:上海人民出版社,2010.

[2] 理查德·鲁玛纳.罗蒂[M].刘清平,译.北京:中华书局,2003.

注:本文发表于《江苏教育》,2021年第7期。

为未来而学

惠特曼有诗:"时代啊,从你深不可测的海洋升起……"埃利亚德有言:"未来不是一个我们要去的地方,而是我们要创造的地方。"核心素养的提出,正是基于科技、社会的迅猛发展,基于未来的不确定性。今天培养的时代新人,不应被动适应变化,而应迎接、预测、创造变化。江苏省锡东高级中学(以下简称"锡东高中")正是基于这样的追求,践行创中学,引导学生为未来而学习,成功探索出一条让普通学生走向卓越的新路子。

重新理解教育。锡东高中领导团队对高中教育的理解有着深刻的时代关切。他们认为只有教育创新,才能培养时代新人。而创新教育相对于传统教育,要让学生从被动转变为主动;从知识储备型学习为主,转变为提取、加工信息能力的培养为主;从答案的标准化、唯一性,转变为探索更多的方案和更好的选择;从只重视思维结果,转变为更重视思维过程;从统一性教学,转变为基于差异、关注个体的教学;从封闭性,转变为让课堂向四面八方打开,等等。难能可贵的是,他们没有坐而论道,而是精心设计,潜心实践。春华秋实,通过几年的努力,已经是满园飘香、硕果累累了。

整体优化课程。创中学是需要课程创新为其提供可能性的。为了创中学的腾挪施展,锡东高中整体优化了学校课程。第一板块是学科课程(主要指国家课程中关于学科的部分)和学科拓展类课程,其中包含了作为"课程补丁"随机嵌入的微专题课程。第二板块是跨学科课程,从课程综合的角度建构课程,包括领域类跨学科课程、超领域跨学科课程。尽管"跨",但它们仍然基于学科视野,内在包含了相关学科知识、能力的要求,且有 1+1＞2 的目标设定,力求发挥学科整合的综合育人功能。第三板块是超学科课程。"超学科课程"是 2013 年全国科学技术名词审定委员会公布的教育学名词。它不考虑任何特定的学科背景,强调以某一学习经验或者自然、社会问题为主体来组织课程内容和学习活动。锡东高中的创造性超学科主题课程,就是以创造性的素养培养为旨归,以创造性的基本要素为内核,建构的充满创新意蕴的课程群。

创意设计教学。创中学,落脚是在教学。锡东高中的核心团队对此进行了深入研究,以我的了解看,他们大抵在以下方面已经颇有心得。

第一,确定学生的主体地位。教学改革的一个核心任务就是进一步确立学生学习的主体地位,只有具有主动性,学生才能真正在学习、会学习。锡东高中倡导项目化学习,就是想确立学生的主体地位。如果说教师是学生成长的"燃灯者",那么锡东高中十分重视"可燃",情境创设;"点燃",任务设计;"助燃",有效支持;"自燃",促进学生学会学习。如是,学生主体性也就真正立起来了。

第二,追求高质量的目标达成。锡东高中把挑战性的任务设计作为一个重要的要素,体现了高质量的目标追求。让学习始终充满挑战性是教学的基本原则之一,而学习的挑战性主要是围绕思维展开的。于是,他们十分重视培养学生的高阶思维,从而促进学习走向深化。

第三,充分激活学习潜能。锡东高中丰富的课程样态,为学生的选择性学习创造了许多课程空间。更重要的是,他们不仅关注差异、适应差异,而且创造机会、发现潜能。因为"海阔凭鱼跃,天高任鸟飞",一些学生潜在的积极可能性就可能外现、彰显,在这个基础上再去实现个性化学习便更加容易。于是,发现一个学生的潜能,就可能变成创造一个新人。

第四,让学生学会学习。教学的基本任务一是丰富学生的知识储备,二是培养学生的学习能力,创中学意在将关注点从前者移向后者。锡东高中提出让学生成为学习"专家",并把这种想法转化为切切实实的教学策略,有效地促进学生学习力的生长。

第五,创造性的教与创造性的学相互映照。苏霍姆林斯基曾说,教师应当是具有求知精神、不满足现状、充满创造思想的人。有学者说"教材无非是个例子",在一定意义上,教法也无非"是一个例子"。创造性教学对学生具有示范作用、激励作用,这样的教学春风化雨,一定是润物无声地滋养着学生的创造性生长。锡东高中从任务设计,到教学过程,到评价落地,处处呵护学生的创中学,引领学生的创中学。于是,相互映照就成了理想课堂的样态,就会把学生更好地引向学习的乃至人生的诗与远方。

注:本文发表于《江苏教育》,2021年第3期。

从经验到科学

——扬中市外国语小学的挑战性学习支架建构

近年来,我多次造访扬中市外国语小学,深深为孙莹校长和老师们积极的情感和昂扬的精神所感动。他们乐观向上,不甘平庸,总想让教育生活更具意义,总想让生命价值更好实现。而且他们找到了一个着力点,一个抓手,即探索建构支持儿童挑战性学习的支架。这使得他们的生活富有意义,使他们的职业生涯时常闪烁着创造性劳动的光彩。

一、从"周学历单"到"周期学习单"

扬中市外国语小学建构支持儿童挑战性学习的支架是从学校的经验起步的。孙莹校长和她的团队把人生的意义锚定在以学生发展为本位,以学生主动充分发展为表征。孩子们被动的学习状态引起了他们的忧思,他们从自己做起,从改进每一节课做起。最初的朴素想法就是让学生更主动地参与学习,让学生在智力活动中享有尊严感。采用的方法是要求老师"让",把时空"让"给学生,甚至规定一节课"10+30",老师最多讲10分钟,学生主动性的学习和探究不少于30分钟。那怎样才能"让"到实处呢?老师们建构了"周学历单",提前设计好学生一周要完成的学习任务,以"周学历单"贯穿学生的学习过程,使学生以自主学习和小组合作相结合的方式,完成一周的学习任务。变化是可喜的,学生更多地参与知识获得的过程,主体性得以凸显。但是不足也是明显的,时间的刚性切分不科学,固化的模式桎梏了学生个性的发展,学生主体性在一定程度上只是貌似,而非得到实质性落实。

好在他们不断在反思中改进,针对存在的问题,研制出"周期学习单",让学生在学习过程中利用"周期学习单"这一素材包进行课前预习、课内深入思考、课后归纳复习的整合性学习。"周期学习单"贯穿了整个学习过程,形成了"自学定位—学情诊断—共学提升—因需拓展"的四步学习范式。从"周"到"周期"是一次重大的飞跃,前者只是一个外在的时间概念,后者却是一个内在的意义单元。杜威非常强调"一个经验",主张学生的学习要具有"一个经验"的完整性和完美性。"周期学习单"契合这样的要求,而"周期"又是以研究学情为重要内容的,这就使得学生的"一个经验"是以个性化、差异化为基础的,因而他们一直主张的"适性课堂"得到很好的落实。

二、从经验探寻到科学探究

从"周学历单"到"周期学习单",扬中市外国语小学的教学改革已经有明显成效了,学生学习的主体性得到落实了,学习有效性体现出来了。但是,教学改革似乎很难进一步深入,"学历单""学习单"与整体教学的融通感尚未达成,原因就在于他们还处于经验阶段,还需要从经验到科学。"经验"常常是片段的、孤立的,尚未上升为共同话语,也还没有成为知识。我第一次去扬中市外国语小学时,他们就言说了这种困惑。记得吴永军教授也在场,我们和孙莹校长的团队一起进行了深入的讨论,大家让事情回到原点:为学生设计"学历单""学习单",究竟想达成什么样的目的?通过讨论,大家都认识到,这些都是为了学生主体性的确立,为了为学生的探究实践提供支持。于是大家跳出"学历单""学习单"的桎梏,从事物的本质属性展开深入研究,并且一致同意选择"学习支架"这一概念,围绕支持挑战性学习的支架进行整体建构,这就完成了从经验到科学的蜕变。当我们能够用教育科学解释自己的教育行为,我们就可以在一个系统甚至体系的框架内讨论问题,就可以通过深入思考促进整个教学系统的优化,就会发现研究和实践的空间一下子变得开阔明亮。正是基于挑战性学习支架,扬中市外国语小学成功申报了江苏省基础教育前瞻性教学改革实验项目,将研究与探索推进到一个崭新的阶段。

三、从挑战性学习支架到挑战性课堂样态

难能可贵的是,孙校长和扬中市外国语小学的老师们把项目的成功申报当作一个新的起点,他们引导学生进行挑战性学习的历程是从自己的挑战性学习开始的。他们还具有一个突出的优点,就是想明白就扎扎实实地做。在吴永军教授团队的支持下,他们展开了理论与实践的双重探索,从而建构了具有鲜亮理论色彩的实践体系。

第一,在合理性与可能性的基础上生长挑战性。他们关注到学生实际发展水平和潜在发展水平的差异,在"够一够,摘得到"的情境中设计挑战性任务。

第二,为学生完成挑战性任务提供了三种学习支架。一是"周期学习单"。以一个主题和一个单元为周期进行任务设计,在学生学习关键处提供学习资源、学习方法指导、学习地图,使学习任务形象化、明晰化,为其能力的形成提供支撑工具。二是"任务链"。基于挑战性目标,创设一个完整的挑战性意义情境,将挑战性目标分解成一个个环环相扣的小任务,隐匿在情境中,从起始到终结,环环相扣,由浅入深,形成任务闭环。三是"项目书"。学科活动中的挑战性学习,分问题情境、学习实践、反思评价这三个阶段推进。在每个阶段的实施过程中,教师都根据学生的学习基础,以项目书为载体,给不同学生设计不同的目标,适时为学生提供适当的支持。

第三,丰富学习支架的工具库,使教师"像专家一样",在支架设计和使用方面具有理性自觉。他们综合实践逻辑和理论逻辑,将挑战性学习支架分为资源型支架、程序型支架和方法型支架(见表2)。资源型支架有助于帮助学生建构核心知识,形成体系化知识;程序性支架指向"怎么做",主要目的在于发展学生的"顶层设计"思维,帮助学生形成解决问题的路径;方法型支架的主要目的在于为学生解决高阶问题提供拐杖,让学生能够实现思维的提升。

表 2 挑战性学习支架

支架类型	定义	分类	
资源型支架	教师在教学过程中为促进学习者学习提供的资源包。	资源范围	人力资源
			物型资源
			学科资源

续表

支架类型	定义	分类
程序型支架	教师在教学过程中给学生挑战性学习提供的若干学习地图。	问题支架
		任务支架
		方案支架
		路径支架
		评价支架
方法型支架	教师为支持学生自主解决挑战性问题,提供实验、范例、训练等多种方法策略指导。	组织支架
		信息加工支架
		元认知支架

第四,创造课堂新样态。扬中市外国语小学建构了挑战性课堂的基本样态(见图3)。以我的理解看,挑战性课堂一是具有召唤性的学习任务。这种召唤性,一方面是情境特别是真实生活情境的创建,另一方面是从"最近发展区"提炼出来的挑战性任务。二是具有自主性的探究实践。任务驱动往往能激发学生学习的主体性,同时,这里的自主性可以理解为独立学习和合作学习的有机融合,挑战性学习历程中的"方案设计"和"问题解决"都包含了这方面的内容。三是具有适切性的有效支持。学习者往往需要借助教师"提供—渐隐"的学习支架而渐入佳境,这种支持是贯穿在学生挑战性学习的全过程。四是具有发展性的学习评

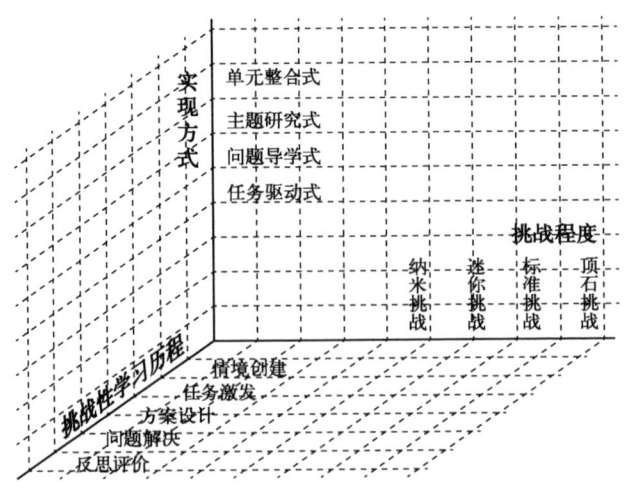

图3 挑战性课堂的基本样态

价。扬中市外国语小学从学习态度、学习知识、学习思维、学习方式、学习成果等方面形成了评价标准。在课堂学习时,三维中的每一维,按照挑战的级别与程度设计,体现以评价倒逼思维的导向。他们又把"反思评价"作为必不可少的一个阶段,其发展性的指向是很明确的。在具体学科,学科特质又都在教学过程中得到很好的体现。五是超越学科中心,推进学习方式变革。扬中市外国语小学注重学科内综合,如对所有语文综合性学习的单元都进行过认真研究,在镇江市范围内起到很好的示范作用;倡导跨学科整合,依托学习能力和生活逻辑形成主题课程,引导学生在更丰富的经验中形成素养。而这种开放性的学习,则需要更具创造性的任务设计和有效支持。

有一位初中物理老师,课上得非常棒,很受学生欢迎。我和他交谈时反复请他说说自己教学最有心得的经验,这位老师告诉我:"我没有什么法宝,我只是在学生需要时垫了一脚。"我对这种说法非常赞赏。在学生知识爬坡有困难时"垫了一脚",给予了有效的学习支持,是这位老师甚至许多优秀教师共同的成功之道。最初到扬中市外国语小学,我和孙莹校长分享了这个故事,我当时认为他们的"学习单"也是为学生"垫了一脚",这"垫了一脚"大有学问,值得我们认真研究。孙莹及其团队听进去了,而且把"垫了一脚"研究得这么深入,不仅进行了应用研究,甚至在一定程度上已经在构建挑战性学习和学习支架建构的理论。我不仅为之深深感动,而且发乎内心地对他们致以敬意。

注:本文发表于《江苏教育研究》,2021年第5期。

"学程周"：儿童综合学习的创新

南京市拉萨路小学的"学程周"，以儿童生活经验为课程逻辑，以"周"为意义单位，每学期安排一周，组织学生从课堂走出去，从学校走出去，到工厂、农村、社区、博物馆、商场等真实的生活空间，进行主题引领的综合学习。这些年来，拉萨路小学的"学程周"风生水起，成效显著。究其缘由，我想，大体在四个方面。

一、坚守综合育人的课程价值

拉萨路小学的"学程周"，是综合实践活动课程的校本化实施。在作为国家课程的综合实践活动课程的校本化实施上，他们比一般学校放得更开，做得更实。这是因为他们在精神实质上领会到了综合育人的价值，不仅没有将综合实践活动课程边缘化，而且将之作为课程创新的重要板块，更大程度地发挥其综合育人的课程价值。在和严瑾、刘宁等学校领导交流时，我注意到，他们是站在育人方式变革的前沿认识综合实践活动课程的。

诚如许多学者所指出的，现在知识的生产正从分科走向综合，比如，航天工程、生命材料、计算机科学等等，都是在传统学科综合、整合的基础上诞生出来、发展起来的；现在知识的应用也更多呈现出综合的特质，核心素养的重要表征就是人们在真实复杂的情境中激活各种资源，进行问题解决与创新。新的课程改革深刻地把握了这样的发展趋势，第八次基础教育课程改革树立与实践的理念就是超越学科中心。这一理念通过强化课程综合性,审视与改进学科课程,丰富与激活地方及校本课程,构建选修课程,倡导研究性学习,推进多元评价方法……得到全面的体现;而最为显在的体现是设置了学科类综合课程,设置了学科内部的"综合性学习",设置了综合实践活动课程[1]。虽然由于各种原因,"超越学科中心"的理念没有完全落实到位,但方向是正确的、明确的,现在新一轮基础教育改革不仅会坚持这一方向,而且一定会走得更坚决。

拉萨路小学的同志们从时代新人培养的宗旨出发,高度认同综合实践活动课程独特的价值,把国家课程设计留有的积极可能性转化为校本化的课程创新。他们自觉地把综合实践活动课程的"文章"做足,于是,"学程周"应运而生。

二、创造儿童生活的"一个经验"

"学程周"不同于一般综合实践活动最大的特点,就在"周"。以"周"为一个意义单位,为一个课程模块,这在儿童生活中是鲜见的。它使得儿童生活与学习的完整性得到体现,非常契合杜威"一个经验"的思想。杜威先生在阐说"一个经验"时,"一个"大都加了着重号,可见他对学生学习生活经验的不完整是多么"感冒"!杜威说:"我们在所经验到的物质走完其历程而达到完满时,就拥有了一个经验。只有在后来的后来,它才在经验的一般交流中实现内部整合,并与其他的经验区分开。"[2]杜威的"经验"内涵很丰富,至少包括:经验作为动词,就是体验、实践;经验作为名词,是在亲力亲为中形成的认识。杜威强调经验应当是连续互动的过程,主张经验应当具有完整性、完满性。这种思想对于我们的课程开发和教学设计是具有指导意义的。

拉萨路小学的"学程周",以"周"为基本单位设计并实施课程,让学生经历学习生活的一个完整过程,而且这个过程是儿童主动参与,甚至忘我投入的。这对于儿童来说,是一种全新的生活,是如杜威要求的,具有审美意义的完整的"一个经验",对儿童的成长意义非凡。听孩子们滔滔不绝讲"学程周"的故事,听家长感叹孩子们在"学程周"的卓越表现,我想,孩子们的获得感不仅来自一个完整的意义单元,而且来自他们自己参与创造了崭新的童年生活。有学者说:"在穿越一生的各个年龄段,对童年的牢固的植物性的感觉多么敏锐!"[3]这里的"植物性"主要指其生长的意义。有诗人在回忆童年生活时写道:"我体验了生活,却不知我生活在我的神话中。"[4]在我看来,"学程周"就具有儿童"神话"的意义。这样的"一个经验"是在一生的生命溪流中潺潺流响的,对于儿童成长的价值是不可估量的。

三、研发意蕴丰厚的课程内容和实施途径

先进的理念怎样转化为灿烂的现实图景呢?拉萨路小学的老师们创造性地进行了"学程周"的课程开发。在内容方面,他们以儿童生活经验为课程逻辑,提炼了4个主题:"亲近自然""认识社会""触摸历史""学会生活"。每个主题研发3个课程模块,以12个课程模块构成内容体系,分别落实到各个学期中(如表3)。

表3 "学程周"课程内容

	第一学期	第二学期
一年级	新校园	望星空
二年级	池塘秋语	春日生长
三年级	世界你好	成长体验
四年级	读城	非遗
五年级	农业物语	工业4.0
六年级	为了和平	大梦想家

内容的结构化考量,主要表达拉萨路小学对新人素养的设想。在课程实施方面,每个"学程周"让儿童经历5个学习板块——"发现质疑""阅读积累""现场探究""跨界体验""表现展示",着力在知行结合方面,突出学生主体,突出融会贯通,突出体验过程,突出问题解决。可以想见,在生活逻辑展开的过程中,学生的学习能力一定会得到较好的提升。在学习空间的拓展方面,他们在真实场景和情境化方面下足了功夫。学校建设了"甘熙故居""中车南京浦镇车辆有限公司"等一批"学程周"基地,并约定了双方的权利和责任。以"工业4.0"学程周为例,学生实地参观浦镇车辆厂、金龙汽车集团、熊猫电子集团以及创维集团等企业,还有部分学生赴上海实地参观中国工业设计博物馆以及玻璃博物馆。杜威说过:"经验是有机体与环境相互作用的结果、符号与回报,当这种相互作用达到极致时,就转化为参与和交流。"[5]这种作用于经验课程更甚。拉萨路小学在课程设计上尽可能组织学生来到知识的源头、语言的源头,工厂、农村、社区、商店、山川河流,处处有

他们探究的身影。互联网等虚拟世界,也是他们涉足的领域。在这些创意学习空间里,物态的东西不仅是环境,也是学习资源;不仅是儿童认识的客体,也是对话、交流的对象。当我们看到拉萨路小学的孩子在沉浸式体验中流连忘返,感动于他们和客观物相拥起舞、客我相融时,就会理解教育家基尔关于"知识是舞蹈"的比喻是多么精彩。在课程评价方面,他们突出完整性、过程性、表现性,以评价改革促进课程目标的落实,支持儿童的发展。可以说,拉萨路小学"学程周"的课程设计与实施,理念先进,技术规范,结构完整,步步生辉,堪称精彩。

四、建构蓝图落地的保障体系

育人方式的变革,蓝图好画落地难。拉萨路小学的领导团队深知这一点,他们加强制度、组织、基地资源等方面的建设,切实保障"学程周"的顺利推行。

在制度建设方面,首先将管理重心下移,让级部成为课程管理的主体,激活老师们的创造性;其次,对课程实施过程中的所有问题都做了制度安排,确保活动的高效、安全。比如,《"学程周"课程基地儿童现场学习的约定》《外出现场学习活动教师工作细则》《拉小"学程周"外出学习乘车制度》《露营亲子活动制度》《"学程周"学习成果发布制度》等等,一应俱全。如是,"学程周"才能顺利开展。

在组织建设方面,学校成立"学程周"课程研发中心,负责"学程周"的顶层设计和宏观调控;组建课程建设指导委员会,为"学程周"的研发和实施提供专业支持;协调"学程周"相关者,特别是儿童、教师、家长、社区及文化中心,组成"综合育人共同体",相关者各司其职,协同作战。对教师,则不断加强课程技术的培训,特别是引导教师在"做"课程的过程中不断提高专业实践的能力,提升专业素养,在"综合育人共同体"中充当中坚力量。

在基地资源建设方面,充分发挥学校的影响力,基本做到"按需供应",且在课程优化过程中,不断"开疆辟土",在资源利用方面逐步游刃有余。正是在保障体系完备、完善的基础上,"学程周"才能红红火火,蔚为大观。

严瑾、刘宁等校领导多次说过,"学程周"源于一种教育想象。教育需要想象,我相信,许多优秀校长、教师的情感和智慧,都是在想象中被激活的。在参与"学程周"活动,被老师积极昂扬的情绪感染时,我们感受到了想象的力量。雪莱有诗云:"想象能够使我们创造我们想看到的东西。"拉萨路小学门前的巷道被称为百步坡,孩子们每天上学都是在拾级而上。百步坡上,朝气蓬勃的孩子们更让我们认识到想象的神奇。我衷心祝愿:拉萨路小学的老师不断放飞梦想,把孩子们带向美妙无比的"诗与远方"。

参考文献

[1] 杨九俊.我国基础教育课程改革顶层设计的基本思想[J].江苏教育研究,2009(25).

[2][5] 约翰·杜威.艺术即经验[M].高建平,译.北京:商务印书馆,2017.

[3][4] 加斯东·巴拉什.梦想的诗学[M].刘自强,译.北京:生活·读书·新知三联书店,1996.

注:本文发表于《江苏教育研究》,2021年第4期。

协商式:儿童学习新样态

好学,是芳草园小学学生的重要特质。原因在于,芳草园小学推行的是协商式学习。孩子们说,这样的学习,我们愿意,我们喜欢,我们享受! 这种体验逐步转化为一种态度,一种信念。

一、协商式学习的结构呈现

学习具有时空属性。马赫穆托夫认为:"把课看作是相对于教学过程而言的一种独立的整体系统,是在时间和空间中进行的一种有目的的活动。"[1]这里的时空关系就构成了课堂的结构。协商式学习具有结构创新的意义。

空间结构的创新。首先是学习者的组织形式。芳草园小学很推崇小组合作学习,他们认为,多名学生成为一个协商式学习小组,课桌椅以方便交流的形式陈列,使学生彼此之间很容易进行面对面的交流,有助于自然而然地形成学习共同体。他们的班级建制教学,以 U 型桌椅排列方式为基础的组织形式,又不仅仅止步于此,还创造了非制度组织形式,根据学生现有水平、兴趣爱好组建学习小组,对热点问题、专题探究项目随机进行研究,有时甚至跨班级、跨年级组建学习小组,使交流、协商更为广泛和深入。其次是教师与学生的关系构成。传统课堂中,教师与学生构成单一的信息传递关系,先生讲,学生听,教师是焦点所在。"人群、表扬和权力结合在一起,让群体性的课堂生活带上了某种独特的风味。这构成了一种隐形课程,要想顺利完成学校生活,每位学生和教师都必须掌握它。"[2]芳草园小学的协商式学习就是想努力改变这种权力关系,创造新的"隐形课程"。多年来,他们一直在推行"让学",出台《芳草园小学让学课堂新常规》,以"乐学、自主、互助、多元"为基本元素,"让热爱"、"让实践",儿童真正站到课堂中央,"协商"也才有了真正的可能。第三,学习者的物理空间。"经验是有机体与环境相互作用的结果,符号与回报,当这种作用达到极致时,就转化为参与和交流。"[3]杜威在这里所说的环境当然包含了物理空间。芳草园小学留意于此,把物理空间衍化成学习情境的有机构成,使协商式学习容易被激发,也包含进学习者与学习环境的对话。以数学学科说,他们建设专用数学实验室,逐步将其功能不断丰富,从实验走向思维升阶的建构活动;又将数学实验室拓展到班级、家庭,将"数学实验"的时间从课堂延伸到课后、放学后;进而创建全时空的数学实验室,真正实现了"让课堂向四面八方打开"。于是,学习可以在处处生根。

时间结构的创新。因为教学更是一种时间的艺术,所以课堂的纵向结构得到更多的关注。对于芳草园小学来说,关键是让协商在流程中有机生成。芳草园小学首先提炼了五个要素:情境、协作、会话、意义建构、共识性评价,这五个要素的组合构成基本的教学结构。他们的创新主要在于稳定性与丰富性的结合。结构自带稳定性,但教学是生成性的,且课程类型不同,同一课程的知识呈现方式不同,教学的具体情境又不可能一成不变。因此,建构、创生具有适切性的纵向结构,让教学要素更活泼地表现,就非常必要。他们依据不同类型课程、同一课程不同知识呈现方式,以及不同的学习目标,建构了多样化的学习模型。如:

1. 基于预学分享的协商式学习模型

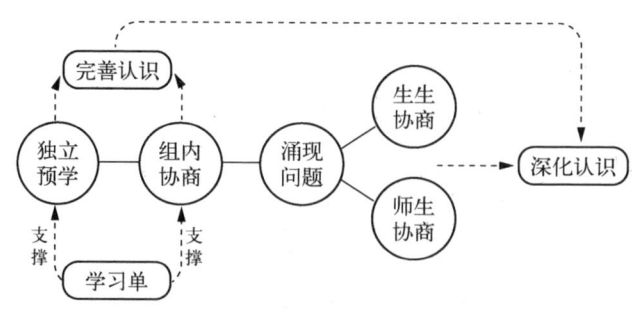

图4 基于预学分享的协商式学习模型

2. 基于问题引领的协商式学习模型

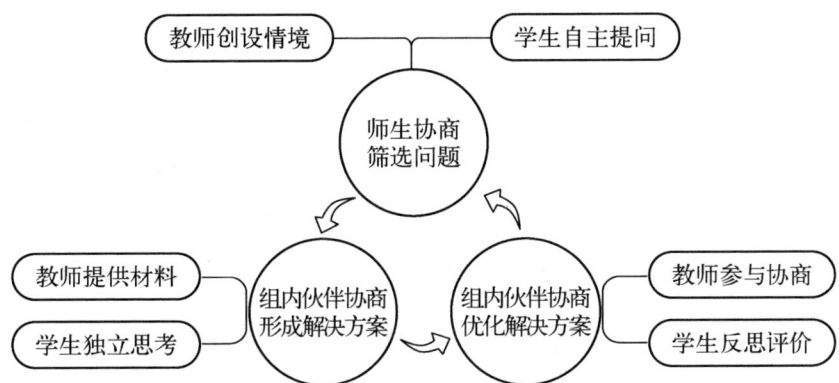

图 5　基于问题引领的协商式学习模型

3. 基于项目驱动的协商式学习模型

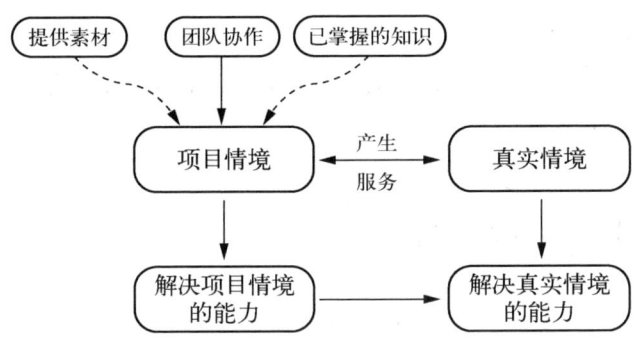

图 6　基于项目驱动的协商式学习模型

4. 基于主题汇报的协商式学习模型

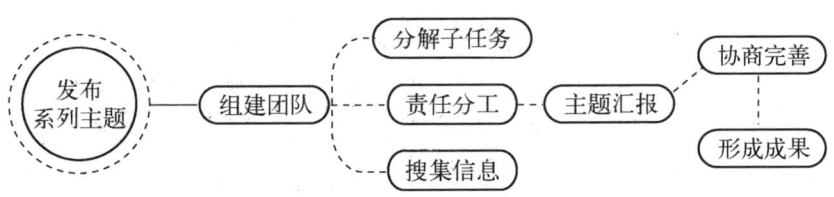

图 7　基于主题汇报的协商式学习模型

5. 基于活动导学的协商式学习模型

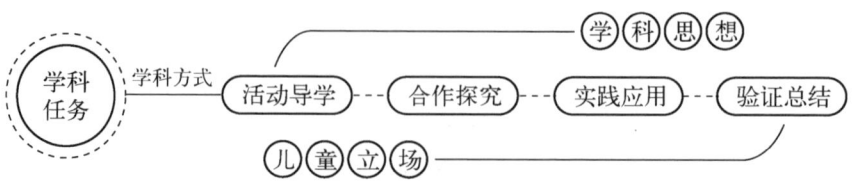

图8　基于活动导学的协商式学习模型

6. 基于场景营造的协商式学习模型

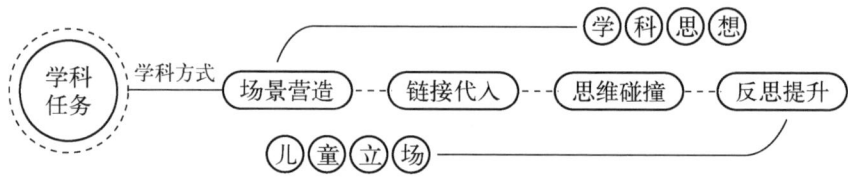

图9　基于场景营造的协商式学习模型

当然,需要补充的是,时空维度是相对而言,往往是相互融合的。另外,基于具体时空的创造,远比这里的归纳和提炼精彩,因为许多老师都达到创造性教学的境界,从心所欲而不逾矩。

二、协商式学习的支持系统

育人方式也好,课堂变革也好,我理解都是为什么(理念)—做什么(方式)—怎么保障做得好(支持)这样一个行动系统。芳草园小学的协商式学习,其文化意蕴、观念内涵,我在后面会专门讨论。这里要说的是,协商式学习能够落地,关键在于学校支持保障系统建设到位,这也说明芳草园小学是真抓实干的。

学习工具系统。协商式学习最重要的学习工具是议学单,议学单是教师引导学生个性化自主学习的载体,在课堂上围绕议学单上的问题或者任务,教师教给学生解决问题的方法,学生依据方法步骤展开问题探究并展示议学单成果。议学单一般分为核心问题、重难点、议学策略、议学体会等模块。进入到具体学科,则又努力体现学科特质,设计符合学科需要的编制形式。协商式学习的核心特征是主动与合作,"议学",即在教师指导、支持下,学生发挥自主性,在民主、平等、自由、宽容的氛围中,围绕共同的学习目标,多边互动,商议协作,自主规划学习过程,体现了协商式学习的本质属性和核心内涵。议学单作为一种学习工具的成功研发,就使协商式学习顺利进入操作状态。

网络支持系统。惠特曼有诗:"时代啊,从你深不可测的海洋升起。"进入互联网、人工智能时代,人们的感受更加深刻。芳草园小学的协商式学习紧跟时代前进的步伐,以强大便捷的网络平台系统为支持,使其学习方式具有鲜明的时代烙印。学校建成智慧校园,以物联网为基础,将基于计算机网络的信息服务融入学校的各个应用和服务领域,实现互联和协作;建构"云上学"。构建个性化教学与学习的信息化环境,顺利实现特殊情境云上体验、多种资源云上整合、协商创生云上互动;创建能豆豆线上学习中心,以突破时空的泛在学习逐步取代传统的固定性学习,充分支持儿童的个性化;建设家长空中学校,向家长开放网络资源平台,鼓励家长参与到协商式学习中来,扩大、充实学习共同体。网络时代对于教育的促进作用,主要在资源的无限丰富、共融智能生成便捷、个性化学习即时支持,芳草园小学的网络平台建设体现了这些特点,有力地支持了协商式学习的推进和深化。

专业支持系统。从"授—受式"到"协商式",教师的不适应远远大于学生的不适应。因此,提升专业品质,培育专业能力,成为芳草园小学教师队伍建设的聚焦点。学校围绕协商式学习,建成"实践—反思—学习—研究"的四重循环往复的进阶系统。"实践",一节课一节课去磨,在技术上力求一丝不苟,尽可能用教学行为准确表达自己认可的教育观念;反思,以自我为对象,总结经验,发现问题,特别是学习基于数据和证据解释教学问题;学习,针对存在的问题,进行专题性阅读,力求在学理上弄明白所以然;研究,努力经历一个从经验到科学、从个人体会到公开作品的提升过程,从而推进实践发生实质性改变。惟此,我们才不难理解,芳草园小学推行协商式学习后,教学相长成为一种普遍现象。

三、协商式学习的文化意蕴

协商式学习是在冶炼主体性精神。因为协商、对话,必然是一种"主体间"行为。在这里,手段与目的是高度统一的。"未来的学校必须把教育的对象变成自己教育的主体。受教育的人必须成为教育他自己的人;别人的教育必须成为这个人自己的教育。"[4]我以为,立德树人的"德"不仅指政治的、道德的、思想的,也指人格的,指人在精神上能够站起来。教育应该自觉担负培育学生主体人格的任务。协商式学习正是在潜移默化中,在"草色遥看近却无"的意境中,在主体人格的塑造方面立德树人。

协商式学习是基于群体知识观的知识创造。个体知识观关注个体心灵,忽视知识生产共同体。群体知识观认为知识是开放的,是建立在宽容性、多样性基础上,与情境、社群相联结的。儿童的学习不仅是参与,也应当是创造。当然,这种创造是"再",对知识的"再发现""再创造"。这种"再发现""再创造"就是基于一个学习社群对知识的生产。协商式学习是在学习社群的语境下讨论问题,是群体当中的各个主体对知识的发现和创造。

协商式学习浸润着对每个个体的关照。因为每个个体都是主体,他们都有相应的权利和义务,所以个体在这种新型学习"体制"中是有地位的。具体地看,选择什么样的议题?采取什么样的问题解决方式?学习社群怎样组织?学习成果怎样呈现?个体的诉求有表述的机会,则个体的差异可以转化为学习资源,面对具体个体的支持能够更加精准。"面向全体"因此真正成为"一个都不能少"。

协商式学习体现了学习主体与环境相互间的积极作用。杜威认为,经验即学习。经验从哪里来?经验是学习主体与环境互动的结果。学习环境主要指物质环境和社会环境,同伴关系、师生关系以及家校关系等,是社会环境的主要构成。芳草园早就推行"让学",包含着对社会环境的重构。通过"让",把本应属于学生的权利"还"给学生,然后协商。于是学习共同体、教学相长等等,都可以从这样的文化土壤上生长出来。

协商式学习包含着对学习内容与学习方式匹配性的探寻。芳草园小学创造了协商式学习的模型、样态,但他们不是用一个模式包打天下,而是在"大体则可"的原则下提炼出若干要素,鼓励师生们根据学习内容的特点创造匹配的协商方式,比如他们有基于预学分享的、问题引领的、项目驱动的、主题汇报的、活动导学的、场景营造的。顾名思义,可以想见这些不同样态的协商式学习其目标内容的指向,是各美其美的。在和芳草园小学老师们讨论时,他们明确地告诉我,协商式学习着眼于不同类别的课程、不同学科、同一学科不同的知识呈现,以及不同的学习社群,在匹配性上,他们已经正在有意而为,持续探究。

协商式学习已经是成就卓然的学习。协商式学习知情统一,好学、乐学的情感累注其间;学习共同体相互合作、相互砥砺且自始至终;知识的教授,情感的陶冶,价值的内化相伴而行。学习的收获是完整的,学习的体验是幸福的。有研究者关注到,孔子在《论语》中一次也没有提到"幸福",但许多次提到"乐",在孔子那里,"乐学"就是学习的幸福境界。我曾经借《圣经》故事谈我的幸福校园的愿景——"让学校到处流淌着奶和蜜",并且阐释"奶"是知识,"蜜"则是幸福的感受。如是看来,芳草园小学的学生生活就是"到处流淌着奶和蜜"的。好学成为其学生特质,就是理所当然的事情了。

参考文献

[1] M.N.马赫穆托夫.现代的课(续完)[J].杜殿坤,译.外国教育资料,1984(3).

[2] 菲利普·W.杰克逊.课堂生活[M].丁道勇,译.北京:北京师范大学出版社,2021.

[3] 约翰·杜威.艺术即经验[M].高建平,译.北京:商务印书馆,2018.

[4] 联合国教科文组织.学会生存——教育世界的今天和明天[M].北京:教育科学出版社,2017.

注:本文发表于《江苏教育研究》,2021年第11期。

"闻斯行诸":像孔子那样教学

南京市夫子庙小学因地因人而名,校名就是学校文化的根。多年来,学校自觉担负传承孔子教育思想的文化使命,开展了一系列卓有成效的实践研究。近几年,孙红校长的团队又聚焦课堂,倡导"闻斯行诸",像孔子那样教学,初步成果已结集出版,可喜可贺!在品味他们的教学案例时,"境界"这个词不断地从我脑海里跳将出来。"境界",指向事物达到的程度和表现情况,有时甚至会是一种微妙的感觉,但大抵包含了主与客、情与景的融通。我的感受是,夫子庙小学"闻斯行诸"的实践探索,正在走向"风乎舞雩"的美好境界。

一、体系的建构

《论语》是语录式的,其博大精深,可以让我们看到孔子思想的全景。学习孔子不是简单还原,而是要有自己的理解,更要有体系化的理解。夫子庙小学对孔子教育思想进行了校本化的建构,他们概括出"有教无类"全民教育为基石的教育观,"开设六艺"全民发展为宗旨的课程观,"知行合一"教育实践为原则的教学观,"因材施教"个性发展为途径的学生观,比较完整地表达出对孔子教育思想的理解。

在"像孔子那样教学"的项目中,他们寻找、梳理出了15个孔子教育思想场景:1. 何莫学诗;2. 绘事后素;3. 能近取譬;4. 非敢后也;5. 好恶未可;6. 各言其志;7. 武城弦歌;8. 六言六蔽;9. 不改其乐;10. 我则不暇;11. 学思结合;

12. 相师之道；13. 予欲无言；14. 富而后教；15. 闻斯行诸。孔子的每一个教育场景都可以看作一个完整的教育视界；贯通了看，又可以看到其教育思想的全貌。由于这些场景意蕴十分丰厚，我们可以从两个视角来观察：一个是学生观、学习观、教学观、教师观这一教育思想整体的视角；另一个是学习观的视角，即学习意义、学习态度、学习方法。不难看出，夫子庙小学从孔子教育场景中提炼的教育思想，无论是整体维度的，还是学习观维度的，都隐含了体系化的建构。他们的寻找、选择就是一种建构。

二、场景的迭现

"境"的本字为"竟"，《说文解字》曰："竟，乐曲尽为竟。"后来引申为边界、疆域、国境等内涵。"界"则自古就有边界的意思。境界本身的空间感带来了一定的确定性。践行孔子的教学思想，讲自己的教学故事，往往会把我们带进教学现场，场景的呈现是题中自有之义。但夫子庙小学有其特别之处，他们研究创意教学，构建了"孔子这样做—智慧新解—我的教学现场—名师大家说—还可以这样做"的基本模式。

"我的教学现场"由三四则教学案例组成，与"孔子这样做"在意蕴上一气贯注，遥相呼应。由此，他们建构了跨越时空的生动图景，这是一种古今迭现、师徒（教学）迭现的图景。因为迭现，所以丰富。在一个特定的空间，我们仿佛看到孔子老师在示范，众多青年才俊在效仿、在创造。因为迭现，所以深邃。夫子庙小学主题场景的选择，都是被历史情境反复证明是体现教育本质、教学规律的，而且在不同的历史情境中都是富有生命力的。这样的"教学现场"，自然具有深邃感。因为迭现，所以绵长。"孔子这样做"，若隐若现。时隔两千多年，后来者心向往之，"闻斯行诸"那种香火不绝、余音袅袅的氛围就有了感人至深的力量。古人言境界，借两句古诗喻之曰，"野色更无山隔断，天光直与水相通"（宋·郑獬《月波楼》）。人与物、主与客、象与意不隔而融通，则境界生成。在夫子庙小学的"教学现场"，又有古与今贯通融和，就愈加耐人寻味。

三、对话的实现

在夫子庙小学的教学案例中，我们看到了四重对话。

一是教师和先贤的对话。这个对话是有主题的,围绕某个主题,教师们尝试与孔子晤谈,去探索教学的真谛,生成了汩汩而下的意义之流。

二是教师间的伙伴式对话。在每个主题下,不同学科的教师进行专题式探索,学校选择一些成功案例,集成一束,其实就代表了执教者和更多伙伴在讨论、在协商、在共同创造。

三是教师自我审省的对话。在每个教学案例后,都设计了"现场背后",让教师们自己谈教学体会。这种专业反思,无疑会有力推进执教者的专业进步。

四是专家与教师的对话。每个主题的案例呈现都设计了"名师大家说",和教师们讨论"还可以这样做"。让人印象深刻的是,参与对话的专家面对一则教学案例,怀揣对孔子的敬畏之心,也饱含对在课堂深耕的夫子庙小学教师们的感动之情,真的花功夫深度参与,贡献了他们的真知灼见。比如第一个场景"何莫学诗",是由董洪亮博士说的。他就着主题,从教育史的高度,阐释了"讲授"教学法的地位,并本着教学规律,厘清"讲授"与"灌输"的区别,有着很重要的去蔽意义。第二个场景"绘事后素",是由薛法根老师说的。他结合自己丰富的教学经验,从启发的时机、启发的方式、启发的境界三个方面,把启发教学这一规律说透了。第三个场景"能近取譬",是由张晓东博士说的。他以《比喻:教学言谈的"深层语法"》为题展开,单单是这个题目就让人眼前一亮,就可以看出他对教学规律的深刻理解。当然,"名师大家说"之所以精彩,是因为孔子教育思想灯塔的照耀,也是因为夫子庙小学的教师们在实践探索中拾级而上,渐入佳境,产生了水涨船高的效应。

四、文化的创生

人们常说,让历史之光照亮未来之路。我们更应看到的是,每一次回望,其实都基于前瞻,基于向往未来。因此,每一次回望不仅是继承,也是创新。夫子庙小学传承孔子教育思想,是站在培养时代新人和转变育人方式的高度。在一定意义上,他们的践行也是创生。仅就教学领域说,他们"闻斯行诸","像孔子那样教学"包含了教学文化的三层创生。

一是对教学文化的整体建构。包括:"求大学,志未来"课程体系的建设,以"谦谦君子"作为学生培养目标,以"贤明通达"作为教师发展目标,借助"六艺"课程资源建构了自己的课程体系;"乐学·五之"问思学堂的建构,以"乐"为学之魂,在"博学之,审问之,慎思之,明辨之,笃行之"学习要素的基础上,建构问思学堂的运行方式;游学实践的研究,借鉴"游于艺"的游学经验,开发游学资源,开展游学实践;"谦谦君子"学生评价框架的研究,在"亲仁、尚礼、志学、善艺"四个一级评价维度下,又凝练了看得见、可操作的十二个评价要素;学习环境的整体优化,室内外相融,校内外结合,创造激趣、激情、激思的学习环境。了解到他们对教学文化建构的结构化思考,就可以理解教师"像孔子那样教学"的从容与自信了。

二是对课堂本质意蕴的发现和创造。我曾经参与过夫子庙小学以"兴发"为主题的教学研讨活动。按照孙红校长的阐释,孔子教学的核心智慧就在"兴发"。"兴发",就是激活身体,实现起兴;激活思维,指向启发;照亮精神,参与对话。他们由此提出浸入、发问、论辩、阐释、内省的教学要素。孙红校长特别向我解释,这是要素,不完全是流程。从他们的教学现场看,"兴"不是仅用在"起"的阶段,而是贯穿教学始终的;"兴发"不仅是体验的,而且是与建构互动的。可以说,创意蕴于其中。

三是对学科典型学习方法的梳理和应用。教师们提供的案例,都是关于具体学科教学的。研读这些案例,我们不难发现,教师们对学科性质的理解是准确的,教学行为的学科味是浓郁的。比如语文的想象、数学的思维、英语的场景、科学的探究等等,都有了恰当的位置。"闻斯行诸",本来就包含了因材施教的意蕴,而夫子庙小学的教师们向前走了,他们教学的创造性不仅体现在学生身上,还体现在学科之中,体现在知识呈现方式上,体现在具体的情境里。于是,学生的学,教师的教,就自然进入"不亦乐乎"的境界。

注:本文发表于《江苏教育研究》,2021年第9期。

构建后"双减"时代的教育

2021年7月,中共中央办公厅、国务院办公厅印发了《关于进一步减轻义务教育阶段学生作业负担和校外培训负担的意见》(简称"双减"),从国家层面促使各级、各类学校对传统单一的、扁平式的育人样式进行优化。政策实施至今已逾半年,全国各地中小学开展了诸多行之有效的尝试。

江苏省苏州市平江教育集团(以下简称"集团")地处平江历史文化街区,是一个由苏州市平江实验学校、苏州市大儒中心小学校、苏州市桃坞中心小学校三所百年老校以及与平江实验学校一脉相承的苏州市平江实验学校分校组成的教育共同体。深厚的文化底蕴、绵延的历史文脉,造就了集团独特的文化气质。他们在"双减"政策的引领下,因校制宜,从价值引领、聚焦课堂、作业设计和课后服务等方面入手,扎实推进"双减"工作,实现育人观、教学观和学习观的时代转变,为"双减"政策的区域实践提供了优质范本。

一、以"回归"为价值观建立"大共同体"

德国古典学家耶格尔在《教化:古希腊文化的理想》中对"共同体"有一段经典的叙述。他认为,"教育不是一种只关乎个体的行为:它本质是共同体的一种功能"[1]。作为一个集团,其教育价值观要充盈于各个学校之中,照亮、照遍、照透每一座校园。集团各校奉行的这些价值观是稳定的、一致的,教育的根基便是牢固的。那么,集团所奉行的教育价值观是什么呢?我们发现,是"回归"。平江教育集团总校长金一民提出了"三个回归":一是学校主体的回归,二是教师主体的回归,三是学生主体的回归。究其根本,我们可以说,金校长是要回归"真正的教育"。

当年的北京大学校长蒋梦麟先生说过:"教育如果不能启发一个人的理想、希望和意志,单单强调学生的兴趣,那是舍本逐末的办法。"[2]蒋校长当时的讲话与如今立德树人的根本任务有着内在的契合。要实现这一教育使命,首先必须去除当下教育中所存在的功利化、短视性现象。"双减"政策实施之前,大量校外机构的野蛮生长直接破坏了正常的教育生态,违反了教育规律,"伪教育""反教育"大行其道,学校、家长纷纷陷入焦虑与"内卷"之中。在这样的环境下,显性的成绩成为儿童发展的唯一衡量标准,道德修养、创新思维、综合素质无暇顾及,遑论人的理想与信仰。因此,金一民校长提出的"三个回归",其实包含了学校教育观、教师教学观、学生学习观的三重回归。回归到哪里?现象学著名的口号是"回到事实本身",而这个事实本身,不是实然的,而是应然的。我认为,金校长的"回归",是回归教育的本质、教育的规律,是回归保障学生健康成长的教育生态。集团的这种价值观,非常精准地切合了"双减"政策的使命与核心,同样也是国家立德树人目标的重要体现。

二、以自主学习理念构建"真教学场"

"双减"政策与之前的减负要求相比,明确提出要做到应教尽教,确保学生能够达到国家规定的学业质量标准。在这里,"应教尽教"不能简单地理解为"学科知识的应教尽教",否则终究会回到应试教育、题海战术的老路。"应教尽教"的内容应当是学科知识、学科技能、学科情感及学科基本思想的统一。做到这一点,需要我们优化课堂教学方式、强化科学评价引领、激发儿童生命活力。

儿童是课堂的主体,要塑造怎样的儿童直接影响课堂的转型方向。集团自2020年起就确立"自主学习者"的培养目标,并提出了"价值认同、成长心态、高阶认知、自省品质"四大人格特征,以此引领课堂教学改革。何谓"人格特征"?20世纪人本主义的杰出代表弗洛姆指出,人格是个体先天遗传和后天获得共同形成的精神品质,是在同化与社会化的过程中形成的特殊的行为模式,是心理特性与社会相互作用的产物。所以,人格特征既包含内化的情感态度,又有外在的行为表现,具有独特性、稳定性、统合性的特点。集团在"双减"政策颁布之前,就提出培养"自主学习者"的口号,并凝练出四大人格特征,涵盖了儿童的价值观、学习观与生命观,可以看出他们对儿童学习、成长的研究是持续的、科学的、有效的,是具有前瞻意识的。更值得称道的是,经过多年的探索,这一育人理念在集团完成了从理论到实践的转型。他们有了一个贯穿课堂教学与课后研讨的完整体系,从而使培养"自主学习者"有了系统的支撑。在课堂教学方面,他们构建"自主学习者"课堂范型,提出"高认知""自组织""强互动""优应用"四大要素,从教师的教、学生的学、教与学的互动和学习反馈设计等方面入手,靶向针对当下教师重教轻学、学生被动学习的现状,引导全体教师潜心于课堂实践,专注于教学变革,促进课堂教学质量的提升。在课后教研方面,他们建立了课堂"大教研"制度,通过"先研:提出主题""自研:课堂观察""合研:小组讨论""展研:大组展示""导研:专家指导""后研:实践改进"的"六研"闭环模式,助力课堂教学质量提升。

按照杜威的观点,学生在"经验中学习"。经验包含了"做"和"受",也就是主体与环境的交互性决定了经验兼具主动性和被动性。在教育的情境中,学生学习的社会环境无疑包含了作为引导者的教师。佐藤学提出,学生是"被动的主动者",也就是说,教师"让"学生主动,还"带着"学生主动。一直以来,教学活动都应该处理好教师与学生、教与学之间的关系,只有当学生真正投入课堂中来,进行深入的思考、认真的倾听、积极的响应,学习活动才能真实有效地开展。集团的"自主学习者"培养工程,就是将学生的成长放在了课堂的中心,使其处在教育的核心地位。教师则扮演着引导者、支持者的角色。只有当"学习"成为学生生命内在的自我需求,我们的课堂教学才能达到"减负不减质"的改革目标,才能使教师端的"应教尽教"转向学生端的"应学尽学"。

三、以高品质作业设计培养"多能力源"

"双减"政策中明确提出要全面压减作业总量和时长,减轻学生过重作业负担,但是,当前我们对作业的理解依然停留在400多年前夸美纽斯强调的对已有知识或技能的实际操练或反复演练,是凯洛夫所提出的"通过阅读教科书和完成各种练习来巩固知识、技能和技巧"[3]。这样的认识,让教师在作业设计时更多地考虑其"工具性"。在"工具性"意识的导向下,为确保学生掌握知识、取得高分,作业负担必然会持续加重。因此,要完成"双减"背景下的作业变革,我们首先要对作业的本质有更完整的认识。学习是学生的一种生存状态、生活方式、生命表现,应该体现生存、生活、生命的完整性。作业也是学习活动的一部分,其最终的目标必然是育人,是促进学生的全面发展。而作业的内容,是完成育人目标的方法。如何提高作业的设计质量,满足学生个性化的作业需求,有效发挥作业的育人功能,是当前研究关注的重点。集团从减量提质和多元设计两方面,着手进行作业变革。

减量提质,要把握好作业"数量"与"质量"之间的关系。提高作业的质量,首先要关注作业的思维含量。集团要求把作业设计的重点放在引导思维、磨炼思维和优化思维品质上,处理好"练""思"的关系——

"练"不是训练对题型的敏感性,而是学会用一定的思维方式去解决问题。在此基础上,集团还要求教师从育人的角度出发进行作业内容的设计,使作业不仅要促进学生更好地学习知识和技能、培养思维和掌握方法,还要引导学生树立积极的价值观,提高自我管理能力和实践能力,从而保证作业内容的科学性。对于作业数量,集团则充分发挥年级组、学科组的统筹作用,合理确定各学科作业的比例结构,建立总量监管制度。这是一个基本的作业总量设计。然后,再由班级学科教师与班主任进行个性化的班本调整,使其有更强的针对性。不仅如此,集团还将课后服务时段学生作业的完成率作为考核的主要指标,从制度层面保障了作业总量的合理性。

多元设计,要把握好作业"知识""能力"与"情感"之间的关系。集团规定了学科作业的整体结构:基础性作业占50%,拓展性作业占30%,综合性作业占20%,各个学科、各个班级可以根据学生的实际情况作出调整。由此,也就可以针对不同的班级、学科,形成作业的"普标"与"高标"。基础性作业是课堂作业的主要部分,着重考虑教学实际效果,是检验学生是否掌握学科知识的重要途径,保障学生基础学力的培养;拓展性作业是对基础性作业的拓展与提升,它所指向的是学生思维的进阶,主要培养学生观察、比较、综合、推理等思维能力,学生在完成作业的过程中,创新精神和实践能力得以提升;综合性作业指向跨学科素养的提升,在内容的设计上打通课堂与生活的隔阂,模糊学科之间的边界,致力于培养学生的跨学科能力以及解决实际生活问题的能力。

四、以多样化课后服务打造"泛学习圈"

法国社会学家涂尔干认为,"学校是一个能够在各种派生群体中和所有社会分支中脱颖而出的自然群体"[4]。杜威提出"学校即社会",认为学校是社会的雏形。学生在学校这样一个特殊的社会机构里,不仅要参与学习活动,同时也需要有交流、讨论、合作、探究等一系列"准社会"活动。因此,从教育社会学的角度来看,学生在学校里不应该只接受智识方面的训练,身体、能力与情感同样应该得到培养。集团积极响应"双减"政策下的"5+2"课后延时服务,开发了"3+N"课后服务课程,以此来打造"泛学习圈",丰富学生的校内生活,实现课堂学习与课后活动的贯通。

"3+N"中的"3",即将两小时的课后服务时间分为三段:第一段是"自主学习、阅读指导",主要引导学生自主完成课后作业,组织答疑释惑,开展自主阅读交流等;第二段是"生活教育、动感健体",主要开展安全教育,指导学生掌握基本生活技能,组织游戏活动、体能训练等;第三段是"社团活动、实践探究",主要让学生通过走班形式参与社团活动,开展学科实践活动、项目化学习等。"3+N"中的"N",则指各个时段均提供丰富有选择的课程,以满足不同学生的需要,促进学生多元发展。

充满活力是学校高品质的重要表征。活力来自课堂上学习主体投入、沉浸甚至享受的状态,也来自课后丰富多彩、意气飞扬的各项活动。提供课后服务是"双减"政策落地的重要一环。集团的"3+N"课后服务,是对国家"5+2"课后延时服务区域性、校本性的优化。他们扩展了"学习"的场域、内容、时间与形式,致力于打造真正属于学生的学习时刻、健体时刻与自主时刻,不仅丰富了学生的学校生活,更推动了"五育并举"的落实,也使美丽校园处处充盈着活力。

通过"大共同体""真教学场""多能力源""泛学习圈",集团完成了"双减"背景下教育教学改革的整体探索,实现了学校育人观、教师教学观以及学生学习观的融会贯通,为培养多元人才,完成中华民族伟大复兴迈出了自己的步伐!

参考文献

[1] 石敏敏. 希腊人文主义[M]. 上海:上海人民出版社,2003.

[2] 蒋梦麟.西潮[M].天津:天津教育出版社,2008.

[3] 伊·阿·凯洛夫.教育学[M].陈侠,朱智贤,邵鹤亭,等译.北京:人民教育出版社,1957.

[4] 爱弥尔·涂尔干.道德教育[M].陈光金,沈杰,朱谐汉,译.上海:上海人民出版社,2001.

注:本文发表于《教育研究与评论》,2022年第2期。

青鸟殷勤为探看
——南京市雨花台区实验幼儿园教师团队建设路径探析

"为什么以'青鸟'命名教师团队?"估计南京市雨花台区实验幼儿园(以下简称"雨花实幼")的园长们,已经若干次面对类似的问题。几番交流后,我理解了她们对"青鸟"的钟爱。一是优美的形态。青鸟优雅、灵秀,女性们自当喜欢、怜爱。二是信使的隐喻。"蓬山此去无多路,青鸟殷勤为探看。"青鸟,神话中取食传信的神鸟,信使也,幼儿教师的使命可以一比。特别是"殷勤"二字,更使这个角色具有母性的意味。三是幸福的象征。在更广阔的文化背景中,青鸟这个信使是传递幸福和快乐的。幼儿教师就是要引导儿童在当下的幸福生活中,准备未来的幸福生活。由此看来,以"青鸟"命名,自有青春芳华的审美,更有天职使然的自觉。

但是,"青鸟殷勤为探看",仅靠美好的意愿是不行的,需要"青鸟"自身的修为和成长。雨花实幼青鸟教师团队对此有清醒的认识,并为此进行不懈的努力。

一、回归童年

著名表演艺术家"济公"游本昌曾这样总结表演济公的心得:扮演济公要好玩。怎样好玩呢?心中有佛。"佛"是什么?是众生,是人民,是小孩。演员要有活泼泼的心灵,心灵解放到什么程度,济公就活到什么程度,就好玩到什么程度。雨花实幼最打动我的,就是教师们的重返童年之路,借游本昌的话说,也就是她们开启了心灵解放之路。

想象童年。秦扬老师的文章中有这样一段话:"教师们回忆着童年的故事。老家在农村的教师给大家描述了小时候自己和小伙伴在乡间自由奔跑、在田野欢闹嬉戏的场景,家住南京城的教师也回味着小时候逛公园、爬城墙、买糖人的乐趣。不论是怎样的童年记忆,教师们的脸上和言语中都洋溢着欢喜、满足与幸福。"从这个片段中我们可以看到,伴随着特定的形象和画面,教师在想象中回到童年天真烂漫的时光。这种回忆,其实是一种"苏醒",童年意识的苏醒,是在激活我们自身蓬勃的活力。另一方面还应注意到,成年人对童年的想象,都是经过时光、经验、思想过滤的,是一种选择性回忆,在一定意义上是对童年的再创造。悦读童年,"有时只在诗人的一个形象的昭示下,唤醒我们身心中的一种崭新的童年状态,一个比我们童年记忆更深远的童年,仿佛诗人让我们继续,完成一个没有完全结束的童年,然而这却是我们的童年,而且无疑是我们多次梦到的童年"[1]。"消亡的过去在我们身心中有一种未来,即生气勃勃的形象的未来,向任何重新找到的形象展开的梦想的未来。"[2] 可见,想象童年,既是苏醒,又是创造。唯此,我们成为长大了的儿童,既对儿童有亲近感,又对儿童有引导性。

理解儿童。回忆童年,想象童年,最直接的目的应当是"情境教育",让教师们理解儿童。雨花实幼的教师们围绕"理解",有针对性地阅读和讨论。在雨花实幼,我们曾经一起讨论"幼态"持续理论,这一理论介绍的是人类的一个重要特征:人类是所有动物中最聪明的,也因此成熟期最长;人类的健康生存有赖于儿童期的部分行为保持到成熟期和老年期,这类行为有欢笑、惊喜、信任、开放态度和好奇心等。对于某些"幼态",教育要做的是保持、激活,而不是扼杀。雨花实幼的教师们曾多次讨论儿童与教育的关系,她们信奉陈鹤琴先生所说的"游戏是儿童的生命",关注游戏的价值,在课程游戏化方面做出许多有益的探索。教师们坚持儿童视角,总是想"如果我是儿童",代入式地思考,从而使教育行为成为童心母爱的外化。

二、滋养才情

林虹园长新近发表了一篇题为《热爱可抵岁月长》的文章,提到做园长的焦虑感:"十年来,我不断释放自己的'能量',身心疲惫,思想的源泉也在慢慢枯竭。"这种焦虑感,我听过多位优秀教师和校长、园长倾诉,而他们"高人一等"的地方,就在于自己能够警醒,从而化"危"为"机",开辟新的生命境界。

"腹有诗书气自华",焦虑感自会随着书香的熏陶而消释。苏霍姆林斯基在《寄语后来人》这篇文章中,对我们发出振聋发聩的叮嘱:"我年轻的朋友,我还有一条遗嘱:用知识哺育自己。我们教师用知识哺育自己,不仅是为了我们的学生在从集人类斗争和智慧之大成的书籍中读到火热的词句时,能够理解它们不朽的思想,而且是为了我们教师本人成为学生取之不竭的知识源泉,成为学生走向可以满足认识、发现和学海览胜这种高尚渴望的溪流。只有当这股溪流永不干涸时,才有可能用知识进行教育。"[3]雨花实幼的教师们似乎是懂得这个道理的,她们首先用经典涵育自己,如荀子所说,"君子之学,以美其身",使自己在充实心灵时气质愈发优雅;她们认识到幼儿教育是一门复杂科学,广泛涉猎教育学、心理学、文学、艺术、科学等书籍,为自己打开一扇一扇知识之窗;她们如前所说,期望童心苏醒、童心永驻,通过阅读徜徉于儿童世界;她们的管理团队还系统阅读文化学、管理学著作,使自己的日常工作有了科学的意蕴。更为重要的是,她们沉迷于其中。于是,"天天向上"就是最自然不过的事情了。

如果说经典阅读、专业阅读在别的学校、幼儿园也很常见,那"阅读城市"一定是雨花实幼"自己的句子"了。她们开设"小小城市探索者"的园本课程,开展"寻根金陵"活动,带领教师走访城市的大街小巷,感受南京的风土人情,既是开阔自己的视野,又是为陪伴孩子们的城市探索"备课",而且是"常"备课。她们显然是理解幸福教育与这种"城市阅读"的深刻关联的。记得诺丁斯在《幸福与教育》一书中,就有"住所与自然"一章,她说:"热爱生活住所增添了日常生活的乐趣,它也有助于人获得精神愉悦。"[4]"对许多人来说,和自然界保持密切关系是幸福的持久源泉。"[5]她的意思是,这些都应该成为学校的课程内容。雨花实幼不止于此,她们在"世界即课程,探索即成长"理念引领下,开设"小小城市探索者"课程,力图重塑幼儿作为天生探索家的强大形象。同时,她们也是为教师成长有意为之,让教师作为儿童的引路者和同行者,在城市精神的滋养下,在城市氛围的熏陶中,变得更加强大。

诺丁斯在讨论"幸福与教育"时,认为有一个幸福感的原点是"令人惬意的品质",而她把"身体的吸引力"置于"令人惬意"的前列。怎么培育"身体的吸引力"呢?顺着诺丁斯的意思,雨花实幼丰富教师的业余生活。让教师享受有质感的个人生活,无疑是路径之一,因为这都是让教师们朝着优雅去的。多才多艺是人的才情的一个重要侧面,自然增添"身体的吸引力"。诺丁斯认为:"身体的吸引力似乎能增进人的幸福,但是幸福也可促进吸引力的形成。"可见,让教师的生活更丰富、生命更丰盈,可以在师幼之间、在自己与他人之间,推动幸福的循环。

三、磨砺能力

教育也是一门技术活儿。杜威说:"每一个艺术家做工作必须有一个方法,一种技术。弹钢琴并不是乱弹琴键,弹钢琴是使用键的一种有秩序的方法,这种秩序并不是在弹钢琴的活动以前就在音乐家的双手和头脑里的现成的东西,这种秩序存在于使用钢琴、双手和头脑以便达到所希望的结果的许多动作之中。弹钢琴的活动是要完成钢琴作为一种乐器的目的。教学方法也是这样。"[6]雨花实幼青鸟团队就是一个磨砺教学技术、教学方法的工作坊,"如切如磋,如琢如磨"是她们活动时常见的情景。

她们的研讨主题不是源于理论,而是源于问题,问题导向、有的放矢,大家感兴趣、有热情,问题的探讨和解决就意味着专业实践的改进、教育水平的提高。比如,关于雨中能否组织游戏的讨论,就是在培养教师的专业判断力。

她们的专业研讨是以情境为载体的,"片段剖析""师路花语"都是取材于幼儿园生活本身。以情境为载体,教师就有了亲切感、参与感。

她们的专业实践是讲究技术规范的。科学的教育方法都包含了技术规范,需要一丝不苟。比如怎么与儿童"打招呼",体态的、语言的、表情的要求,体现的都是工匠精神,蕴含的都是对儿童满满的关爱。

她们的专业反思是积极的、建设性的,总是往"更好""最好"努力。她们提倡讲出来、写出来,这既是分享交流,又是在从反思往研究引导。通过已有的与应有的积极互动,经典的与生成的相互补充,使研讨反思的主题系列化,研讨活动逐步有了课程的意义。

借助萨乔万尼论校长领导力时提出的"领导之心、领导之脑、领导之手"这一图式,我以为雨花实幼的教师团队实现了自身的内在完整。重归童年,情怀是师者之心;滋养才情,学养是师者之脑;磨砺能力,方法是师者之手。唯此,她们想到,说到,也能做到,"青鸟殷勤为探看",成为传递希望和梦想的幸福使者,在成就幸福儿童的同时,享有幸福完整的教育生活。

参考文献

[1][2] 加斯东·巴什拉.梦想的诗学[M].刘自强,译.北京:生活·读书·新知三联书店,1996.

[3] 蔡汀,王义高,祖晶主编.苏霍姆林斯基选集(5卷本):第5卷[M].北京:教育科学出版社,2001.

[4][5] 内尔·诺丁斯.幸福与教育[M].龙宝新,译.北京:教育科学出版社,2009.

[6] 约翰·杜威.民主主义与教育[M].王承绪,译.北京:人民教育出版社,2001.

注:本文发表于《江苏教育》,2020年第11期。

琴瑟乐心　和美花开
——淮安市淮海路小学民乐教育观略

淮安市淮海路小学在七十多年的办学实践中,逐步形成"和美"的文化品牌。民乐吹、拉、弹、击、唱的"和而不同",平和、恬静的审美取向,都与"和美"的文化主张高度契合。因此,学校多年来大力推广民乐教育。民乐教育一方面成为学校"和美"文化内在的有机构成,另一方面又是学校特色重要的外置符号。

一、自觉的选择

淮海路小学的民乐教育,既有因地制宜的考量,更是源于责任感、使命感的文化自觉。

1. 立足以美育人的高度,为了培养"整全人",对相对不够重视的艺术学科予以足够的重视。在中国传统教育的源头,音乐教育就很有地位,而这种地位的获得,在于其具有熏陶人格的作用。"礼、乐、射、御、书、数","乐"排在第二位。在孔子那里,"乐"则要符合"礼",倡导"礼乐",是以"成人"为目的。荀子说:"君子以钟鼓道志,以琴瑟乐心。"指出了音乐传播道德、陶冶性情的作用。在今天的教育语境中,讨论音乐,讨论艺术,不仅在于让学生在能力方面全面发展,而且在于促进其精神成长。蔡元培先生说"美育即情育",这与儒家先贤的主张有相通之处。淮海路小学的领导和老师们,充分认识到艺术为生命的宝贵性而存在,艺术教育对于儿童的生命成长具有无可替代的价值;不能因为音乐属于非考试科目,就认为它可有可无。顾万全校长认为,一切为了学生的成长,教育工作者应当具有自觉的使命担当,加强音乐教育。

2. 基于对优秀传统文化的传承,确立民乐教育在音乐教育中的应有位置。"扎根中国大地办教育",其中的一个命题,就是如何继承祖国优秀文化传统。民族音乐作为祖国传统文化的重要组成部分,含蓄而深沉地展现出中华民族独特的文化气质和精神境界。在学习民乐的过程中,学生通过欣赏和表现,可以认识、了解乃至运用民族器乐,从而传承民族音乐文化传统,感受光辉灿烂的民族音乐文化,激发民族自豪感。基于此,淮海路小学将民乐教育作为艺术学科的重点建设内容。

3. 植根于学校文化的肥沃土壤。淮海路小学的文化旗帜是"和美",如果说"和而不同,美美与共"是其"意",那么民乐则是其最具影响力的"象"。这个美好"意象"是从学校文化土壤里生长出来的。"吹、拉、弹、击、唱",乐器各不相同,音乐效果也不一样,但都各安其位,高度默契,呈现或是宏大壮阔,或是优雅轻灵的演奏效果。可以说,正因"和",所以"美",民乐演奏高度契合"和美"。学校早在20世纪70年代就因地制宜开展了民乐教育,组建民乐队,且2000年开始每年举办民乐艺术周,于是,民乐教育自然而然地成为学校的优势项目。

二、规律的探寻

怎样开展民乐教育呢?淮海路小学在探寻民乐教育的规律方面,做出了卓有成效的努力。

1. 民乐教育课程的整体建构。淮海路小学本着"面向全体,鼓励特长"的原则,构建了完整的民乐课程体系:基础型,面向全体学生,在国家课程中落实;拓展型,满足兴趣爱好,给每个学生课程机会,在校本课程中落实;提升型,给有潜质、有特长的学生以专业引领,在学校乐团中落实。同时,考虑到民乐艺术的特点,把课程与活动打通,在班级、年级、学校三个层面组织社团,并采取切实措施,将活动落实下来。一是在时间上给以保障,全校近百个社团分解到三个时间段安排活动;二是体现普惠性,给每个学生加入社团的机会;三是实行走班制,盘活师资、场地等资源,保证学生的选择权得到实现。

2. 民乐教育内容的结构化。在现行国标教材中梳理民乐教学内容,使其上下贯通。学校正在使用的是江苏凤凰少年儿童出版社出版的音乐教材,每册有8个教学单元,其中约有2～5个单元的5～7首歌曲涉及"吹、拉、弹、击、唱"等民乐相关知识与技能。通过细致梳理,发现现有教材中,与吹管乐器有关的教学内容分布于7册10课,与拉弦乐器有关的教学内容分布于4册3课,与弹拨乐器及民乐合奏有关的教学内容分布于6册13课,与打击乐器有关的教学内容分布于3册3课,与民族歌曲有关的教学内容分布于12册46课。通过近三年的努力,最终形成了基于现有教材的体系化的五大类民乐教学内容,并有针对性地完善了每一课时的教学目标。在校本课程、社团活动的教学内容方面,做好分层(按照不同层级)、分类(按照不同类别)的工作。民乐教育和其他艺术类别的教育一样,需要很多活动,这些活动怎么能有机嵌入教育教学体系,是一个必须解决好的问题。杜威说:"我们在所经验到的物质走完其历程而达到完满时,就拥有了一个经验。只有在后来的后来,它才在经验的一般之流中实现内部整合,并与其他的经验区分开。"[1]学校根据杜威"一个经验"的思想,每一个课程模块,每一次艺术活动,都基于完整的意义单位,使学生经历"一个经验"的过程,在此基础上建构体系性的课程内容。

3. 创新民乐教学策略。民乐教学涉及各种民族乐器、民间歌曲、戏曲音乐等,在具体教学中,学校提出六项策略,让音乐课堂凸显民族风,体现艺术学习的规律。① 巧借流行音乐,激发兴趣。很多流行音乐中都有民族音乐元素,在教学中有机融入,可以减少学生对民乐的陌生感,增强学习民乐的兴趣。② 利用教学资源,内化动力。在音乐教学中,老师一方面可以充分利用音响、多媒体、海报等手段,介绍民乐常识,组织学生欣赏名曲;另一方面可以邀请有专长的社会人士现场展示,也可以让班级中民乐社团的学生发挥榜样示范作用,潜移默化地调动全班学生学习民乐的积极性。③ 重视欣赏、表现,培育主体。在一定意义上,艺术是能力学科,需要"做中学"。学校在民乐教学中,以欣赏和表现为主要的教学形式,让学生在参与、体验中形成审美能力,成为审美主体。④ 积极交流讨论,深化理解。授课时灵活运用教材内容,以主题交流和讨论的方式带领学生深入探讨,从而深化对学习内容的理解。⑤ 多种形式结合,"混搭"创新。老师在课堂教学中可以将民歌、民族歌舞及民族器乐演奏等内容"混搭"起来,开展形式多样的唱、奏、舞综合音乐活动,形成有创新意味的民乐特色综合教学。⑥ 完善各项制度,加强保障。在社团活动方面,学校为所有由校外老师任教的社团配备助教,改善了任教老师的教学态度。学校还邀请专家来校参与期末考核,每学期按照一定比例评选出优秀社团,举行表彰颁奖大会,为提高社团活动质量创造了良好的氛围。

三、优势的转化

在学校文化建设的过程中,顾万全校长的团队认真思考过"特点""特长"与"特色"的关系。他们清醒地认识到,民乐教育是淮海路小学的"特点""特长",但要将这个项目的优势转化为学校文化的"特色",还需要经过艰苦的努力。学校特色是学校师生自己创造形成、自己浸润其间、自己享用获益,包含着校容校貌、组织运行、核心价值观、生活方式在内的整体的文化风貌[2]。顾校长团队不畏其难,通过持之以恒的实践探索,成功地将民乐优势转化为学校文化的特色。

1. 在校本化的培养目标上聚力。淮海路小学高举"和美"文化旗帜,努力培养"和美"少年。在推进民乐教育的过程中,学校不仅关注知识技能教学,更重要的是挖掘民乐教育的育人特质,特别重视民乐蕴含的"仁爱"思想。多种乐器"和合"的表现形式,平和优雅的审美特质,演奏中忘我、超然的境界追求,这些与学校文化主张都是相契合的。紧紧扣住这个关键,民乐教育与其他学科、其他块面的文化建设也就是"同一首歌"了。

2. 在民乐教育的基础上形成音乐学科、艺术学科的整体优势。民乐教育的开展,激发了广大学生对音乐的喜爱,提高了他们的审美力。学校顺势而为,统筹艺术学科建设,使艺术学科成为学校的优势学科,音乐节目和美术作品多次在省、市比赛中取得优异成绩,成果丰硕。淮海路小学的学生有艺术细胞和艺术气质,更是得到家长和社会的交口称赞。

3. 跨学科融入民乐教育。音乐是听觉艺术,美术是视觉艺术。好的乐曲就像一幅流动而美丽的画,好的美术作品宛如一曲在心灵深处奏响的美妙音乐。二者均极富感染力,可以使学生受到美的熏陶。学校将民乐和水墨画结合起来组织教学,不但帮助学生更深刻地欣赏、理解民族音乐,还拓宽了水墨画创作的视野,丰富了学生的审美感受。音乐饱含情感,语文同样如此。文学与音乐共生共长、相辅相成,共同演绎着和谐融通之美。统编语文教材关注中国传统文化的育人价值,选取了相当一部分带有中国烙印的文本。合理运用这些文本中的民乐元素,可以在课文解读和赏析过程中激活学生的文化基因,让学生在优美的音乐中感受文字的真谛。语文学科组对小学12册教材中的传统文化题材课文进行了统计,并设计了在不同年段文本中融入民乐元素的策略。老师们通过研究和实践,发现在低年级学生学习中配以轻快的旋律,有利于朗读和记忆。对于中年级学生来说,民乐曲调可以很好地表现出文本的流动之美,可以激发通感,从而帮助自己更好地理解课文所要表达的情感。高年级的学生则可以在此基础上加深对中华民族优秀传统文化的认识,让精神得到滋养。于是,教研组筛选出可以与民乐相融的48篇课文,并设计了每篇课文与民乐融合的教学思路,供老师们参考。

4. 环境建设有机融入民乐元素。"经验是有机体与环境相互作用的结果"[3],学校投入大量资金建设了"和美"民乐剧场、民族音乐展览体验馆、民族音乐知识长廊等民乐专用空间。在校园环境上着力营造雅致的民乐风,将民乐元素渗透进学生在校生活和学习的方方面面,让学生举目可见乐器、名曲等民乐知识,潜移默化地熏陶学生对传统文化的认同与热爱之情。学校还创编了张弛有度的民乐课间操,让学生在优美的民乐中跟随节奏锻炼身体,愉悦性情。通过一系列举措,在帮助学生学习民乐的同时,也推动着学生在做"素质全面、人格健全、志博行雅、阳光自信"之人的道路上不断前行。

5. 在和美旗帜下整体建构学校文化。正是在这样校园生活中,"和美"学校文化才水到渠成地生长出来。在管理方面,"和美"就是关注教师的生存发展和身心健康,关注教师"幸福指数",努力形成让教师安心乐教的良好人文环境。倡导"三要三也要",即"要工作也要家庭、要学生也要孩子、要质量也要身体"。在德育方面,"和美"就是站在生命的高度,大力构建学校、家庭、社会相结合的德育网络,让学生学会思辨,懂得践行。引导广大学生创先争优,在德智体美劳等方面全面发展,促进良好校风、学风和班风形成,引导学生会生活、会学习、会创造,在家做个好孩子,在学校做个好学生,在社会上做个好少年。在教学方面,"和美"就是追求教学内容结构之美、设计开放之美、资源生成之美、生命涌动活力之美,让学生在主动的参与、愉悦的体验中发展。在艺术教育方面,"和美"就是通过传授知识、培养能力、体验情境、启迪感悟等途径让学生发现美、理解美、欣赏美、创造美,从而陶冶情操,完善人格,学会艺术地生活。

四、价值的澄明

"生命·实践"教育学创始人叶澜教授指出:教育价值观的重新认识是一切教

育活动不可忽视的起点。新时代的教育,正在从"教书"走向"育人",从"知识传递"走向"生命价值的挖掘与提升"。以音乐、美术为主要内容的艺术特色教育如何应和时代的呼唤,需要不断回望原点,反思来路,这样才能在"未来已来"的风雨中把握航向。顾校长的团队认为,艺术教育的育人价值主要体现在:

第一是"生命·成长"。对小学生而言,走进音乐、美术课堂就是走进了生命的多彩和跃动。在教学内容的选择、教学环节的设置、教学任务的布置、教学资源的准备等方方面面,老师都要站稳"生命·成长"的立场。艺术教育要体现出审美意义上群体与个体生命的开悟与欢欣。艺术学习的过程可以是有波折甚至辛苦的,但终极指向应该是内涵不断丰富的快乐。

第二是"技能·创造"。从原始人最初随意敲击身边物体发出声响,捡拾彩石或木炭在洞穴中信手涂抹,艺术就与技能如影相随。技能是艺术教育的本体价值,教学的功能之一就是将这种本体价值传承给学生。技能传承的起点是模仿练习,然后是熟能生巧,最终是自然而然的改进创新。艺术教育就是这样一个动态的"三部曲"过程,任何一个环节都不可或缺。唯此,艺术教育才有生机和活力。

第三是"审美·情趣"。让艺术教育全面覆盖每一名学生,对于提高整个民族的素养和内涵,有着不可替代的积极作用。艺术教育要尽可能多地为学生提供个性化选择,去开发学生人性中的艺术审美潜能。我们所能做的,就是把握住艺术教育的小学"黄金六年",为每一位孩子的人生播下艺术的种子,为未来的满园春色而耕耘不息。

回望是为了前行,思考是为了提升。有了这样的价值立场,我们相信,淮海路小学的民乐教学一定能更上层楼,琴瑟乐心、和美花开的愿景一定会呈现。

参考文献

[1][3] 约翰·杜威.艺术即经验[M].高建平,译.北京:商务印书馆,2018.

[2] 杨九俊.学校特色建设:"寻找属于自己的句子"[J].教育研究,2013(10).

注:本文发表于《江苏教育研究》,2020年第10期。

工匠精神在这里发芽

——太仓市城厢四小苏南工艺课程的开发与实施

2019年秋天,第一次造访太仓市城厢镇第四小学(以下简称"城厢四小"),欣赏到孩子们手工制作的麦秸工艺作品时,我大为惊奇,赞叹不已。后来和全柳芳校长接触多了,才知道这不是城厢四小的"一招鲜",这所学校在苏南地方工艺文化传承方面,做了许多切实有效的工作,孩子们能够制作"拿得出手"的工艺作品,对学校来说是家常便饭,是很普遍的现象。

一

城厢四小开展苏南地方工艺制作活动,是从培育工匠精神的时代要求出发的。党的十八大以来,国家一直倡导"培育精益求精的工匠精神"。工匠精神是每一位不甘于平庸的劳动者在平凡的工作中不断对自己提出更高的要求,并不断自我超越、自我提升、自我完善,始终追求做更好的自己时,所表现出的工作态度、工作境界、工作习惯以及整体工作精神面貌。倡导工匠精神,是在回应时代关切,也可以理解为工匠精神是时代精神的有机组成。

中国传统思想对技术实践是持鄙视态度的,譬如,所谓"重政务、轻自然、斥技艺",所谓"君子不器",等等。我们站在新的历史方位,必须对这些传统的落后观念进行批判,特别是社会已经进入一个品质取胜、质量为王的时代。作为"世界工厂",我们经常为马虎、浮躁、短视、技不如人等付出沉重代价,我们必须切实改变这种状况。由此,富有工匠精神就成了一种民族尊严下的要求,培育工匠精神就成了一种历史担当。诚如《人民日报》有文呼吁的,要"以工匠精神雕琢时代品质"[1],工匠精神自当成为时代精神的一汪活水。时代精神对于一个社会来说,是超越性的,超脱于不同的人群和具体个人;是规律性的,体现了事物发展的一般规律;是前瞻性的,代表了时代发展的潮流。时代精神应当深植到每个人的心田,当然要"从娃娃抓起",工匠精神需要时间的积淀、经验的提纯,因此更要从中小学开始实施培育工程。城厢四小从2007年就开始了这方面的工作,可见他们是具有时代弄潮儿的气质的,是非常不简单的。

二

中小学培养工匠精神,以什么为抓手呢?"条条大路通罗马",因地制宜最好。城厢四小一直关注苏南地方工艺,很自然地把工匠精神培育与优秀传统文化传承结合起来。这项工作主要借助于综合实践活动课程、校本课程进行,又充分体现了这类课程适应地方、适应学校的本质特性。

诚如城厢四小的老师们梳理的,苏南文化是精致生产方式的沃土,"苏作工艺"是中国精细典雅艺术风格的代表。苏南水网纵横,把平原隔成一个个小块,需要较为精致的生产方式。"苏湖熟,天下足",衣食无忧、丰衣足食后,就有了更精致的艺术,更精致的生活方式。鱼米之乡的经济优势,使得读书成为风气,许多文人参与工艺制作,"苏意""苏趣"提升了苏南制作的艺术品位。明清江南工匠与学者结合的"道技互进",不仅推动了苏南工艺的发展与推广,甚至深刻地促进了苏南产业的进阶。全柳芳校长的团队以苏南地方工艺为切口,将优秀传统文化的传承与工匠精神的培育巧妙地关联起来,充分发挥了地方文化资源的育人价值,又将儿童的学习、探究与日常生活有机融通,使得项目的开展有乡情萦绕、暖意融融的感受。

三

怎么开发、实践苏南地方工艺课程呢?城厢四小精心策划,踏实推进。

第一,价值引领。始终站在"培养什么样的人"这一教育原点上思考。深刻认识工匠精神的内涵,努力为每个孩子种下一粒工匠精神的种子。挖掘苏南工匠的文化底蕴,引导并培育儿童对家乡文化的认同和热爱;彰显经验课程特征,让儿童在亲历中建构经验,涵养主体人格。

第二,系统推进。一是先点后面,先行尝试麦秸工艺课程,取得经验后全面铺开。二是整体架构,苏南工艺校本课程、苏南工艺综合实践活动主题课程、苏南工艺学科渗透微课程相对独立又相互呼应,共同构成整体课程结构。三是要素凸显,课程经典的四要素——目标、内容、实施、评价,无论在课程群中,还是在一门具体课程中,都得到很好落实。四是融通安排,超越学科,超越具体的课程板块,超越学校活动与学校课程的区隔,统筹安排具体的课程模块,因时因地,适切适宜,有效消除了时间和场所上的许多困扰。五是资源建设同步,尽可能实施场景式教学,建成苏南地方工艺博物馆、苏南地方工艺主题教室,建设一批校外实践基地,同时适应科技发展,建设工匠精神教育网络平台。

第三,学做一体。学做一体是城厢四小的教学理念和课堂模式。在工匠项目实施过程中,学做一体就是把学生动手能力培养融入教学全过程。学校特别重视教材活动化,即把课程知识有机转化为以学生参与活动为呈现方式的教学设计;以学生主动探究实践活动为学习的主线,坚持让学生做中学,在感知体验的过程中形成经验;注重教学评一致性,将评价融入教学全过程,使活动的过程紧扣教学目标的实现,确保活动的质量。

第四,教学相长。苏南工艺课程的研发和实施,对学校的教师队伍建设是一种挑战。城厢四小清醒地意识到这方面存在的困难,他们本着能者为师的原则,引进校外技术能手担任兼职教师;有的兼职教师还在学校设置工作站,扎根辅导。同时组织"兵教兵",推行伙伴式学习。当然,学校的工作重点一直放在现有教师队伍的提升方面。一是确立理性支点,引导老师们寻找使命感,明确培育工匠精神的重要意义。二是学习专业技能,学校提出"双师型"教师培育目标,组织教师参加专业研训,向技术能手学习,甚至向学生们学习,逐渐掌握一门或几门工艺技术。三是提升课程能力,在课程开发的专业实践中,掌握课程开发和实施的技术,教然后思不足,思不足然后能自省,在"实践—反思—研究"的互动循环中,不断提升课程素养,有力推进教师的专业成长。

春华秋实,城厢四小的苏南工艺课程已经结出丰硕的果实,孩子们的工艺作品常常令人赞叹不已；而更为重要的是，工匠精神成为孩子们"成人"的重要精神因子。大国工匠，正从这里起步。

参考文献

[1] 李斌.以工匠精神雕琢时代品质[N].人民日报,2016-04-30(4).

注：本文发表于《江苏教育研究》,2021年第9期。

让学生成为最好的自己

南京市江宁高新区中学(以下简称"高新区中学")高扬"学生第一"的旗帜,让教育贴着学生,引导学生成为最好的自己。

一、成为最好的自己,意味着成长是美好的

"最好"是教育的本质意蕴。"教育"这个词是正向的,讲"教育",就是"朝向明亮那方",引导学生往真善美的方向发展。"最好"又代表着我们对"新人"的想象,通过社会和自身的努力,把学生培养得更好,让他们成为真正的"新人"。几乎所有的教育改革,都是基于我们对"新人"更合理、更美好的想象,基于我们对培养方式的审视和批判,这意味着我们可以做得更好。这个"最好"还意味着"未完成",意味着积极可能性。学生有充分的胜任力,他们会主动适应甚至引导科技和社会的变化,他们会"为时而著",形塑更好的自己。

二、成为最好的自己,意味着成长的对象是具体的

"自己"意味着具体、差异、个性。每个人都是一个完整的世界,春兰秋菊,夏露冬霜,各美其美,各妙其妙。甚至一种表象后面,有着不一样的复杂原因。比如:讲话结结巴巴,可能是思维的连贯性不够,可能是口语素养不尽如人意,但也

可能如高新区中学发现的个案,"嘴巴赶不上脑子",还可能如杜威列举过的,这个孩子的思考总是比较深刻,他要把"洞见"表达出来,语言组织就要缓慢一些。芮火才校长的团队关注到"每一个",让教育适合学生。为此,他们注重调研,倾听学生的心声;注意观察,发现学生的潜能;深入研究,把握学生真正的内在需求;因材施教,为学生成长提供个性化服务。正是关注到"每一个",我们常讲的"面向全体"才不仅是一种愿景,还是生机勃勃的校园胜景。

三、成为最好的自己,意味着学生发展是主动的

恰如怀特海所说:"学生是有血有肉的人,教育的目的是为了激发和引导他们的自我发展之路。"[1]创建自由学校,一直是芮火才校长的教育梦。他曾说,自由学校就是校长有自主办学的自由,教师有自主教育学生的自由,学生有自主学习和发展的自由。其中,学生的自由发展是自由学校的核心内容和要素。可以说,培养学生的主体人格,一直是芮火才校长办学的核心价值追求。在他主政的学校里,教师注重对学生自信心的培养;学生享有尽可能多的选择自由,哪怕是"不合理"的要求,学校大多视之为学生在为自己争取更好的发展机会。学生主动参与学校文化建设,自己规划学习的具体目标,共同策划班级和学校的活动,特别是在学习和活动中,"活得像个人样",不但在"活着",而且在"生活着",在生命舒展地"生活着"。这样的学校生活,就是一种诗意的栖居,所有的生命体都是在自由蓬勃地生长。

四、成为更好的自己,意味着学生发展是完整的

江宁高新区中学以"从心所欲不逾矩"作为校训,可见学校文化的顶层设计就是以个体性和社会性的有机结合、完美统一为立意的。我曾经在与芮火才校长分享康德论教育时讲到一个譬喻。康德认为,学生应当成为森林里的树,而不是旷野中的树。旷野中的树,无所制约,野蛮生长,难以成材;森林中的树,受到社会环境的制约,要吸收阳光雨露,必须挺拔向上,于是成了有用之材。芮火才校长深以为然,所以他讲的"自由"总是强调"有规则的自由"。他是在学生个性充分发展与社会规范两者之间寻找一种平衡,是在引导学生在社会规范面前自主管理、自我

引导、自律行为。正是如此,在高新区中学,规范会成为习惯,习惯会成为自然,自然会成为文化。

此外,我还特别注意到高新区中学的休业式活动,这是学校每学期提供给学生进行反思、批评与自我批评的平台。我想,学生在休业式中对标的大多是"矩",也就是"规则"。在一个弥漫着民主、自由气息的校园里,这个"休业式"也是一种独特的成长仪式。叩问自己,回味成长,对于学生的精神发育意义非凡。于是,他们一定会有更精彩的"从心所欲",一定会有更美好的锦绣年华。

参考文献

[1] 阿尔弗雷德·诺斯·怀特海. 教育的目的[M]. 庄莲平,王立中,译. 上海:文汇出版社,2012.

注:本文发表于《江苏教育》,2021年第9期。

老树俏枝话"梅西"

梅岭小学是史可法后裔史鉴先生于1947年创立的。"十一五"期间,为推进区域教学优质均衡发展,在"名校西进"的工程中,梅岭小学西区校(以下简称"梅西")建成。短短数年时间,梅西实践了"品牌重塑、资源输出、集团办学"这一教育历程,开创了学校创新发展、跨越发展、优质发展的新局面。现在,梅西不仅早已是独立的办学实体,而且一校三园成为集团校、核心校,在区域教育中发挥着积极的引领作用,可谓是老树新枝,怎一个"俏"字了得。

老树新枝之"俏",首先体现在铸魂工程方面。梅西的文化基因是史可法精神,古人云:"天地有正气,园林无俗情。"今人贺敬之有联:"史可法,人可法,书合法;史可法,今可法,永可法。"梅西天然拥有史可法精神的崇高血统,以其厚重的文化积淀、主流的价值观念、典雅的精神气质、深厚的品牌影响等诸多优良因子,形成学校"文化自觉"的发展样态。站在新时代的历史交汇点,梅西则把学子灵魂的铸就理解为三个方面并于此着力:坚定政治信仰的基础,打牢精神文化的底色,紧跟时代前进的步伐。在红色文化、优秀传统文化和时代先进文化的融会贯通上"做文章"、花功夫,形成德性培育的校本创造。最突出的就是他们提出"新儿童教育":目标新,着眼培养德育统率完整发展、富有潜力持续发展的新儿童;思路新,着力于发现儿童、理解儿童、激活儿童,持续童年精神,培育主体人格;措施新,发表新儿童教育宣言、建构实践体系,特别是开发儿童哲学课程,创办"新儿童教育峰会"等,深刻地推动了学校的变革与发展,儿童的精神特质也因此更完整、更鲜明。值得一提的是在"新儿童教育"的实践过程中,梅西能抓住"儿童发展"这一教育的本真命题,努力用儿童的方式去教育儿童、打开儿童,让儿童成为森林中的树木,于群体规范中自由地、茁壮地生长,于原生态的孩童的生活场景中会笑、会哭、会玩、会闹、会苦、会累……这何尝不是一种"采菊东篱下,悠然见南山"的教育农耕精神和恬淡情怀呢?

老树新枝之"俏",也体现在课程教学方面。梅西以梅花为学校的文化意象和精神图腾,"梅花岭畔,共仰千秋"。一方面如前所说,"梅花"是与史可法精神的契合点,学校引导师生传承史可法精神;另一方面,学校在文化建设中系统梳理了学校的历史沿革和文化传承,寻根溯源,反复论证,最终将学校价值旨归、师生行为文化的应有之义明确为"幸福",由此提炼出与之相融的文化构想——梅开五福,以"雅(身体健美、心灵静美)、洁(品德高尚、行事明快)、韧(自强不息、坚韧不拔)、先(与时俱进、敢为人先)、和(和谐共生、合作共赢)"的五福精神审视自身的教育行为,力求使之成为学校文化的公约与标识。这五个字表达了学校对培养目标在人与自我、人与人、人与社会、人与自然等方面的校本化要求,并与此相对应,形成下位的、培养目标关照下的"形象气质、道德品性、意志品质、竞争意识、团队合作"五大校本课程核心目标,具体表述为:雅,指向健康艺术;洁,指向人文精神;韧,指向情绪智慧;先,指向科学素养;和,指向社会交往。可以说,这在"全人"意义上实现了课程结构化的建构,且多有校本化的创造。在课程实施时,通过共同基础、多科选择、特长培养等多条路径,满足学生一般选择性和兴趣爱好培养的需要。

在教学方面,学校有"三不四了(liǎo)"的优秀传统。所谓"三不四了"是二十世纪八十年代翟裕康老师创造的践行"轻负高质"的教学探索。"三不"是指不上"黑课"(没有列入课表、加班加点的课),不拖堂,不布置家庭作业;"四了"是指课堂教学中坚持该讲的要"讲了",该练的要"练了",该评的要"评了",该收的作业要"收了"。梅西创办至今一直坚持这条轻负担、高质量之路,同时根据基础教育课程的新要求和科学技术发展的新趋势赋予"三不四了"新的思想内涵和实践样态:"三不"逐步从单一的教学管理规范演绎为"严格执行课程计划、不上课表以外的课,严格遵守作息时间、不挤占学生休息活动时间,严格执行减负要求、不加重学生课业负担"的时代表述,是对素质教育的校本理解与学科坚守,俨然成为学校鲜明的办学特色和文化旗帜;"四了"从单纯的课堂教学结构模型演绎为聚焦课程改革内涵的校本教学观和教育观,体现有效教学的实践与追求,通过教学程序、课堂结构、作业管理、评价方式改革,达成"轻负高质"价值目标。"三不四了"在不断的守正创新中呈现出与素质教育和课程改革进程相匹配的时代风貌和变革精神,不仅保持了轻负、高效的特点,而且洋溢着新儿童的精神意蕴。

老树新枝之"俏",还体现在学校环境上。梅西的文化标识,当然首先是史可法。学校建有史公园、偶拾园、冀望苑,春风初度时,梅花盛开,史可法精神自然弥漫在校园里和师生心灵间。"梅西"还建有"三廊四馆"。"三廊"即大事长廊、教师长廊、学生长廊,"四馆"指艺术体验馆、传统文化体验馆、创意工作馆、哲思馆。"三廊"记载学校的文化事件,从史可法先生那里一路绵延至今,并将"梅开五福"的文化精神以图文并茂的形式贯穿于校园廊道之中,使梅西的儿童在俯仰之间就能受到学校精神文化的滋养和熏陶;"四馆"则着重让学生参与其中,快乐体验,引导儿童思维驰骋、心灵放飞。"梅"的意象和意蕴,就有机融合在学校建筑物和学校空间,并通过它们特有的方式生动地表达出来。可以这样讲,梅西的学校空间建设从色彩、精神、生命、自然多个维度,形成了基于自身文化特色的专属物态呈现,会议、研修、互动、倾诉、体验、视听,各个空间既相互独立,又彼此融合,教师、儿童和家长,关于教育的每一个存疑需要互通时都可以进入相应的场景,借力教育环境资源实现教育的优化。它们既是一种物态呈现,还是一处课程场域,更是可以让儿童想到来、学起来、躺下来、乐起来的精神栖息之所。

老树新枝之"俏",离不开优质的教师队伍。梅西有一批传承梅岭文化、秉持梅岭办学精神的"老"教师,他们在关键的发展节点总能向内求索、向外拓展,革故鼎新,起着很好的引领作用;梅西在近几年中不断壮大,创办了杨柳青、金辉两所分校,大量的新教师涌入校园,他们充满活力,亟待拔节。毋庸置疑,梅西的工作节奏是快的,品质要求是高的,这些对教师的胜任力、执行力和发展力都是挑战,同时梅西也是个有着浓厚群体愿景和家园意识,容易让人生发感动的地方,每一位梅西人都在为学校的发展殚精竭虑、默默耕耘。近年来,梅西在做教师个人发展规划的论证工作,在实施新教师素养提升工程,在组建校级名师工作室,在打造高端的校本师资培训平台……目的只有一个,营造氛围,让老师们发展有方向、展示有机会、研究出成效。通过催一催、逼一逼、拔一拔,使年轻教师能够尽快步入自主发展、加快发展的轨道。在梅西学校发展和个体发展休戚与共、密不可分中,在个体、团队、学校共同生长的价值引领下,一大批年轻教师在不同的层面取得了颇为丰硕的成果,涉及课堂、课程、教育科研、班级管理等各个领域,梅西的年轻教师在生长、在发展、在成熟！由衷地为他们喝彩、高兴！

"俏也不争春，只把春来报。"梅西这棵老树上生长起来的新枝，用自己独特的声音，书写了对儿童和教育的新认知，在更高的视野上不断发声。我们能够预期学校会不断攀登新高度。

注：本文发表于《江苏教育研究》，2022年第5期。

第三辑 躬耕乐道

让儿童在表现中成长

武凤霞和她的许多优秀同侪一样,作为小学语文界教学改革的中坚力量,使命在前,责任在肩,心向远方,深耕课堂,念之系之就是想闯出一条教学改革的新路子。近些年来,她一如既往的忙碌,但少了些匆忙,多了些章法;少了些迷茫,多了些自信。这是因为她找到了突破口,提出了素养表现型教学,以积极的语文学科实践,构建了儿童语文学习的主线,促进了儿童语文学科核心素养的养成和发展。

素养表现型教学,首先在于培育儿童的主体精神。学习是儿童的一种生活方式,课堂生活关乎儿童的生命状态。以人为本,在教学情境中,应当是让儿童生命饱满地生活着,而不是苦苦地"熬"、被动地"活"。素养表现型教学,是倡导儿童主动参与,在表现中成长,必然赋予儿童生命幸福的内涵。这种幸福的感觉、感受、感悟,不仅弥漫于孩子们的小学时光,而且会贯注他们的一生。诚如许多专家论及,童年对于人格有着植物性意义,人生是从童年发端、发芽、发展的。人的成长如同树的年轮,越是长大,童年越是处于核心位置。学习方式、生活方式,对于儿童人格养成具有奠基性意义。在素养表现型教学中,儿童参与、表现、创造,自然会孕育主体精神、主体人格。在我看来,这也是立德树人的题中应有之义。立德树人之"德",不仅有政治的、道德的,还有人格的意义,而且这些方面是互相渗透、互相融合、互相映照的。可见,主体性人格对于"立德"意义重大。所以,素养表现型教学对于培根铸魂功莫大焉!

素养表现型教学,还在于为儿童创造了"出场"式的学习方式。在讨论学习时,我们经常谈到,不能让儿童缺场,要让他们在场。何以知道他们在不在场呢?武凤霞和她的团队找到了一种"在场"方式:让儿童出场,让儿童在表现中学习。关于学习,理论界常常以"黑箱"喻之,其中的许多奥秘是说不清道不明的。许多教育家以舍我其谁的巨大勇气试图解开密码,也创造了风靡一时的理论,深刻地影响了教学实践。比如"白板论",可以依靠经验涂抹上色彩;"刺激-反应论",用训练培养应对能力;"主体建构论",在参与体验中自我建构。教育改革就是对流行观点的扬弃,就是对"怎样培养人"的路径创造。武凤霞的素养表现型教学虽然受建构主义的影响,但又融汇了他们自己的理解和创造。他们在参与者知识观的基础上,自觉呼应国家对培养学生核心素养的要求,和着时代前行的音程,唱响自己创造的乐章。他们认为,素养的表现常常是能力,是外显的,是可看见的。素养引领的教学中,学生积极参与,从做中学,知行合一,学用统一。而且,因为"出场",即可看见,教学的改进可以基于数据和论据,黑箱也透进了亮光。学习因之有了一个抓手,似乎可以让人踏实许多。

素养表现型教学,又彰显出语文学科的本质特征。这也是我比较看重素养表现型教学的一个原因。确切地说,学科教学都是素养表现的路子,尤其是语文学科,这条路肯定是走得通的。语文学科的本质特点是综合性、实践性,素养表现型教学把国家课程、校本课程和儿童日常的语文生活进行了整体的建构,以儿童积极的学科实践构建学习主线,突出了语文学科的本质特点。在学科实践的内容组织和方法引导方面,武凤霞"很语文",比如:

她重视让学生在情境的学习。在她看来,情境的魅力就在于有了画面的还原,文字就鲜活了;有了文字的描述,画面更多了文学的美好;有了在想象中揣摩、描摹人物的内心世界,抽象的语言符号就转化成了生动形象的画面,学生也就可以设身处地,有了感同身受的体验。当画面、生活、情感和文字结合在一起,在学生脑海中交融的时候,学生的思考就会被点燃、被激活。当表达变成不可遏制的欲望之时,学生的思维就在悄悄地向深处延伸。她重视以高阶问题催生深度思维的发生。在素养表现教学中,特别关注给予学生广阔的学习时空,让学生在核心问题引领之下,理解,发现,梳理,提炼,最后创造出极具个人特征的认识。而从阅读到发现、从发现到创造的过程,就是学生在问题的助力之下逐步形成和发展高阶思维的过程。她重视用表现性任务统率学习的过程。她带领老师们创构"小学语文学习任务展评单",从学习目标的确定,到学习问题链的思考与梳理,再到表现性任务的设计与开发,把学生经历学习实践的过程具象为完成活动任务的过程,如此,淡化了学习的概念,让学生沉浸其中。当学习变成一种无意识自觉的行为时,学习就真正地发生了。

总而言之,武凤霞和她的素养表现型教学重视以文本理解建构语言能力,以人知相遇强调教育立场,努力让学生不做"符号的瘾者",指向学生对知识的创生,促进学习中发生生动循环,以积极的学科实践落实、内化、应用这些"很语文"的东西,使核心素养自然地在学生心中扎根生长。

注:本文发表于《中国教师报》,2022年2月9日。

诗意的栖居
——王文英校长和她的"百川园"

"人,诗意地栖居"是德国诗人荷尔德林的诗句,经海德格尔阐发后,成为许多人的精神向往。难能可贵的是,许多有为的校长已经或正在创造出这样的胜境,比如太仓市高新区第二小学(以下简称"高新区二小")的"百川园"。徜徉其间,看着孩子们灿烂的笑脸,感受校园里每面墙壁都在"说话",与王文英校长以及学校老师、职工们倾心交流,我们源自心灵的判断就是:生活在"百川园",就是一种诗意的栖居。

一、深入与超越:学校精神的凝练

关于何为诗意,众说纷纭。我们的理解是:首先是在心中有光,有纯粹的精神追求;在学校这个机构中,又要结合日常生活的实际,把这种心中的光亮凝练出来,并以此照亮日常生活,创造新的日常生活。王家新解说诗意时,谈及冯至的《十四行集》,似乎把这个问题说得比较到位。"……它对我们的启示也并不仅仅在于'哲理',还在于诗人终于找到了一种言说方式,把诗与思完美地结合为一体。他从个人的内心与宇宙、自然、时代有形与无形的关联中,确定了一种诗的在场;……(他)以对'经验'的开掘、发现和转化,把对人生的深入和超越同时结合了起来。正是这种'诗性'的转化和提升,使诗人摆脱了现实的束缚,完成了对存在的敞开。"[1]王文英营构自己的学校也是如此,深入而超越,凝练自己的教育哲学,使学校精神带着超越日常生活又面向人生的风貌。这就是百川文化的生成。

"百川"的命名是贴着校情的。高新区二小外来务工人员子女占90%。来自全国24个省、自治区、直辖市的孩子们,带来了丰富多彩的文化因子和文化资源,也使学校办学面临着前所未有的挑战——相当一部分孩子表现出木讷、害羞、紧张、拘谨、退缩、戒备、不懂礼貌、言语粗俗,他们学习水平参差不齐,差距很大。"百川"的命名是源于初心的,面对特定的学生群体,王文英想到的是教育者的初心,"有教无类""全纳教育""教育公平"都是她高度认可的,她认为自己要做的就是把内心深处的这些理念切切实实地加以践行。"海纳百川",王文英悟到这样的意象,于是高新区二小就成为"百川园"。

"百川"的命名又是美好教育想象的表征。王文英是善于思考及反思的,她和同事们围绕"百川"进行过多次文化阐述,诸如自由、平等、开放、包容、和谐、执着等等,这使她逐步形成自己的价值立场。他们又对"百川归海"提出质疑:主政者、师者需要百川归海的胸怀,但百川的归属不是消融自己,而是要尽情释放活泼自由、勇往直前、奋发向上的天性,绽放充满活力而又各具个性的美丽浪花。于是,学校文化意象被确定为"百川竞流,浪花朵朵"。"这种视觉化的隐喻修辞,以一种不太合乎逻辑的方式表达着合乎逻辑的真理。文化传达的真实仍是一种出自本源的真实,因而是一种虽不同于逻辑真实而又隐含逻辑真实的真实。"[2]诗、言、思的结合,创造了百川文化诗意的内核。于是,心中的光照亮了现实生活。

二、践行与创造:主体力量的激活

学校是一个组织机构,组织是由群体和个体组成,意在达到某些目标一致的有结构的社会系统。"组织文化基本的功能是为其成员提供身份或激发其成员对组织目标的献身精神,澄清并强化组织成员的行为标准。"[3]一所学校的精神凝练好之后,关键是要让组织成员激活全体力量,在形成共识的基础上,对学校精神加以践行并创造。高新区二小在这方面的实践具有典范的意义。

先从管理者说起。王文英希望自己身上能够涌起激情的浪花,她事实上做到了三种担当。一是好教师。作为一名数学特级教师,2006年担任校长后,王文英一直坚持担任一个班的数学教学任务。外出活动,她总是把课务提前安排好。每次考试,她教的班数学成绩总在前列,高分学生更是多在她的班上。二是研究者,她带领老师们深入系统地研究数学教材,提出的"核心问题统领"教学主张闻名遐迩;主持的百川文化课题研究,也是成果丰硕。三是领导者,王文英坚持人文主义教育观,更多从需求激励方面制定学校制度,组织学校活动。参加学校的研讨时,总看见她对同事的期待和鼓励。"一个好汉三个帮",王文英的三位副校长各有特点:崔怡红果断利索,陈洁周全细密,朱敏刚睿智沉稳。他们与王文英的坦诚直率、坚忍执着构成最佳性格组合。而他们在文化认同和身先士卒方面又高度一致,这成了学校蓬勃向上最关键的动力源。

再说教师群体。"诗意的栖居"或很大程度上来自成长的充实感。一是内涵式发展。老师们把读书作为一种日常的生活方式,不断丰富自己的精神世界;把改进课堂实践作为专业进步的主要途径,围绕自己提炼的开放、灵动、融通的深度课堂特质,进行深入研究。在这样的过程中,学生受益了,老师也进步了。二是表现中成长。高新区二小搭建了多个教师成长的平台,其中最有影响的是"百川讲坛",从2007年创立,迄今已组织了300多期。"百川讲坛"的基本做法就是每周二下午四点半,教师们抽签登场开讲。主题事先确定,每人做好准备,每期10个名额。学校还设计"周冠军""年度总冠军"的评选,角逐年度总冠军的"岁末百川"活动成为"百川园"的重要节日。正如一位年轻教师所言:"一路走来,与'百川讲坛'相伴,一个个难忘的瞬间见证着我成长的足迹。"而这种引领老师在表现中成长的做法,是管理者的匠心所在。学校普遍推行分布式领导,使用项目驱动的方法,让老师们各显其长,同时培养潜在的专业领袖。三是创造性贡献。老师在成长中活力迸射,学校也连连收获惊喜。比如:德育怎么能入脑入心?青年教师冯长兰用故事会的形式开展德育,一改枯燥的说教,效果很好。学校及时加以总结推广,"百川故事会"由此成为高新区二小的德育品牌。钟长军老师撰写的文章发表后,王校长比自己发表文章还要高兴,立即组织学校老师学习讨论,以此激发老师们教育写作的热情。朱敏刚副校长原为一名普通的体育老师,2013年主动找王文英校长,提议根据外来务工人员子女能吃苦耐劳的特点,组织他们开展足球运动,为"百川园"注入健雄之气。"百川源源"足球队由此诞生并快速崛起。从2014年至今,足球队连续6年进入苏州市"市长杯"青少年校园足球联赛小学组决赛,3次获得冠军;先后有12名小球员毕业后进入专业青年训练梯队,2019年有2名球员入选校园足球小学男子甲组国家队。

高新区二小的职工们也值得一说。他们是职工,各司其职;又是教师、辅导员,本职工作之外各尽其能。"百川有你更璀璨",这是师生对他们的颁奖词;"有些事不是钱的事",这是他们以校为家的缘由。有情有义是相互的,这可能是"百川园"能成为诗意栖居之地的最大奥秘。

还要说说家长。外来务工人员,在有些人的印象中,是带有底层群体陋习的。王文英不这样认为,她看到的是,这些家长远离家乡外出打工,本身就体现出一种不肯安于现状的开拓精神、闯荡精神、创业精神,表现出较强的求变应变能力,这对于孩子们来说是最真实最珍贵的教育资源。她和同事们多线联系,让家长关注学校,成立学校、年级、班级三级家委会,定期召开例会,共商大事。班主任和每一位家长单线联系,以互通不宜在家长群里公开交流的信息。学校彻底告别"告状式"家访,家访以交流鼓励为主。邀请家长参与学校活动,让他们成为"百川园"的常客。推荐家长上讲台,担任兼职教师。组织"家长读书会",在家长自读的基础上,每月集中一次,十位家长为一组,每次交流一本书的阅读体会。家长的知识视野越来越开阔,对学校越来越关心,学校一有什么事,家长立马就主动忙乎起来了。

当然,更重要的是要说说孩子们。正是校长、老师、家长们形成合力,用心用情,才让"百川园"的孩子能诗意栖居,快乐生长。一是心灵有归属感。高新区二小建成寻根廊、百耕园,让孩子们的思乡情得到慰藉和寄托。创设"百川园"水娃们终身难忘的三大典礼:以"汇水"为形式的入学礼,每位新生的家长都带来一瓶水汇入百川楼大厅的水缸;以"饮水"为形式的成长礼,三年级学生都从这口缸里取水饮用,饮水思源;以"取水"为形式的毕业礼,六年级学生毕业时,从这口缸里各取一瓶水带走,寓意满载而归。这样的文化设计,使孩子们的心灵有了妥帖的安放。二是才情有张扬处。"海阔凭鱼跃,天高任鸟飞",一直是王文英的教育想象。学校开设63门校本课程,创设初、中、高三个年段的舞台;鼓励学生参与组织"百川节",参加手工制作坊、种植兴趣组等20多个社团;招募"水娃志愿者"参与学校管理,给孩子们提供个性发展、才情张扬的各种机会。在高新区二小,老师们动情地讲孩子们成长的故事,"就像换了一个人"是他们常用的赞语。笔者有次碰到一位家长,说到他的孩子,他咧着嘴笑道:"有时感到娃不仅在长,而且在疯长呢!"孩子这种正向的改变,根据苏霍姆林斯基的解释,最根本的原因是孩子自己内在的优胜之处被发现,被肯定。苏霍姆林斯基说,教育学的人道主义精神,就在于珍惜孩子享受欢乐和幸福的权利,就是要在每个孩子身上发现能给他带来"创造欢乐的那一条'含金的矿脉'"[4]。今天的"百川园",孩子们的表情成了学校教育的晴雨表,孩子们的笑脸,孩子们的自信和尊严,让人们感知到这个园子的一切都是活泼泼的。

三、潜在与敞开:美丽环境的营造

诗意的栖居,总是联结着特定的居所。"大地、世界、人生,本来就是诗意的。"[5]"这个诗意是被隐匿在自然中的,语言把诗意敞开。"[6]教育是在特定环境里进行的,校园在一定意义上是第二自然,既有第一自然潜在的诗意,又需要人在创造过程中将这种诗意激活,使之敞开。如果能体现"天人合一、群己互渗的生命本体观"[7],赋予自然物以灵性,实现自然生命与人的生命相拥相融,居者当然可以称得上是诗意栖居。"百川园"的建设显然是朝着这个方向努力的。

美丽性是"百川园"显在的表征。绿树成荫,碧草如茵,春华秋实,鸡鸣鸟叫,"山""水"相间,每一座建筑,每一面墙壁,都有令人赏心悦目的美感。

发展性是"百川园"环境营造的核心追求。王文英和她的团队努力让墙壁"说话"。说什么样的话呢?他们认为要"说自己学校的话""说儿童自己的话"。学校的地图墙、寻根廊,把孩子与家乡牵连起来。即使劝诫学生的标识,也是用学生容易接受的方式加以设计。他们让环境成为学生的天然课堂,百耕园、百果园自然就成了课程基地。总之,一草一木总关情,"百川园"中的点点滴滴都指向儿童的成长。

参与性是"百川园"建设的策略选择。王文英团队经常说的一句话是:"自己的学校自己造!""百川园"这个第二自然尽量让师生特别是学生参与营构,环境布置大都是师生自己动手完成的。校园里果和蔬的种植、羊和鸡的喂养都由孩子们亲力亲为,孩子们在挥洒汗水的过程中享受到了劳动的快乐。

相融性是"百川园"文化效应的重要体现。在"百川园",物是有生命感的。比如一口缸,因为关联着入学礼、成长礼、毕业礼,就有了文化生命。比如阅览室,以惬意、便捷为追求,有爱的暖意、家的味道。这里的田园风光常常让人留恋,这里的文化景点常常引人驻足。师生居于其间,物我相融,诗意盎然。连我们这些学校"朋友圈"的人们,每每目睹,都有陶醉其中的感觉。

参考文献

[1] 王家新.从古典的诗意到现代的诗性——试论中国新诗的"诗意"生成机制[J].中国现代文化研究丛刊,2007(5).

[2] 汪堂家.哲学的追问[M].上海:复旦大学出版社,2012.

[3] 杰拉尔德·格林伯格,罗伯特·A.巴伦.组织行为学[M].范庭卫,等译.南京:江苏教育出版社,2005.

[4] 蔡汀,王义高,祖晶主编.苏霍姆林斯基选集(5卷本):第1卷[M].北京:教育科学出版社,2001.

[5] 于坚.为世界文身[M].西安:陕西人民教育出版社,2015.

[6] 于坚.还乡的可能性[M].北京:商务印书馆,2013.

[7] 陈伯海.中国诗学之现代观[M].上海:上海古籍出版社,2006.

注:本文与孙孔懿先生合作,发表于《江苏教育研究》,2020年第12期。

沸腾:刘昕语文教学的美学特征

母语是特定民族认知世界的独特方式,更是特定民族的精神家园。作为一名优秀的小学语文教师,刘昕显然深谙此道。她准确把握汉语人文性的特点,高扬审美课堂的旗帜,不断探索母语教育的规律,沉浸其中,流连忘返,甚至生成"沸腾"的审美感受。可见,她的语文教学,不仅是职业本分,也是生活方式,更是生命样态。

一

"沸腾"是指情绪高涨。

刘昕审美课堂的发端,首先在于理想的追寻。王力先生说汉语是"人治"的语言,而不是如西方的语言那样具有"法治"特点。黎锦熙先生说汉语"偏重心理,略于形式"。[1]基于汉语这种人文性的特点,刘昕认为应当以适合儿童学习的方式帮助儿童发现母语的审美规律,提升儿童的审美素养,激发儿童的审美创造(审美表达)。我们应当努力寻找一条符合母语自身审美特点的教学路径,消除儿童母语学习的压迫性,使儿童在符合审美规律的自由中获得母语学习的幸福感,让儿童母语教学的目的指向人的言语生命成长,指向人的核心素养获得,同时改良儿童母语学习生态。

刘昕探索审美课堂本身也是在寻求问题的解决和创新。她曾经不断躬身自省,归纳出一系列亟须解决的问题,如:母语本身的审美价值被当下课堂忽略,在当下仍然充斥着语文知识的碎片化学习状态下,肢解分析和机械训练使母语自身的审美价值被忽略,甚至被遮蔽了;儿童学习的主体性审美基因未得到保护,语文课堂的知识灌输现象依然严重,学生主体参与的语文实践缺乏足够的空间和时间;符号(文字)给儿童母语学习带来压迫感,需要在打通儿童符号化学习和儿童生活经验的路径上做出一定突破;等等。刘昕认为,审美课堂的建构是可以有效解决这些问题的。

刘昕的审美课堂还源于一种师承关系。"儿童母语审美教育的课堂实践"孕育、诞生在南通崇川这一李吉林情境教育的发祥地。该成果主要完成人都是在情境教育思想哺育下逐渐成长起来的小学语文新生代名师培养对象,第一完成人刘昕主持工作的学校为南通市情境教育实验学校。李吉林的情境教育顺应儿童天性,突出"真、美、情、思"四大元素,以"儿童、知识、社会"三个维度为内核,构筑了具有独特优势的课程范式。儿童母语审美教育的课堂实践既是对儿童母语教育的自觉担当,也是对情境教育传承和发展的自觉担当。

可见,刘昕的审美课堂源自使命感。当然,这种高涨的情绪是灌注在她全面的实践过程中的。

二

"沸腾"是指状态热烈。

审美境界是儿童母语学习的最佳状态,这是一种让教学活动充盈着愉悦、自由、真善的境界。那么,如何才能达到这种审美境界?在教学实践中,刘昕从目标诉求、内容组织、活动方式等维度提出若干操作策略。

刘昕的审美课堂首先考虑的是"人"的学习状态,是如何激活儿童这一学习主体。教学是意义呈现与生成的过程,意义越丰富,其审美性就越高,从中越能透出人性之美与生命之美。因此,审美课堂注重将语文的符号学习还原成儿童的生活情境,让儿童在更开放、更灵活、更自由的场域中进行母语学习,让他们获得学习母语的意义感、自我存在感。比如,张志和的《渔歌子》是一首描写西塞山边景色的词,教学中,刘昕将其重点设置为让学生感受、鉴赏其中的美景与意境,呈现"人的意义":翩翩飞舞的白鹭,灿烂的桃花,自在的流水,从容的鳜鱼,吹面不寒的斜风,牛毛般轻柔的细雨,乐而忘归的蓑笠翁……从而让学生在母语学习中体悟到美丽自然蕴含的人生志趣[2]。

刘昕十分重视知识的审美化解读。刘昕的审美课堂总是自觉地用审美价值标准去优化儿童母语学习的材料,充分发现、欣赏、挖掘教材中的审美因素。无论字词、句段还是篇章,无论散文、说理文还是说明文,都有母语表达的独特之美。刘昕在面对这些文本时,首先把这些美找到并充分加以理解与吸收,对教材篇目进行必要的整合加工、对比印证、拓展延伸,用审美的尺度对待教学内容。

审美课堂的重要策略是用审美的方式打开课堂。刘昕以"审美的方式"展开儿童的母语学习,让学生在体验与感悟、欣赏与评价、表现与创造中,自由自在地学习。在教学中通常选用"涵泳诵读""情境再现""入境欣赏""创造表达"的操作策略,努力助推儿童达到母语学习的审美境界。"涵泳诵读",是学生初步感知文本中母语之美的必由之径,涵泳其中,反复诵读,其美自现。"情境再现"是教师采用情境教学的方式,为学生营造富有感染力的情境,让儿童在情境中再次走进文本,感受母语之美。"意境"是我国传统文学(尤其是诗歌)追求的一种境界。"入境欣赏"就是引导儿童通过文本中的"景",探寻"景"背后的"情""意",真正步入母语文本的"意境"之中,欣赏其美,体悟"美情",从而达到感情共鸣、共识形成。"创造表达"则是培养儿童创造美的能力,可以让儿童通过口头或书面的形式,说出自己对于母语文本之美的独特感受,并可以借助模仿的桥梁,走向自由表达、主动创造美的境界[3]。

刘昕审美课堂的可贵之处还在于创造了课堂的高峰体验。审美课堂是必须沉浸于教学情境之中的。刘昕淡化学习的功利色彩,努力创造适合儿童的活动化、生活化和游戏化学习情境,让儿童兴趣盎然地学习,让他们享受学习的愉悦感;刘昕设置活动化教学情境,突出教学内容与方式的具体可感和生动形象,以活动、浸润和体验的方式帮助儿童审美入境;刘昕设置生活化教学情境,让母语教学和儿童生活经验相遇,和文字背后的故事、情境相遇,帮助儿童降低言说难度,找到更多的表达切入点,激发儿童表达的欲望,使儿童对母语学习充满兴趣、热爱和向往;刘昕设置游戏化教学情境,让儿童自主参与游戏,在游戏中享受母语之美和主体愉悦情感之美的双重幸福。

正是审美化,使刘昕的课堂闪耀着自由的光泽。高尔泰先生说"美是自由的象征"。[4]审美课堂追求灵动自由,让儿童在母语学习中,不断生发主动探索的积极愿望,不断享受自我成长的悦纳感,从而获得富有诗意的创造感。这种创造感可以概括为个性化体悟、独特性想象与诗性化表达。刘昕营造了"尊重、包容与合作"的课堂文化,打造"体验、开放与生成"的教学时空,推行"对话、分享与理解"的活动方式,实施"多元、积极与欣赏"的教学评价,使儿童在符合审美规律的自由中获得母语学习的创造感与幸福感。审美课堂追求意义生成,将母语教学指向儿童的精神领悟、心灵觉醒与生命成长,让儿童在母语学习中获得自我感,体验到母语知识与其生命发展的关系。儿童在母语学习中获得的自我体验越深刻,自我感越强烈,其所获得的生命价值就越大,这样的教学也就越具有审美性。因此,刘昕的审美课堂呈现为有散步意味的流连欣赏、有留白意味的浪漫想象、有开放意味的话题互动、有哲思意味的辨析感悟。她的审美课堂有涵泳诵读、揣摩品味,有入境欣赏、诗意联想,有情境演绎、创美表达。儿童在母语学习中步入审美的殿堂,彰显生命的活力,达到生命体验的高峰状态。儿童的表达真实地反映了这样的高峰体验的确达成了。有学生这样表达:"我们在小组里一起讨论、朗诵,每一次完成阅读任务,每一次展示,我们都觉得特别兴奋。在我们语文老师的课上,我们每个小组每节课都能参加诵读的表演啊,抢答啊,辩论啊,这些活动都很有意思。""这样的语文课非常有意思,我们每个人的脑子都被搞得很累,但是我们心情很愉快。我就特别喜欢上我们现在的语文课,她(刘昕)的课比以前的语文老师的课好多了,我们需要努力想,用心读,才能得到答案。老师经常鼓励我们,说让我们想办法,让答案自己走过来。我们在语文课上总是觉得一会儿就下课了。"

三

"沸腾"是指事物蓬勃。

刘昕的审美课堂是基于汉语本质特点而构建的,她让语文教学始终伴随着审美运动,努力依凭"境、场、象"来进行教与学,让整个教学过程伴随强烈的情感,使教与学都成为"生命律动"。审美课堂教学方式孕育并生长在母语本质研究和儿童学习特点研究的土壤里,指向儿童言语生命的健康发展,切实有效地提高了儿童语文生活的品质,从而提高了儿童语文素养。

刘昕的审美课堂塑造了儿童美好的心灵,把语文的人文性和工具性统一在审美的课堂教学方式中,是融真、善、美于学科教学之中的有效途径,是对党和国家要求"立德树人应该成为学校全部教育的首要目标,应该建立德性养成的学科育人融合模式"的实践性呼应。

刘昕的审美课堂提升了儿童的审美敏感性。审美课堂是生活的、情境的、活动的、实践的、"做"的、"活"的、亲历的、主体的、感性的、建构的、具身的、习得的、自由的、开放的……这些具有亲属关系的特征共同构成了审美课堂的学习生态。审美课堂中的教师乐于和儿童打交道,热爱儿童,擅长表达自我,具有丰厚的学识和彻底的理性,具有宽广的心胸和宽厚的性格,在任何时候都保有真诚的态度。由此,审美课堂呈现出儿童母语学习的独特气质,与母语之美的气质相互印证,相互匹配,在体验与感悟、欣赏与评价、表现与创造中,教与学、人与文彼此欣赏,课堂节奏张弛有度,儿童主体充分彰显,课堂氛围自由自在。儿童的审美敏感性在这个过程中潜滋暗长,不断提升。

刘昕的审美课堂帮助学生过高品质的语文生活。刘昕的课堂构建了积极的语言活动,这是好的语文课的衡量标准之一,语文实践活动构成了课的教学主线。学生不断地读,不断深入地读,在读中鉴赏玩味语言的美妙,每节课的活动主线都设计得相当有梯度,以至于我们看到了儿童的具身参与,儿童的那种精神的愉悦、陶冶乃至精神的成长也都可以清晰地看到。审美课堂提供儿童认识文本的方法,也就是提供给学生审美的"审"的方法,帮助学生发现文明的成熟、心智的成熟和语言的成熟。学生发现文本的成熟之处,也正是自己在这些方面走向成熟的开始。在课堂的多边审美交往中,儿童的生命不断展开、丰富、提升、充盈、丰满、生成,过着有意思且有意义的高品质语文生活。正如刘昕所说:语文教学是项目组全体成员意义世界的确证;审美是师生沉醉的语言生活和沸腾的母语情绪;儿童日常生活中的高品质语文素养表现是教师最衷心的期盼……

在此,衷心祝愿刘昕和她的学生在审美课堂中幸福地生长并一路收获。

参考文献

[1] 黎锦熙.新著国语文法[M].长沙:湖南教育出版社,2007.

[2][3] 刘昕.儿童母语审美性教学初探[J].上海教育科研,2017(11).

[4] 高尔泰.美是自由的象征[M].北京:北京出版社,2019.

注:本文发表于《江苏教育研究》,2021年第1期。

惠风和畅母语美

——记吴建英母语美育的实践探索

"中国风·母语美"是吴建英老师提出的语文教学主张。该主张以"建构培根铸魂的中国本色母语教育"为目标,注重语文教育的民族化、审美化、儿童化、时代化,体现核心价值观,培育民族情感,提升母语素养,弘扬中华文化。

一、探寻美的原点

吴建英的"中国风·母语美"本乎自觉,基于问题,源于探索。

1. 领悟美的存在

作为一名优秀的语文教师,吴建英首先是一个非常努力的阅读者。读书,是她的一种生活方式;向经典致敬,是她基本的生命状态。在大量阅读中,吴建英汲取了中国古代文论和美学之精华,接受了传统文化的熏陶。她深切感受到,汉语,本身就是一种美的存在。鲁迅先生说汉字具三美:"意美以感心,一也;音美以感耳,二也;形美以感目,三也。"[1]汉语之美,美在意蕴,其抒情达意丰富深长,或豪迈奔放,或含蓄内敛,或诗意丰盈……令人回味无限;汉语之美,美在音韵,汉字的四声五音之别形成疏密相间、平仄有律、错落有致、悦耳和谐的声律之美,韵味无穷;汉语之美,美在形体,作为象形文字,其字形结构、笔画排布、横竖点撇捺,千变万化,形态如画,妙不可言。

2. 审视问题症结

语文是基础教育的基础、核心学科。然而,在网络化、全球化、快餐化、娱乐化背景之下,"母语危机"严重,文化根脉不深、活力不够,母语的使用常常被粗鄙化。吴建英审视当下语文教育现状,发现以下主要问题:

漠视汉语特点,弱化语文审美。近代的西学东渐思潮使语文教育领域表现出文化价值取向上的"西化",其表征之一就是把语文课堂教学建立在工具化、符号化和理性化的知识观基础之上。这样的课堂教学淡化、剥离了汉语所固有的特点与价值,功利主义倾向严重,母语之美弱化、窄化现象严重,语文教育之美缺少可行的彰显路径,语文课堂缺少审美立意,汉语美的文字、美的音韵、美的意境、美的意蕴被当成工具,拆解成毫无生命气息的零部件强塞给了学生。机械、单调、抽象成了语文课堂生活的主要方式,被动、僵化和苍白则成了儿童母语学习时的典型表征。

3. 确立原点立场

在审视、反思的基础上,吴建英清醒地认识到:

母语教育,应该回到经典。经典总是在个性化的抒写中,凝聚着人们的深刻洞见和普遍情感,穿越时空,历久弥新。母语的经典更是中华文明的重要载体。走进经典,是引导儿童传承民族文化、形成民族精神品格的必由之路。

母语教育,应该回到本土。如前所论,母语凝结着民族精神、民族情怀、民族立场,同时还凝聚着民族数千年的审美心理特征。汉语重意会、重流动、重虚实、重具象[2],具有简练生动、组合自由、形式丰富、情趣盎然、以神摄形、气韵灵动、意蕴无穷的"情境建构"之诗性特征,富有鲜明的本体特质。语文教学就应引领学生去探寻、领悟汉语的文字、文学、文化、文体之美,激发他们对母语的认同和热爱,培养他们丰富的语言感受力,促进他们母语素养的提升。

母语教育,应该回归儿童。儿童处在独特的生命阶段,他们是天生的语言学习者。母语教育应依循儿童特有的心理特点、思想方法、行为方式以及他们对母语的感受力,建立起两者之间的连接。必须立足于儿童本位,用符合儿童天性的、充满生命活力的乐学方式,激发他们学习母语的兴趣,培养他们母语审美的眼光,使他们的言语生命、精神生命得以自由丰盈生长。

经典、本土、儿童,皆为母语教育的原点。回到原点,就是为了最终的抵达。

二、创造美的课堂

近些年来,吴建英成功演绎了《伯牙鼓琴》《如梦令》《长相思》《金色花》《珍珠鸟》等十多个经典课例,她的课或穿针引线,或重锤轻敲,或因势利导,或巧妙点拨……雅致灵动、情意交融,像散文诗般优美灵动,似水墨画般意蕴深厚,如交响乐般触动人心,带有独特美好的课韵、课情,既有文化意蕴、内涵和品位,又适合儿童发展需要,为她的"中国风·母语美"语文教育做了最好的诠释。

1. 课堂紧贴儿童,蕴含情感之美

吴建英研究儿童,激活儿童经验,让儿童的知识学习与个体经验关联起来,设计具有挑战性的任务,引导儿童亲历性、具象化学习,让学习过程成为主动发展的生命状态。"文似看山不喜平",吴建英的课亦然,她调动学生积极、主动、愉快的情绪,鼓励多元见解和深度思维,促使他们感受到学习母语的乐趣。她关注儿童的获得感,在情智互动中追求言意共生,常常斟酌于言意之间,徜徉于言意之间,达到亦言亦意、非言非意、言意融合、言意共生的境界,使儿童在充满语文味的学习活动中,生命得到完整发展。

2. 课堂洋溢母语芬芳,激活母语美的基因

汉语作为中华民族的共同语言,其博大深厚的内涵具有非凡意义。母语本身有"美"的基因,如汉字充满字形、音韵、意蕴、简洁、智慧、文化之美,是世界上最成熟、最完美的文字之一;母语中的对联、诗词等,具有独特的节奏之美、音律之美。教材中的文章大多是文质兼美的经典佳作,蕴含自然、社会、人性之美,有着精彩生动的优美词句、鲜明独特的艺术形象、丰富感人的抒情色彩、令人神往的深邃意境……吴建英觉得,母语教育应注重利用这些"美的基因",把审美感受力、鉴别力、创作力的培养作为重点,引领学生从美学维度去学习自己的母语,超越功利,真诚投入,激起情感波澜,点燃思想火花,张扬独特个性,涵养博学气质和文化风度,变得纯粹而高雅。久而久之,学生的语文素养、文化品位、健全人格均能得到提升。

3. 课堂富有个性,形成雅致的风格标识

"雅"是我国传统美学对美的一种表达,是美学品位的显示;"致"可指"自然流露,做作不得"[3]。吴建英的语文课堂是"雅化"的,用古雅的氛围、典雅的语言、优雅的举止、静雅的沉思、娴雅的情趣来激发儿童学习母语的雅兴,使母语教学呈现出别具一格的隽永的情致、温雅的格致,清新自然、舒卷自如;她的课堂同时又是"灵动"的,强调心灵自由、思维活跃、激情飞扬、智慧深入,充满感染力和启发性。

吴建英捕捉到了母语教育民族化的精髓:尚情尚意、情意交融,努力探寻"中

国风·母语美"语文课堂范式。其中的"情",可理解为情感、情绪、情趣。"意",内涵丰富,主要可理解为意象、意境、意蕴。她形成了"以情为纽带,创设语言生活的'意境'""以情为根基,灵动儿童本位的'意趣'""以情为动力,彰显主体发展的'意志'""以情为导向,洋溢文化积淀的'意蕴'""以情为引领,追寻哲学启蒙的'意义'"等几大操作要义,并进行了"情境建构"。同时,提出四大核心要义:以"情智互动、言意共生"为价值皈依,以"雅致灵动、情意交融"为审美追求,以"曲径通幽、诗情画意"为实施路径,以"立象尽意、意会言传"为基本策略。每一个核心要义中都有具体的操作要点。在课堂实践中,还形成了母语教育特有的审美节律:美智相映、动静相宜、虚实相生、形神兼备、情理相谐、冲突融合[4]。吴建英不懈追求母语课堂的审美境界,铸就了其语文教育的中国美学品格。

三、建构美的课程

研究中,吴建英发现,母语阅读是一项系统工程,必须遵循儿童生命成长的特点与规律,突破原有框架,拓展阅读资源。于是,她树立大阅读观、大课程观,根据母语文化特质,以儿童认知心理为依据,将文学阅读、主题赏读、经典诵读等结合起来,整体构建更丰富、更适合儿童、更符合汉语特点的多元融合的"儿童书香课程群",让母语阅读更全面、更优质地指向儿童。同时,开发与课程群相配套的读本,注重"适合儿童、精选经典、拓展融合、阶梯分层",以期在儿童语言与精神发展的关键期,促使他们的语文素养与核心素养得到全面提升。

1. 整本书共读课程:把美妙的种子播在童年岁月里

"人之初"阶段的儿童,其心灵是美好而稚嫩的,因而更要提供契合他们心灵的优美、诗意、温暖、精致的阅读"营养"。为此,吴建英团队构建了小学阶段整本书共读课程体系,把美好、经典的书籍推荐给学生,为他们提供自信、感恩、宽容、同情、尊重、关爱、诚信等"成长维生素",为他们价值观、人生观、自然观等的形成打下良好基础。

吴建英团队积极探索整本书共读指导课,形成好书推荐课、文学赏析课、经典诵读课、大声朗读课、读写结合课、交流分享课、汇报展示课等基本课型,并独创整本书共读的"导读—推进—延伸"三课一体的模式[5]。通过阅读指导,学生能更深入地感受作品,充分体味母语之美。同时,还依据儿童认知特点和现代阅读观,选择经典儿童文学作品,挖掘作品的人文、语言、美学等价值,设计相应的《阅读手册》,从字、词、句、篇、章以及听、说、读、写等方面建构精读课程内容,把阅读与交流、讨论、展示、创作、表演、复述、绘画、编写、想象、游戏等融合,促使学生加深理解和体验,获得阅读方法,提升阅读能力,语言和精神得到生长。

2. "中国风·母语美"微课程群:用母语经典"培根铸魂"

吴建英团队针对目前课程实际,基于"培根铸魂"教育理念,深刻把握和领悟汉语本质特征、审美特性,根据儿童学习母语的规律,运用"主题·整合"思想,分低、中、高三个年段整体架构"中国风·母语美"微课程群体系,形成若干个母语微课程。

微课程群旨在为儿童培植他们最需要的"母语基因"。如低年段的"蒙学经典微课程",主要从《三字经》《百家姓》《千字文》等蒙学读物中精心挑选适合低段学生诵读的内容,让学生感受母语的朗朗上口与独特好玩;再如中年段的"声律对韵微课程",主要从《笠翁对韵》《声律启蒙》等经典中精选内容,让学生吟诵、品悟、积累,感受汉语的精妙绝伦和丰富内涵;又如高年段的"评书微课程",挑选经典评书篇目,让学生在听、说、演、写中亲近传统评书文化,了解中国历史,培养卓越口才,提高写作能力,促进语文素养的提升。此外,还有绕口令、歇后语、对联、谚语、成语、俗语等微课程,让学生感受汉语的活泼有趣和丰富多样。在课程实施中,吴建英努力继承、发展传统母语教育精华,同时结合当今语文教育新理念,采用生动活泼、有趣好玩的"悦读"策略,让学生在母语中"狂欢"。

吴建英团队还开发了晨诵课程,让学生用经典美妙的诗歌开启新的一天生活,感受生活的美好和生命的快乐;开发了文化主题阅读课程,以"1+X"理念帮助学生拓展阅读视野,积淀文化底蕴;开发了读写绘课程,让学生通过读儿歌、看绘本、讲故事,用"我手画我心"的方式讲述自己的生命故事;开发了创意写作课程,让学生通过写书信、日记等方式,记录和表现有意思、有意义的生活。

"儿童书香课程群"让学生在意象深远、情韵丰满的大阅读课程中了解和吸收祖国的优秀母语文化,激发了对母语的热爱,培养了丰富的语言感受力,增强了文化认同和家国情怀,真正在他们心中播下了"美好母语的种子"。

四、融合美的文化

1. 从语文到全学科

吴建英深切感受到,每一门学科都有着各自的独特之美。于是,在建构"中国风·母语美"语文课堂范式的基础上,提出了学校"智美课堂"的主张,通过挖掘各学科自身内涵的"美的元素",在教学中渗透美育,用美的方式使学生真正找寻到各学科之美,进而沉醉其间。

"智美课堂"的主要特征可以概括为:以学生为主体,以情感为纽带,以思维为核心,以综合为策略,以审美为境界。"智美课堂"注重把机会和时间给学生,更多地"让学生自己学",激活、培植、调动他们学习的积极性和主动性;注重通过情感的激发、渲染、感化,使学生获得学习的"高峰体验";注重沸腾的思维挑战,提升学生的概括、推理、判断、比较等能力,提高思维品质,促进智慧生长;注重打通学科之间的壁垒,以开放、融合的理念建立"大课堂",实现全学科综合建构;注重把审美引进课堂,促使学生迈入美的学习境域,受到美的熏陶,主动、愉悦、创造性地学习。

2. 从学科到学校

近年来,作为校长,吴建英提出了"崇美立人"的办学理念,以"共建卓越的美丽学校,共筑完整的美好生活,共创幸福的美妙人生"为愿景,以环境美、课程美、教学美、师生美、治理美为基本途径,让师生过一种幸福完整的美好新生活,努力追求"立人之美,美人美己,各美其美,美美与共"的办学境界[6]。

"崇美立人"的提出,一是源于中国传统教育对"美"的重视。孔子、孟子、庄子等都强调人的品性修养的形成,他们不约而同把"美"作为人的生存方式。二是对新时代美好生活的积极回应。习近平总书记强调,"人民群众对美好生活的向往,就是我们的奋斗目标"[7]。美好教育是美好生活的重要基础与组成部分。关注教育之美,正当其时;投身美之教育,时不我待。三是针对教育之美的严重缺失。目前,学校教育之美弱化、窄化现象严重,忽视对学生美的素质的培养,这必然会影响学生的整体发展。四是基于"人之初"的教育必需。柏拉图说:"凡事开头最重要。特别是生物。在幼小柔嫩的阶段,最容易接受陶冶,你要把它塑造成什么型式,就能塑造成什么型式。"[8]如果教育能在"人之初"就提供真正美好的事物,唤醒儿童的"美之初心",这种美好就会潜移默化在儿童生命里生根发芽,甚至会伴随他终生。五是高度认识到教育之美的重要价值,美能育德,美能益智,美能激美,美能健体,美能养性……"美"的教育,对儿童生命成长有着不可估量的价值。

吴建英认为,教育最重要的任务就是培育美的人格,追寻美的生活,塑造美的生命,为师生的美好人生奠基。教育就应该是"崇美立人"的过程,成就人的美、美的人以及美的人生。美是"人化程度的标志"[9]。美的教育,才是高品质教育最重要的象征。正是有了这样的办学理念,吴建英的"中国风·母语美"语文教育与学校文化融通,成为学校文化的有机组合。吴建英注重营造浓郁的母语文化氛围,通过环境这一"活课程"对学生产生熏陶作用;举办丰富的母语特色活动,让学生在活动中获得母语阅读的快乐感、价值感,促使阅读能力的提升;通过一体化思路把学生的母语阅读与学习、生活联系起来,引导他们将中华优秀传统文化中的价值理念、行为规范、人生智慧和思维方式根植于生命之中。

吴建英正努力让母语教育美成一首诗,让学生产生审美的愉悦和发自内心的对母语的热爱,进而沉淀生命中美丽的文化特质。而这种文化特质是具有植物性特征的,是扎根的、葱绿的、生长的。"碧玉妆成一树高,万条垂下绿丝绦",这正是人们在感受到吴建英母语教育惠风和畅时,可以看到、想到的儿童母语发展活泼泼的样子。

参考文献

[1] 鲁迅.汉文学史纲要[M].南京:江苏译林出版社,2018.

[2] 申小龙.意会 流动 虚实 具象——论汉语的特点[J].语文学习,1988(2).

[3] 朱自清.朱自清散文集[M].南京:南京出版社,2018.

[4][5] 吴建英."中国风·母语美"小学语文教育改革探索[J].江苏教育研究,2018(13).

[6] 吴建英.崇美立人:探索教育的美学表达[J].江苏教育研究,2020(26).

[7] 中共中央文献研究室编.十八大以来重要文献选编:上[M].北京:中央文献出版社,2014.

[8] 柏拉图.理想国[M].张竹明,译.南京:译林出版社,2015.

[9] 高尔泰.美是自由的象征[M].北京:人民文学出版社,1986.

注:本文发表于《江苏教育研究》,2021年第8期。

做一个思想者

刘玮是有情怀的,他报考师范,本乎内心的自愿;走上工作岗位后,初心不改,努力教好他带的学生,办好他主政的学校。刘玮也有较好的业务素质,做教师不久,就"小荷初露",拿了县小学教师教学基本功一等奖,后来又相继拿过省、市一等奖;他主政学校,学校办得风生水起、生机勃勃。但他能从教师、校长群中脱颖而出,则缘于他一直努力做一个思想者。

做一个思想者,需要养成自己的主体人格。帕斯卡尔说,人是会思想的芦苇。他认为,思想是人的特质,是人比之万物的高贵所在。思想的前提,是作为一个真正的人,有独立的人格,有尊严感。刘玮就是通过不断的学习自主朝向专业的方向坚毅前行,这是教师个体本身内在的自觉性发展,正是发端于个人内心的觉醒让他立足课堂,研习教育理论,砥砺教学技艺,不断改进自己的课堂教学,使他从一个青年教师成长为江苏省小学数学特级教师,从一个中师毕业生到南京师范大学博士研究生。1994年至1997年,他连续四次获得县小学数学优质课评选一等奖;1999年、2005年、2009年三获县校长优质课评选数学组第一名;2008年获得江苏省小学数学优质课比赛一等奖;2014年又获得江苏省"杏坛杯"青年教师优质课展评一等奖。他的数学课堂教学渐趋成熟,逐渐形成自身独特的教学风格。一个好教师既要悉心揣摩获取更多的课堂教学直接经验,更要钻研课堂教学后面的理论支撑。为了夯实自己的理论素养,他进行了系统的理论学习。2006年,他进入苏州大学教育学院攻读教育硕士研究生,2011年他到南京师范大学攻读教育博士。持续的专业进阶使他能用所学的教育教学理论观照反思以往的教学实践，用新的眼光琢磨心存已久的教育教学问题。同时，他不断通过广泛的人文阅读，瞭望丰富多彩的大千世界；注重向兄弟学校学习，向数学名师学习，在专业对话中不断提升自己。这些促使他积极思考，有可能形成自己的思想。

  做一个思想者，需要有思想的聚焦点。刘玮是勤于学习的，他读了教育硕士，又攻读了博士学位，使自己经历了专业训练；这些都使他对问题更加敏感，思考问题思路更开阔。关键还在于他不断地实践和探索，不断形塑自己的教育思想，将自己三十年的办学理解和办学实践凝练成"为唤醒的教育"的教育思想，2018年3月《中国教育学刊》刊登了他的文章《为唤醒的教育》，全面阐述了他的教育信仰。他以儿童生命成长为出发点和归宿，唤醒儿童、激励儿童、发现儿童、滋养儿童，从而促进每一个儿童完整人格的形成。他认为理想的课堂不是单一传授固化的知识，而是要把人的创造力量诱导出来，将生命感和价值感唤醒。他从教育的本质出发，遵循儿童身心发展的规律，让童年在适切、适度的教育中与成长相遇。他希望一切的教育目的、教育的价值和教育方式都能回到教育的原点，遵循教育的内在规律，遵循儿童身心成长的规律，保护儿童的天性，尊重儿童的个性，发展儿童的社会性。他用发展的眼光、宽容的态度和期待的心理，再构评价体系，优化教学方式，重组发展课程，氤氲学校文化，唤醒儿童，给予其丰富而必需的成长营养，促进儿童成为更好的自己。在这幅图景中，我看不见单一的知识和无用的识记，我所见的是"生长""唤醒""激励""发掘""滋养"五个主题元素构成的儿童学校生活图景。为落实"为素养而教"的目标，刘玮提出"让儿童与数学、生活真实地相遇"的教学主张，从学生的生活经验和已有知识背景出发，提供充足的数学活动和交流的机会，帮助儿童在自主探索的过程中真正理解和掌握基本的数学知识与技能、数学思想与方法，同时获得广泛数学活动经验，并在数学知识学习的过程中习得数学素养。他创造出一个让学生主动参与且富有探究意味的课堂，使学生得以沉浸于对问题的思考、方法的探索和过程的体验。他能够通过激励、鼓舞、引导，让儿童在知识形成过程中经历似是而非的迷思、寻根溯源的探索和豁然开朗的顿悟，实现儿童对所学知识的自主建构和能力发展的自我超越。他的眼光深邃而洞明，浅近却又致远。在他眼中，教育不仅是为了传授知识，更为了让受教育者通过知识获得智慧。

  做一个思想者，要对事物发展本质规律展开积极探寻。无论是学校文化建设,还是数学教学改革,刘玮的思考都体现出相当的深度。刘玮一直致力于学校"蜂巢式"课程的重组,即学生发展"立人课程群"的建设。他以"立人"为核心主线,构建了六个模块的课程结构,将国家课程和校本特色课程按照多元智能理论统整为六大类课程,每个课程模块中建构"1＋N"的课程群,努力描绘着他心中那流淌着奶和蜜的学校图景,期待儿童自然、自主、自由地生长。关于小学数学教学研究,他在学生、学习、学科三者一体化融通方面,在引导知识具体化应用从而培养学生数学学科素养方面,每每和我碰到,他总要拉上我这个外行聊上一会儿,大概是希望从别的学科维度受到些启发。他一直主张小学数学教育回归儿童、回归生活、回归教育本身。他从儿童认知的心理规律出发,结合数学学科的特征,初步构建了小学数学"三线五步"深度教学模式,"三线"即以问题驱动为明线、以思维成长为暗线、以素养培育为生命线,"五步"即呈现生活经验、问题引领认知、自主探究思考、变式点拨拓展、应用解决问题。力求让学生经历知识形成的过程、注重学生数学思维的形成,力求让学生在问题情境中提高问题解决的能力,从而获得数学方法与思想的润泽。办学校,怎么激发教师的内在积极性,他就和我展开过多次讨论。为了探究区域教育优质均衡发展的路径,他用三年时间沉浸到无锡市滨湖区进行田野研究,在纷繁复杂的言语及现象中分析出问题的本质,用质性分析去寻找解释的因素,同时他不放弃任何真实数据的收集,通过量性的分析去证实分析得出的结论。在数度对话后,他找到一条教师专业成长的路径——做项目、做课题、做事情,引导教师们"做中学,做中思"。集团化办学怎样形成真正的发展共同体？在和而不同、主体力量迸发方面,他都已经很有心得。他着力主体多元、权力让渡、协同治理,促进集团治理组织的结构再造;他实施集中决策、分布领导、全面治理,促进集团治理机制的方式创新;他坚持理念认同、特色并存、优势互补,促进集团治理文化的融合共生;他强化分层多维、注重过程、激励引领,促进集团治理评价的功能放大。他以课程建设为平台,以生命教育为载体,搭建师生生命成长的空间,创生优质教育资源,不断提升办学品位,有效地推动了学生、教师和集团的和谐发展。而他持续关注的思考点,都时有新见,现在也都已形成得到学界认可的研究成果。可以说,在教育教学向规律本质的探索方面,刘玮正渐入佳境。

做一个思想者,还应当形成自己的风格。马克思曾说:"我要构成我的精神个体性的形式。'风格就是人'。"[1]在这方面,刘玮"在路上"。他的小学数学研究已经带有独特的学术印记,比如童本数学、知识具体化应用导向的教学建构等,都是用自己的话阐说数学教学本质。追梦的途中他也收获了甜美的果实。2005年获全国中小学教育科研成果一等奖,2017年获江苏省教学成果一等奖、2018年获江苏省教育科学研究成果一等奖,江苏省哲学社会科学优秀成果奖,2019年获全国首届教育博士专业学位优秀论文,2021年获苏州市教育教学成果特等奖。他主政的学校,其文化建设一直在"寻找自己的句子"。特别是担任吴门教育集团总校长以后,他坚持主体内生与融合发展互动生成的原则,使多所学校的"集团化"新的整体空间大于各部分之和,已经谱写成悦耳动听的吴门新曲。

参考文献

[1] 傅腾霄主编.马列文论选注[M].北京:社会科学文献出版社,1999.

注:本文发表于《江苏教育》,2021年第1期。

领学制:别具生面的儿童数学课堂

去年初冬,受陈家梅老师的一再邀请,我造访了她执教的泗阳双语实验学校,一下车,陈老师(时任副校长)和李校长就把我领到教室,让我观摩她的领学制课堂。只见领学组的同学头头是道,学习组的同学踊跃参与。窗外冷风阵阵,室内热气腾腾。领学制课堂,别具生面,让我受益匪浅。

一、实现多元的关系重构

人是一种关系存在。班级授课制,更是一种体制化的关系形式,教与学的改革在一定意义上就是要基于人与人关系的创新。领学制儿童数学的课堂,实现了多重关系的重构。不妨让我们先认识何谓"领学制"(见图10)。

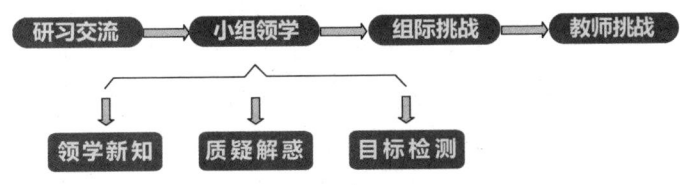

图10:"领学制"课堂构成

在这样的课堂上,老师把学生按照异质分为6个左右的学习小组,每天或者一周、一个完整的学习单元,有一个小组担任"领学"的任务,这个组就是"领学组",其他小组称为"学习组"。"领学制"就是以制度化的形式,按照一定规则,由一个小组带领或指导班级其余同学学习的一种班级组织形式。

一是实现了师与生的关系重构。传统的课堂中,老师是主宰,课堂学问弥漫着老师的权力和意志。"领学制"课堂中,老师"领"领学组,辅导、指导、引导的责任因此而重大。老师又是学习的参与者,因为老师也有要挑战的任务,要因势利导,引导学生在学习过程中拾级而上,不断攀登。

二是"领学制"重构了学习小组的关系。领学组"领"学习组,比如,领学组的一个重要任务就是在前置学习中设计目标检测题,在课堂上负责领学新知、给学习组答疑解惑,并检测学习组的目标达成情况。学习组不仅是学习者,更是挑战性的学习者,每堂课都要至少设计一道挑战性的问题。这里的领学组就是小先生,而学习组不仅仅是小先生,他们的"挑战"也包含了"领"和"引"的意蕴。

三是"领学制"还重构了"群"与"个"的关系。在领学组内有个体领学,负责领学的就是领学者,其他同学就是学习者。个体领学者由组长综合大家意见和具体情况而确定。在小组内部,大家凝心聚力,相互支持。通过这种"群"与"个"的新型关系,学会合作就成为日常学习生活的必然内容。陈老师告诉我,"领学制"还创新了家校关系,家长成了学习共同体的成员,许多家长主动参与,献计献策。

领学制的课堂更开放,关系更温馨,情境更优化,学习效果更高效,而"人"的成长自然是更蓬勃丰富了。

二、体现学习的基本规律

一是挑战的欲望贯穿学习始终,让每个孩子的天性得到释放。小学生的天性是爱挑战,蒙台梭利说过,儿童天生就是密探,爱探索,好奇心强。领学制的儿童数学课堂,以挑战为手段,用挑战贯穿全过程。一堂课中学生要进行三次挑战——自我挑战、同伴挑战、教师战挑,三次挑战,层层递进,使不同的人在数学上得到不同的发展。"领学制"让学生课前研习探究,满足学生的好奇心、探究欲,实现自我挑战。课中同伴挑战(组际挑战),考验的是小组共同体的力量,当团体成员相互依赖形成群体内聚力时,成员就会自觉维护团队的目标和信念,并促进其积极参与群体活动。和谐的共同体气氛烘托下,即使发生竞争,也是安全的,符合共同体的学习规律,有利于激发孩子的学习积极性。课尾教师挑战,主要是满足部分数学爱好者的学习需求,符合马斯洛的人类需求理论。美国心理学家亚伯拉罕·马斯洛于1943年在《人类激励理论》论文中提出,人类的动机按照不同的需要从低到高可分成五个层次:生理需要、安全需要、社交需要、尊重需要以及自我实现的需要。自我实现的需要是最高层次的需要,个体为了实现理想、抱负,必须做与自己能力相称的事情才能达到最大化的成功。

二是课堂有合适的安静时间,让每个学生都得到发展。由于"领学制"是"领学组"领着班级其余学生学习,是主体性的课堂。为了能够面向全体,真正让学习发生,"领学制"进行了一些硬性规定,提出静思默想的课堂。不管是学生提问题还是教师提问题,规定每一次的提问后,给全班学生思考不少于5秒钟;每一次习题的出示,给全班学生读题、思考的时间不少于1分钟;大题或多题,要静思默想不少于2分钟。这样才能还原本真的数学课堂,使数学的逻辑性、抽象性、严密性实现精准严谨的表达,凸显数学的本质,保障思维的深度,提升思考力;只有这样才能把时间真正还给学生,这个时间是静默无声的时间,不受任何干扰的时间,属于每一个学生的时间,这是面向全体的基本保证;这个"静"是宁静,但宁静得有力量,只有这样,每一个学生才有自己的思考,才有发表意见的可能,这是独立自主的真正表现;这个时间让学生沉静,让学生的心静如止水,如此注意力才能更加集中,思维才能真正活跃,才能培养出创造性的数学思维。

三是小组设置的针对性原则让所有学生都得到和谐的发展。领学制的小组设置中,组内成员的组合不是随意按照文化成绩结合。组合之前,教师要进行大量的调查和分析,调查孩子成绩不好的背后原因以及兴趣爱好、个性特征等。在调查清楚的基础上再进行小组组合与搭配,便于把不同成绩差异成因的孩子分散到各个小组。同时,组内的个体领学关系遵循最近发展区原则,在摸清楚学生成绩较差背后的原因以及兴趣爱好、个性特征的基础上,还要考虑成绩略相近一些、水平差不多、性格相近的个体领学关系的组合,即最优秀的学生领学中等偏下一点的,中等学生领学较差的,这样依次搭配。成绩差距不大、性格又相近的两个人在一起,相互之间既是领学关系,又是合作关系,还可以相互讨论、互相帮助,双方都会获得自信。按照维果茨基的最近发展区理论,这样搭配容易沟通,如果最优秀的同学领学最差的,差距太大,最差同学在最优秀的同学面前插不上话,容易使最差同学产生自卑心理。同时最优秀的同学如果领学最差同学,他需要一直不停地讲,自己也会乏味,失去兴趣,如果这样又会形成传统的坐等接受模式,成为学生代替老师的灌输式教学。所以,针对每个学生的不同特点进行针对性搭配,既是相辅相成、互助合作、互促互补、互利互惠的融合关系,又是共同发展、个性发展的共融关系,能够促进每个学生的和谐发展、全面发展。

三、凸显数学的学科特质

一是充分经历数学的活动,发展学生的思维品质。数学最大的特点是抽象性,数学知识蕴含在生活中,数学学习必须遵循"知识背景—抽象出数学问题—构建数学模型"的过程,从现实情境中抽象出数学知识。领学制教学范式,课前给予学生充分的探究时间,不管是研习课本,还是研习探究单,都提供了丰富的生活情境,让学生充分经历观察、发现、猜想、推理的过程,经历知识的发生过程。课中,通过组内的个体与个体、领学时的组与组之间的合作、交流、分享、碰撞、辩论、质疑、批判等,学生在你一言我一语中,经历思路的剖析、矫正、转轨、选择、定型等过程,充分暴露学生的思维痕迹,再次揭示数学知识的发生过程,展现概念的形成过程、公式的推导过程等,使其数学推理的严谨性,结论的逻辑性,概念的抽象性,语言的清晰性,思维的深刻性、敏捷性、求异性、灵活性、创造性等品质得以形成。让学生在积累数学基本活动经验的过程中发展数学思维品质,达到数学经验的结构化,打通数学知识的抽象性与思维具体性之间的联系,使其拥有数学的思维,学会数学的语言,发展数学的眼光。

二是领学中经历挑战,学习数学的理性精神。荷兰数学家弗赖登塔尔指出:学习数学的唯一方法,就是让学生经历数学的再创造过程。领学组的课前准备就是一个再创造的过程,让学生经历数学知识的发生、发展、发现的过程,体会数学内在的逻辑与结构,清楚数学知识的来龙去脉。不仅领学组自己要清楚数学知识的再创造过程,课中还要引导班级其他学生去再创造,这就促使领学组不仅要知其然,还要知其所以然。这要求学生必须认真地、脚踏实地地、刻苦勤奋地、实事求是地去探索数学知识的来龙去脉,还要精益求精,一丝不苟,来不得半点虚。因为领学组要能够经得住课中学习组的质疑、批判、挑战,否则胜任不了领学。同时,领学制的课中组际挑战、教师挑战,有利于激发学生的奋斗意识、竞争意识、拼搏意识;有利于培养学生学会向困难挑战、逆境中前进、不畏风吹浪打、克服困难的毅力,锻炼孩子的坚强意志,激发孩子学习数学的兴趣,引发孩子的数学思考。

通过领学制的学习,学生不仅学会了数学的思维品质,更是学会了数学的理性精神,坚持不懈、坚韧不拔的探索精神,刻苦顽强、实事求是的科学态度,而且培养了求真、求实、正直、诚实的品格,完善了人格。

领学制的儿童数学课堂以"领学"为抓手,还学习者以主体地位,相信学生,"给我一个支点,我就能撬动整个地球",实现共同体学习。从学习共同体中汲取养分,变革传统课堂的学习生态系统。其别开生面的价值所在,还是在乎"人",在乎把儿童培养成敢于担当、勇于探索、乐观向上、学会合作的时代新人。从陈老师的课堂,我们看到了地平线边的彩光。我想,如果我们大家都一起致力于学科育人方式的变革,一定会看到新人辈出、云蒸霞蔚的美丽景象。

注:本文发表于《江苏教育研究》,2021年第12期。

儿童写作课:对写作教学规律的探寻

朱萍老师的团队,为我们呈现的"儿童写作课",如同从清晨的原野里采撷的花朵,沾着新鲜的朝露,散发沁人的芬芳,真切、生动,甚至有几分令人陶醉。触及的问题,则又指向写作教学的一般规律。

写作课根本价值何在?或者说,写作课以什么为目的?从我们对写作教学的一般了解看,中小学的写作课陷入技巧教学的泥沼,老师们所讲的一二三四,ABCD,都是作文技法之类,见"文"不见"人",即是见"文",也是所谓的知识、技能的"点",而没有"体"式的整体建构。朱萍老师的团队显然对此有所警醒,他们的写作课努力以培养学生的写作素养为根本价值追求。具体说来,第一,侧重"人"的维度,关注培养具有主体精神的人。袁浩老师对朱萍的写作教学有个画龙点睛的点评:"为了童年"。朱萍是能贴近儿童,为儿童的需要而教,引导儿童的精神成长。打开儿童的心灵世界,这是朱萍习作课用心用力用情之处。随便拎出朱萍几节绘本作文课,看看她自己的命名:"心灵花园在经典中润泽"(《走在路上》教学实录);"穿越时空隧道的童心世界"(《铁丝网上的小花》教学实录);"开启儿童心灵深处的五彩瓶子"(《记忆的瓶子》教学实录)……亦如袁浩先生引述其他专家的赞语所说:"如果我是儿童,我愿意坐在朱老师的课堂上。"引导儿童成为生活的积极参与者,这是培养学生内在积极性的有效途径。朱萍她们分析儿童在参与活动后写作不积极的原因,在于"被"、"被"拉进来,"被"跟着老师计划地走,"被"要求写作。朱萍从儿童主体出发,让儿童从被动参与变成主动开发。比如春游时,让孩子们自己选择、设计、组织,写作成了活动的自然延伸,成了孩子们的一种内在需要,主体性也就能扎根生长。培养儿童的自我意识,促进儿童人格的完整发展。朱萍团队的老师们把自我意识作为儿童个性化写作的精神内核,引导儿童在写作中自我审视,自我调整,自我跃迁。老师们专题研究,让"我"不再隐身,通过强化儿童自我认识,尊重儿童自我体验,促进儿童自我提升等途径,帮助儿童实现自我意识的建构和完善。第二,侧重"文"的维度,完整构建写作力。朱萍富有创意地提出"写作力"的六种能力:观察力,美在准确,美在独特;感受力,美在细致,美在人情;分析力,美在严谨,美在引申;想象力,美在新奇,美在合理;表达力,美在妥贴,美在创造;思想力,美在真诚,美在深刻。这六个方面,提炼出儿童写作的基本要素,也形成了从感性到理性,从言到思,从真到美的完整建构。虽说是"文"的维度,但本质是"人",是写作情境中的"人"。其中最为聚焦的则是"思",可以见出朱萍对写作能力培养最为关注的是会思考、有思想的写作者。我以为这一点是击中要害的,写作本质上不是教学生写已有的东西,而是教他们写思考过的东西。写作的过程就是思维的过程,就是思考力提升的过程。引导儿童"我手写我思",儿童的写作课才有内涵,才有品位。而在这里言思融通,文的表达又自然而然地指向学生主体性的成长。

王栋生老师关于学生作文有一句很有影响的话:"你的大地是生活!"怎么引导学生植根生活大地,"我手写我口","写我心","写我思"呢?这需要老师们有自己的价值立场、深刻理解、独特创造。朱萍团队在这方面做出了卓有成效的努力。朱萍老师赞赏写作成为儿童生活的有机组成。她曾经引史铁生的话作为自己文章的题记:"写作就是为生存找一个至一万个精神上的理由,以使生活不只是一个生物过程,更是一个充实、旺盛、快乐和镇静的精神过程。"大家都知道史铁生是一个特例,但我们也一定能体悟、想见高品质的读写活动成为一种生活方式,无疑可以提升我们的生活品质和生命境界。朱萍显然认同并且践行这样的观念,她认为作为语文教师,应该深入孩子们的生活,走进他们的精神世界,从他们的生活中和他们一起发现一个个童趣盎然的作文话题,采用他们喜欢的多种手段和方法,让他们在写作课上兴致勃勃地用语言文字交流、讨论、争辩,作文就成为心灵小溪自然而然地潺潺流淌。如是,写作不仅是一种能力训练,也是一种生活品质的提升。"问渠哪得清如许,为有源头活水来。"广而言之,写作的源头活水是生活,但学习情境中的生活不完全等同于日常生活。现象学有一句著名的口号:"回到事物本身!"这个"事物本身"指的是应然的,而未必是实然的,所以,优秀的语文老师还有责任引导孩子去建构高质量的语文生活。列举朱萍几则课例可以见出她的有意为之。将网络作文与综合实践活动结合:"介绍家乡的一种产品";借网络平台参与社会生活:"水污染的调查与研究";让习作言说生命的喜悦:"记一件感受深刻的事""北小娃娃说美食"……从这里我们可以看到孩子们走向新的生活、创造新的生活的亮丽身影。当然,朱萍做得更有心得的是创造儿童语文生活。她的绘本导读在业界具有广泛影响,她把绘本作为儿童习作创造力的摆渡船。加拿大学者佩里·诺曼德认为:"一本图画书至少包含着三个故事:一个是文字讲述的故事,一个是图画暗示的故事,还有一个是文字和图画相结合产生的故事。"朱萍在做绘本导读时,特别重视引导儿童与作者对话,创造"第三个故事",这就使绘本阅读这种日常的语文生活有了新的品质。朱萍还创造了一种"儿童故事屋"写作课程。"故事屋"本是指在一个固定的微型剧场中,将故事用剧场演出的方式展现,并配有有趣生动的游戏活动的一种表演形态。朱萍团队将"故事屋"的活动与小学习作教学融合,将"故事屋"的完整活动历程和戏剧策略引入课堂,教师在自然、开放的教室情境中,与儿童进行戏剧互动以推动习作教学进程,并鼓励儿童以随笔创作方式将故事记录下来,以激荡儿童思维创造力。这类创生的语文生活,对于激发学生兴趣、培养学生能力,无疑有很大的积极作用。

观念和生活世界打开后,怎么构建写作课的内容体系?这是教育情境中写作"经验"的应有之义。在这方面,朱萍老师的团队是花了大功夫的。他们在长期实践的基础上,构成了儿童写作课的三大系列。第一,教材规定系列。现在的教材是按照读写融通的原则编写的,每一个单元至少有一个写作任务,相对而言,这个写作任务是刚性的,非完成不可。因为,写是读的延伸,是阅读的某些知识的具体化运用。同时,因为写,学生对阅读的领悟更加深刻,阅读中形成的认知图式更能内化、优化。在这个系列的教学中,朱萍老师的团队都能从读写融通的视角设计,特别注意把单元强调的关键能力加以落实。第二,校本开发系列。在朱萍老师那里,写作是覆盖到儿童所有的语文学习的。他们开发了儿童故事屋课程、儿童诗歌读写课程、新闻评论写作课程、个性化日记课程、田园写作课程、节气文化读写课程、绘本写话课程等等。从课程安排看,儿童的语文学习是丰富的,儿童的语文学习又都是有机融入写作,甚至以写作为主导的。曾有外国老师强调:一周如果没有三次写作,你将一事无成。巴金谈写作能力培养时说:"只有写,才能写。"相比较，一些老师那里只有"大作文"，更有可能，这些老师关于"大作文"的写作课质量也是堪忧的。能够自觉地有创意地开发写作课，在朱萍等老师引导下的儿童，至少写作生活是幸福的，写作能力是可期的。第三个系列，是随文练笔。我曾经看过朱萍老师团队，将所有统编版教材做过一个梳理，哪些地方随文写作可以安排，他们都列出纲目。随文写作，大致有三种情况，一种是课文提供了一种表达图式，让学生通过随文练笔学习运用，事半而功倍。另一种是课文中有留白，"言已尽而意无穷"，让学生用自己的语言充实留白，不仅练了笔，且对作品的意蕴会有更深切的体味。还有一种是教学的一些关节点、高潮处，学生有话要说，一吐为快，老师顺势而为，提供机会，学生可以尽兴，语文训练也因此而加强。随文练笔，还促使所有儿童都参与到学习，这种独立学习又可以提升合作学习的水平。可谓一举多得。朱萍等老师们有意为之，系统落实，是值得充分肯定的。

如何"授之以渔"？这也是写作课绕不开去的问题。反对技法至上和唯技法，不是不要技法。写作课当然要教学生"会写"。朱萍老师团队提供的案例，让我印象较深的，第一，问题意识。老师们紧紧贴着儿童的写作实际，发现写作中存在的基本问题，有针对性地设计教学，让教学的过程成为问题解决的过程，从而引导学生突破写作难点。教会儿童思考，学会运用祖国的语言文字尝试各种问题的解决，让每个孩子过一种有尊严的童年生活。这是朱老师一直追求、执着探索的。她对儿童问题意识的培养，贯穿于儿童习作的全过程。从儿童习作需要出发，在写作前准备活动中启发孩子发现问题、敢于提问，帮助孩子经历真实的思维过程，辨识什么是自己写作学习过程中有价值的问题，学会提出有价值的问题。和孩子一起梳理问题，在习作指导过程中，将他们的问题引向更深处。朱老师重视孩子"发现问题"的仪式感，在班级设立"问题墙"，从儿童最近发展区出发，和孩子一起发现那些可以成为全班共同探究的习作问题，带动孩子们在解决问题的过程中提升习作能力。作文评改课上，朱老师依然会从孩子的实际问题出发，巧妙地引领孩子将自己的问题结构化，即在一个大问题的框架之下，找出其下位的"子问题"。这时候，孩子在朱老师的作文评改课中，往往会体验到发现问题、探索问题的愉悦感、成就感，爱上习作。坚持以提问为策略，让儿童的写作学习向未知敞开，建设儿童习作共同体。第二，提供支架。学生写作中存在问题，怎么解决？教师的有效支持最重要的是提供学习支架，这种支架来自课文，也来自师生们在写作过程中自己创造的成品。总之，在学生爬坡有困难时，为学生"垫了一脚"，这道坎过了,儿童的写作就顺畅了。当然,我们还要考虑:怎样让学生自己找支架?怎样为儿童写作提供个性化的支架?提供支架到撤掉支架,怎样有个整体的考量?朱萍老师在这方面已经开了好头,相信后面会有更有心得的研究。朱老师的儿童写作课支架,努力追求多样化、个性化,最大限度避免儿童习作千篇一律。她非常关注儿童的元认知能力培养。从问题出发的作文课,孩子的思维自然更加主动,朱老师总是能有意识地引领孩子客观自如地评估自己的提问、探索过程,搭建属于自己独有的那一个"写作支架"。当然,一个儿童习作共同体的学习支架也是有着共同特点的。朱老师适时帮助孩子总结、提升,依托教材内在编排规律,让孩子的写作素养实现螺旋式上升。第三,也是我最看重的一点,是他们的儿童写作课授之以渔的,不只是教师,更多的是同伴,或者自己。看看他们的教例,教师大都就是引导者,孩子们自己去整,去悟,去梳理,去归纳,去提炼。在他们的课堂上,写作的知识是生生、师生共同生产的,儿童学习写作的过程,也是经历群体共同生产写作知识的过程,儿童的写作知识是对话而来,是内化而来。这样的授之以渔,不仅是获得方法、技巧,也是经历思想的磨练。

  人常说,生活之树长青,理论总是灰色的。何况我只是谈了一些粗浅的读后感,未必得其真谛。要想登堂入室,获取朱萍等老师们儿童写作课的真经,还是建议同仁们认真品味他们的文章和案例,最好是走进他们原生态的课堂。相信大家在那里,一定会有更大的收获。

  注:此文系作者为朱萍名师工作室研究成果《儿童写作课》(东南大学出版社,2021年版)一书所写的序言,发表于《江苏教育研究》,2022年第6期。

解码"共创"

徐栋老师提出的共创型写作教学,很有新意。

何谓"共创"?

共同生成学习过程。学生的学习过程,是一个生成的过程,会出现许多教师难以预设,甚至预设不出的情况。好的教师都是教学追着学生走,这样的课堂才有主体性的光泽。相对于其他语文学习(如诗歌、散文、说明文的阅读理解),习作学习有一个更显著的特点,就是学生大部分在经历个性化的学习过程。每一个学生的生活经历、语言风格和价值观念都是不同的,这注定了习作过程是不一样的,习作成品也是不一样的。这种课程基因自带生成性,能在集体化教学的制度安排下,让个性化的学习得到较好的体现。当然,这需要教师站在儿童立场,需要教师尽量适应个性化学习带来的种种变化。徐老师的共创型写作教学,师生是共同的主体,教学的过程是师生、生生相互激荡、相互映照的,学习过程也是师生、生生共同参与、共同创造的,教师便能很好地适应学生的个性化学习。

共同创作习作成品。一方面,徐老师的作文课上,学生的习作过程是完整的,从明确任务,到搜集材料,到动笔写作,到修改打磨,到完善"发表",学生在真实的情境下个性化地写作。另一方面,这个写作又包含了"共同创作"的意味。写作的各个环节,都是学生在教师的积极引导下通过有效合作进行的。就以作品"发表"来说,徐老师以办班级《作文周报》的形式,推进学生修改完善:投稿—初选修改—自主修改—最终录用—边录入边修改—发表前的修改—发表后的同伴修改,而这个过程往往是作文课的自然延伸。在作文课上,学习同伴对习作成品、半成品的共赏共评,可以培养学生写作的信心,不断提升学生作文的品质。徐老师指导学生作文既不过分干预,也不放任自流,学生的习作成品都是在充分发挥主观能动性的基础上,和同学、老师共同创作的。

共同生产写作知识。写作是一种能力,往往表现为一种缄默知识,但这种缄默知识在很大程度上与明确知识是相互转化的。徐栋老师很能关注到这一点。比如,学生习作难免有病句,徐老师和学生一起为这些"病"命名:"关联病""'我'想病"等;学生写出好的句子,也一起讨论优点:"新鲜感""节奏感""曲折感"等。命名的过程,其实就是归纳、分析的过程,问题得到凸显,知识得到完善,思维得到提升。学生写出好的"作品",知其所以然,能够形成"带得走"的能力,其实就是一种知识生产,当然也是一种"再生产"。这个"生产"在徐老师这里就是"共创",因为"共创",才能保证有效地生产。好的教学都应该是一种群体合作的知识生产和共享。徐老师和他的学生建构了一个知识学习的族群,在这个群体里,所有人不是旁观者,也不是接受者,而是主体,都在发挥着主观能动性,都能参与对话并共同将对话推向深入。

徐栋老师提出的共创型作文教学,是在充分理解儿童的基础上,以群体知识观为学理基础,尊重儿童语言习得的规律,形成的儿童作文教学的一种"新模式"。尽管这种"模式"尚且稚嫩,但我相信只要经过实践探索,不断地完善丰富,一定会逐渐成熟。

注:本文发表于《教育视界》,2021年第5期。

第四辑
屐痕点点

鲁迅小说的细节

鲁迅先生的小说,在艺术上炉火纯青,堪称绝笔,就是那司空见惯的生活细节,一经鲁迅之手,也不同寻常,耐人玩味。鲁迅小说的细节艺术和他的整个小说艺术一样,奇光熠熠,独具特色,值得我们认真学习,深入探讨。本文仅就此发表一些不成熟的意见,以求就正于大家。

一

细节存在的意义,并不在其本身,而在有助于表达作品的主题。在小说中,倾向寓于形象,人物性格闪耀着主题的光辉,因而,细节必须要刻画人物性格的重要方面,若游离其外,只能是蛇足而已。鲁迅小说细节的艺术特色之一,就在于作者从主题出发,让细节闪出人物性格的火花,使人物形象个性鲜明,成为黑格尔所说的"这一个";而在刻画具体形象时,运墨简洁凝练,又因人而异,变化有致,达到了"风弄林叶,态无一同,月当流波,影有万变"的艺术境界。

1. 集"一鼻一嘴",合成形象整体

鲁迅塑造人物,几乎全无静的整体的描写,他说过:"所写的常是一鼻,一嘴,一毛,但合起来,已几乎是或一形象的全体。"(《准风月谈·后记》)他擅长以一个个精彩的细节刻画,渐次展现人物的各个性格侧面,终而合成一个完整的艺术形象。鲁迅对孔乙己这个典型的塑造,就是用一系列真实的细节描写来完成的。作者首先写"孔乙己是站着喝酒而穿长衫的唯一的人",一下子就亮出他的身份,点出这位迂夫子扭曲了的病态性格特征:经济上穷困潦倒,精神上妄自尊大。接着,作者写他"皱纹间时常夹些伤痕",写出他好吃懒做、时而偷窃的恶劣品行,和经常挨打、深受压迫的悲惨遭遇;作者再写他"对人说话,总是满口之乎者也",答人诘问,什么"君子固穷"等等,又进而表现出此人的昏愦不堪,迂腐可笑。在故事的发展中,作者的笔下出现了"教小伙计识字"和"分茴香豆"两个细节,表现其寒酸可怜且又不无善良之处。最后一次来咸亨酒店吃酒的细节,更分明交代了孔乙己肉体上和精神上都已被彻底摧毁,不久将结束他悲惨的一生。这样,作者顺乎情节波澜的起伏,通过不时的"一鼻,一嘴"的点染,使一个穷愁潦倒、迂腐不堪、不敢正视现实而又并非全无善良之心的清末下层知识分子的形象跃然纸上。在这个人物的悲剧结局中,我们清楚地看到了科举制度毒害人、封建社会"吃人"这一深刻的主题。

2. 从"一目"之间,传出人物精神

鲁迅先生在刻画人物时,极善于捕捉住人物的外貌特征,"以一目尽传精神"。他曾说过:"要极省俭的画出一个人的特点,最好是画他的眼睛。""倘若画了全副的头发,即使画得逼真,也毫无意思。"(《南腔北调集·我怎么做起小说来》)所谓"画眼睛",是指抓住人物外貌特征中最突出的地方,通过省俭、质朴的细节描绘,使之成为区别于他人的独特标志,传达出人物的"精神"来。鲁迅在《祝福》中简洁地描绘了祥林嫂三个不同时期眼神的变化,展示了祥林嫂的生活历程和性格发展的历史。《阿Q正传》中,鲁迅则画出阿Q的"癞疮疤",这个"癞疮疤"不仅长在阿Q头上,而且深入了他的骨髓。从这一阿Q性格的"眼睛"里,我们看到阿Q在封建制度的重压下,不仅在身体外形上,而且在精神上也早已是伤痕累累、疤迹重重了。

3. 就平常之举,体现性格侧面

鲁迅描写人物,真可谓滴水不漏,就是一步一履的平常之举也能化为奇特,在特定场景中特定人物身上侧面体现出人物的性格。《肥皂》开篇首句写的就是这样一个细节:"四铭太太正在斜日光中背着北窗和她八岁的女儿秀儿糊纸锭,忽听得又重又缓的布鞋底声响,知道四铭进来了……"这里,主人公四铭尚未登场,敲响的开场锣鼓是"又重又缓"的脚步声;这个细微的平常的细节在作者的笔下,巧妙地体现出四铭性格的一个侧面:假装正经,巧于伪装。这位道学先生满肚子卑鄙龌龊的东西,口中却是仁义道德,甚至走路也像戏台上的老生,踱起方步,踏出"又重又缓"的脚步声。然而,我们随着他性格发展的脚步看下去,就可以看清其人的真实嘴脸,他越是故意做作,虚伪的本相也越加暴露无遗。在这"又重又缓的布鞋底声响"中,读者无疑会加深对四铭形象的认识。这样的艺术处理,简练而又自然,深刻且又熨帖,随手拈来,恰到妙处,足见鲁迅先生匠艺之高超。

4. 借普通一物,打开人物心扉

有人做过这样的比喻:如果说一幅肖像画中最重要最困难的是人物眼睛的描绘,那么一个人物形象的刻画,最难且又重要的就是人物内心世界的揭示了。确实,言为心声,行动是思想的外在表现,内心奥秘的揭示是很重要的。但心灵深处的奥秘,常常为重重帷幕所遮掩,要通过艺术手段尽情地体现又是困难的。俗话说,难处见高手。鲁迅先生描绘人物形象,从来没有停留在外形的勾勒,他常常借对生活中普通一物的描述,打开人物心扉,挖掘人物内心深处本质的东西。在《肥皂》中,他借四铭眼睛盯着菜心的细节,无情地揭露其精神的卑劣;在《离婚》中,他借七大人赏玩屁塞的细节,充分展示其内心的空虚;在《故乡》中,他则借闰土拣去香炉烛台的细节,沉痛地表现其思想的麻木,让读者通过这一细节,看到闰土的精神和他的肉体一样的枯槁,他那美好的心灵早被封建剥削阶级摧毁了。鲁迅小说中的人物形象总是那么根基稳固,性格活脱,可以说,与鲁迅借一事一物打开人物心扉的独创艺术是分不开的。

二

细节的特点是细腻深刻,细又不细。读鲁迅小说,我们常有这样的感觉:那精心描绘的细节画面,尺幅千里;那点画人物的如金之墨,微中著巨;那环境描写中的一景一物、情节发展中的一波一澜,则多寓有深刻的含意。这就构成了鲁迅小说细节艺术的第二个特色:寓大于小,小中见奇,精义内含,宝光外溢,使作品包含更丰富的社会内容,人物具有更典型的社会意义,主题发挥更深刻的社会作用。

1. 绘生活画面,浓缩广阔的社会背景

鲁迅简直是一位优秀的画家,在他的小说中有不少精致的生活画面,乍一看似为淡淡点染,实是把广阔的社会背景浓缩在生活的一角。不妨取《风波》结尾的那幅农村生活的风俗画来看：

> 现在的七斤，是七斤嫂和村人又都早给他相当的尊敬，相当的待遇了。到夏天，他们仍旧在自家门口的土场上吃饭；大家见了，都笑嘻嘻的招呼。九斤老太早已做过八十大寿，仍然不平而且康健。六斤的双丫角，已经变成一支大辫子了；伊虽然新近裹脚，却还能帮同七斤嫂做事，捧着十八个铜钉的饭碗，在土场上一瘸一拐的往来。

不难看出，这块临河土场，不仅仅是七斤等乡野人物活动的场所，也是当时整个江南农村社会面貌的写照。看，复辟的风波刚刚过去，七斤恢复了原先的地位，"大家见了，都笑嘻嘻的招呼"，这个细节写出了人与人的关系毫无变化；九斤老太"仍然不平"，"十八个铜钉的饭碗"仍不失使用价值，则交代了农村经济依然是每况愈下；六斤的双丫角变成了一支大辫子，且又"新近裹脚"，"在土场上一瘸一拐的往来"，这似乎是发霉的生活里独有的新鲜事，却更为深刻地揭示出当时社会是怎样的死气沉沉，寂寞停滞。在这里，风波可能随时再起。由此观之，辛亥革命的失败是多么的深重啊！

2. 在细微之处，蕴藏深刻的社会意义

鲁迅小说的细节有其容量，更寓深意。由于特殊场合中战斗需要，由于小说本身讳忌和盘托出，一览无遗，鲁迅常把深刻的思想、重大的课题、生活的本质蕴藏于细节之中，让读者自去品尝其中三昧。例如《药》中写小栓吃药："不多工夫，已经全在肚里了，却全忘了什么味；面前只剩下一张空盘。"这个细节似很平常，但体现了作品深刻的主题。华老栓为了治好独子的肺痨，苦心积攒了一包烟熏火燎的洋钱，买来人血馒头这副假药，小栓吃下肚中，不知其味；华老栓寄予偌大希望的这副灵丹妙药毫无作用，换来的将是绝望。透过这个细节，我们看到了小栓治病的悲剧结局，更为分明地看到的则是整个旧民主主义革命的大悲剧。一个革命壮士在反清斗争中洒尽最后一滴鲜血，而他的鲜血却只做了封建迷信的"药料"，小栓吃药后的自我感觉，形象地说明资产阶级革命家用自己的生命和鲜血这副"药"，来医治疗救满目疮痍、正在沉沦中的祖国是毫无效用的。他们的革命严重地脱离民众，人民并不解"什么味"，革命的结局必然是一场历史悲剧，"只剩下一张空盘"罢了。而这，正是辛亥革命的血的教训。

3. 于曲笔之端,透出苦战者渴盼的"亮色"

鲁迅小说的"呐喊",与无产阶级革命队伍前进的步伐合拍,从小说里一些精心描绘的细节中,可以清楚地看到黑暗中苦战者渴盼的"亮色"。他在《〈呐喊〉自序》里说过,为了"听将令","所以我往往不恤用了曲笔,在《药》的瑜儿的坟上凭空添上一个花环","因为那时的主将是不主张消极的"。夏瑜坟上"分明有一圈红白的花,围着那尖圆的坟顶",这个细节既是对夏瑜革命精神的肯定——他的大无畏的精神在浓浓黑暗中闪耀着光辉;更"使作品比较的显出若干亮色"(《南腔北调集·〈自选集〉自序》),让读者看到革命的火种还在,斗争仍在继续——革命的幸存者正在悼念亡友,总结教训,积蓄力量,争取光明的未来。鲁迅写作《药》时,正值五四运动前夕,无疑,这个发出特殊光亮的花环对于激励革命者是有积极作用的。鲁迅小说中这种曲笔描绘的细节,正是读者从作品中"深切地感受着革命的脉搏"(《二心集·上海文艺之一瞥》)的重要原因之一。

三

细节的灵魂在于真实。而细节的真实,又不等于照搬生活,那样,只能陷入左拉式的自然主义的覆辙。细节的真实,必须体现时代生活的真、个性的真、本质的真。作者必须选择体现生活本质的细小现象,撷取时代洪流中的朵朵浪花,绘就社会生活的艺术画面,才能达到生活真实和艺术真实的完美统一。而这正是鲁迅小说细节艺术的第三个特色。

1. 精心提炼,体现时代生活的真

现实生活中发生的事件五光十色,丰富多彩,但生活现象并不都是生活本质的外在表现。鲁迅先生总是深入生活河流的底层,沙里淘金,挖掘时代的本质精神,提炼那些具有本质意义的细节来塑造人物,表现主题。在《风波》中,他让赵七爷盘了又放、放了又盘的辫子,留下了中国近代历史上一场复辟与反复辟斗争的印记;他借九斤老太的反复唠叨,奏出了中国封建社会气息奄奄的挽歌。《阿Q正传》里,他给阿Q戴上一顶破毡帽,使读者看到二十世纪初期江南农村一个"很沾了些游手好闲之徒的狡猾"又"质朴、愚蠢"的农民形象……"作《阿Q正传》时,就曾有小政客和小官僚惶怒,硬说是在讽刺他"(《且介亭杂文末编·〈出关〉的"关"》),这便足可看出作品的细节是何等的真实,而其力量又是何等之大了。

2. 准确运用,体现人物个性的真

要体现时代生活的真实,不仅要选择、提炼好细节,而且要准确地运用细节,使细节个性化,这样,才能从细节中感受到生活的气息。有许多精彩的细节并不直接取自于生活的海洋,但用在特定环境中的特定人物身上,虽不是"曾有的事实",却成了"会有的实情",增强了作品的真实感。《阿Q正传》中写阿Q赢钱遭劫时就写到这样一个细节:

> 但他立刻转败为胜了。他擎起右手,用力的在自己脸上连打了两个嘴巴,热剌剌的有些痛;打完之后,便心平气和起来,似乎打的是自己,被打的是别一个自己,不久也就仿佛是自己打了别个一般,——虽然还有些热剌剌,——心满意足的得胜的躺下了。

这个细节未必是"曾有的事实",但在阿Q身上十分适合,是"会有的实情",这就是因为它符合人物个性的真,是阿Q性格发展的必然。这类细节集中于阿Q一人,便使阿Q形象栩栩如生,成为具有强大生命力的文学典型。可见,体现人物个性的真,使细节与形象"相依为命",紧密结合到不可分割,更能体现时代的真实,反映生活的本质。

3. 适当夸张,体现本质规律的真

在鲁迅小说中,还有一类细节,既非"曾有的事实",也不可能是"会有的实情",作者用它点染人物,似乎不可思议,却有着奇妙的作用,读者但愿其有,不愿其无,宁信其真,不信其假。且看《药》中的一个细节:"一个浑身黑色的人,站在老栓面前,眼光正像两把刀,刺得老栓缩小了一半。"这个细节绝非事实,但它惟妙惟肖地刻画出刽子手康大叔的凶残和贪婪,形象地表现了华老栓懦弱的性格侧面。鲁迅曾说:"漫画要使人一目了然,所以那最普通的方法是'夸张',但又不是胡闹。"(《且介亭杂文二集·漫谈"漫画"》)这类夸张的细节,就其实质来说是真实的,它是本质的真、艺术的真。它的特点在于以真实为基础,对人物或事物的某些特点加以适当的夸张和渲染。康大叔以杀人为业,骄横暴戾,见到来买人血馒头的华老栓,刺出如刀的目光,确是十分逼真;在刽子手如刀的目光直刺下,胆小、老实的华老栓必然会下意识地缩紧身子,这里只不过"缩小了一半"而已。同样重要的,是这类细节重在神似,如鲁迅所说:"纵使写的是妖怪,孙悟空一个筋斗十万八千里,猪八戒高老庄招亲,在人类中也未必没有谁和他们精神上相像。"(《且介亭杂文末编·〈出关〉》)夸张,只是为了突出人物性格的特征,令人"一目了然"。鲁迅恰当运用这种夸张细节,使得人物性格更为鲜明,生活的本质也得到充分的体现。

鲁迅先生说过:"我力避行文的唠叨,只要觉得够将意思传给别人了,就宁可什么陪衬拖带也没有。"(《南腔北调集·我怎么做起小说来》)因此,鲁迅小说的细节更具价值,如同金丝穿起的串串珍珠,光彩闪耀,照亮主题,使整个作品显得凝练、隽永,充分发挥了细节艺术的作用。

总起来看,鲁迅小说的细节,不是可有可无的细微末节,而是不可或缺的精彩之笔,是人物性格的闪光;不是零零碎碎的生活琐事,而是耐人寻味的时代精神的寓蕴,是社会风貌的浓缩;不是机械呆板的生活照相,而是金玉其内的生活本质的艺术再现,是历史规律的反映。这些细节,洋溢着浓郁的生活气息,具有生活的生动性;描景、写人、叙事又都各尽其妙,不可置换,符合细节运用的准确性;赋予独特的人物,又包含了生活本质,寄寓着时代精神,使人物形象成为"熟悉的陌生人",体现了文学艺术的典型性。鲁迅小说的细节艺术,是构成他整个小说艺术的一个重要组成部分,也给我们正确运用细节提供了范例,值得我们认真研究,从中汲取营养,创造出新的艺术境界。

一九八〇年三月廿八日于扬州

注:本文与周恩珍老师合作,发表于《鲁迅研究文丛》第 2 辑,湖南人民出版社,1980 年 11 月出版。

细节艺术

一部文艺作品,如果没有细腻、深刻、含蓄、生动的典型细节描写,就必然缺乏生气,流于平庸空泛。

巴尔扎克在《私人生活场景》的一版后记中曾经说过:"才能最明显的标志,无疑就是想象的能力。但是,现在当一切可能的结局都已准备就绪,一切情节都已经加工过,一切不可能的都已试过,这时,作者坚信,再前一步,唯有细节将组成作品的价值。"古往今来的艺术大师,都十分注意细节艺术的运用,在他们那些脍炙人口的杰作中,一个个艺术细节,如同珍珠成串,光辉熠熠,照亮全篇。透过细节的窗口可以看到千姿万态的艺术世界。

人们常常有这样的感觉,一些作品曲折有致,内容也颇感人,初读之时,爱不释手,但年久日深,脑海之中仅剩下"斑斑点点""几行陈迹",唯有其中的一些典型细节,仍然记忆犹新。有人说,读过《诗经》,印象最深的是《静女》的首章。在这里用了一个极为精彩的细节:"静女其姝,俟我于城隅,爱而不见,搔首踟蹰。"请看,"搔首踟蹰"这个细节,把小伙子等候恋人的焦急心情和惶惑神态刻画得惟妙惟肖,跃然纸上。

别林斯基曾经说过:"在一位具有真正才能的人写来,每一个人物都是典型,每一个典型对于读者都是熟悉的陌生人。"[1]文艺作品中那些成功的艺术典型之所以能够揭示现实关系的某些本质,原因是多方面的,其中直接着墨人物形象的典型细节是不可或缺的。细节用于刻画人物,或点画肖像,或描写动作,或烘托心理,只要运用得当,恰到妙处,对于塑造"熟悉的陌生人"都具有相当的效力。

托尔斯泰描绘卡丘霞·玛丝洛娃的肖像用的就是一组精彩的细节:

> 一个身量不高、胸脯颇为丰满的年轻女人……里面穿着白上衣和白裙子,外边套一件灰色的大衣。那个女人脚上穿着麻布袜子,袜子外面套着囚犯的棉鞋,头上扎着一块白头巾,分明故意让几绺卷曲的黑头发从头巾里滑下来。那个女人整个脸上现出长期幽禁的人们脸上那种特别惨白的颜色,使人联想到地窖里马铃薯的嫩芽。……在那张脸上,特别是由惨白无光的脸色衬托着,她的眼睛显得很黑,很亮,稍稍有点浮肿,可是非常有生气,其中一只眼睛略为带点斜睨的眼神。[2]

这段描写,以形写神,神在形中,形神兼备,惟妙惟肖。身上的衣着告诉人们此时此地卡丘霞的身份,惨白的脸色则使人联想到她实际的职业;故意留在头巾外面的几绺黑发使人看到黑暗腐败、荒淫丑恶的社会生活对她的摧残之大、毒害之深,"很黑,很亮"的眼睛又显示了青年时代的卡丘霞心地善良、具有智慧;特别是那"略为带点斜睨的眼神",既是她外貌上独有的标志,又点出这位受尽凌辱、深受毒害的劳动妇女正在堕落之中的思想特征。在这里,作者没有直说卡丘霞"脸上又带着堕落过的痕迹",然而,作者笔下的细节描绘告诉人们的,是直说明道所远远不及的。

如果说人物的肖像描写主要写人的静态,那么,动作描写则是从动中写人了。动作是人物性格的外在表现。在文艺作品中,一举一动的细节描写对于刻画人物性格都是举足轻重、不可忽视的。梧桐一叶而天下知秋,一招一式尽现人物性格。吴敬梓在《儒林外史》中有一个细节:范进中举,喜极发疯,被胡屠户不得已用一巴掌打醒。回家路上,"范举人先走,屠户和邻居跟在后面。屠户见女婿衣裳后襟滚皱了许多,一路低着头替他扯了几十回"。不日之前,就是这位屠户还对女婿大为不恭,开口就斥,闭口就骂;而此刻却一变常态,"低着头""几十回"地去扯滚皱了的后襟。两相对照,逼真地刻画出胡屠户前倨后恭、见风善变、趋炎附势的市侩嘴脸。

有些作品中的动作细节,是作者顺笔写来,看上去平淡无奇,但凝神思之,就不难看出作者匠心之所在。鲁迅的小说《在酒楼上》有一个仅仅一笔的细节描写:

"我想,这回定是酒客了,因为听得那脚步声比堂倌的要缓得多。"这个细节写了"我"的老朋友吕纬甫缓慢的脚步,似乎平而又平,淡而又淡。其实不然,这一"缓"字若是用来形容另一些人的脚步或许没有什么,但作为一个当初"敏捷精悍"的急进青年吕纬甫,如今早已老气横秋,踱着这缓慢的脚步走上酒楼,却是寓有深意的。这个看似寻常的细节写出了吕纬甫性格发展的急剧变化,他身上曾经闪耀过民主革命的思想火花,但那股锐气早被辛亥革命退潮时依旧黑暗腐败的现实磨掉了。"急进者"成了落伍者,因而他只能迈着这极缓慢的脚步了。

写人心理,有直接的描述,也有侧面的烘托,只要运用得当,都能各尽其妙。

看过影片《林则徐》的同志,很难忘却林则徐花翎摘掉、官职被罢之后那个场景中的一组细节描绘:一柱安息香插在高脚香炉里,轻烟袅袅直上;一卷《离骚经》跌落在方砖地上,微风吹来,不时掀动数页;一碗稀饭、两碟小菜放在桌上,一双乌木筷子搁在碗边。林则徐虎门销烟,威远御寇,保国卫民,建立殊勋,反而被罢掉官职,此时此刻,无限愤慨、无限惆怅塞满胸中。但是编导者没有借助一句旁白来直接道明他的心中所思、所虑、所忧、所恨,而仅是以这一组细节侧面烘托他的复杂心理。此景无声胜有声。人们从那缭缭轻烟中看到林则徐的无限激愤,从那未动的碗筷看到林则徐焦虑万分,从那翻动的《离骚经》看到林则徐忧心如焚,处境艰难。总之,人们看到了这位爱国之士复杂的内心世界。司汤达的《红与黑》里有这么一段情节:德·瑞那夫人在一个教士的欺骗、强迫下,写了给德·拉·木尔先生的信,导致了于连的被逐。于连激愤之下,顿生报复之念,回乡刺杀德·瑞那夫人,使之受伤。事过之后,这一对真诚相恋的情人都在巨大的悔恨中,德·瑞那夫人伤愈之后,赶到狱中探望被判死刑的于连。作者写狱中相会这个场面首先用了这样一个细节:"一点钟以后,他正睡得很熟,他觉得有泪水滴在他的手上,他惊醒了。……他睁开眼睛,那是德·瑞那夫人。"这滴眼泪写出了德·瑞那夫人莫大的懊悔、无限的真情。试想,如果作者对德·瑞那夫人的心理来一大段叙述描绘,就不免拉长文字,而又难以收到较好的艺术效果。

从某种意义上说,情节离不开细节,情节需要细节来组成。艺术细节即使撒之千里,也应连于情节一线,要达到牵一毫而动全身的境地。作家姚雪垠在《〈李自成〉创作余墨》里曾经这样写道:"一部小说由细节构成情节,由情节构成故事整体。整体与情节或小小的细节,都是有机的联系,符合事物的内在逻辑。"这经验之谈是合乎普遍规律的,历来中外作家都十分注意融细节于情节之中,生动地展示人物性格的发展过程。

在文艺作品中,人们经常看到一些人物性格化的动作、某一具有特征性的事物,或者仅是一个小小的道具的反复出现,前呼后应,这就使作品的各个部分显得一脉相承,互有联系,全文整体具有一泻而下之势、一气呵成之感。茹志鹃同志很注意选择这类细节,恰当加以运用,使得她的小说内容丰富,感情浓烈,且又结构谨严。以《百合花》为例,通讯员枪筒里插的树枝和野菊花,通讯员给"我"开饭的两个馒头,新媳妇的枣红底色上面撒满白色百合花的新被子等等细节,都是前有伏笔,后有呼应,安排得不落窠臼而又天衣无缝。尤为精彩的是通讯员衣肩上的破洞,可谓是作者的妙笔之花。这个细节在作品中先后出现四次:第一次是通讯员先前向新媳妇借被子,造成了思想隔阂,现在"他这才绷了脸,垂着眼皮,上去接过被子,慌慌张张地转身就走",一不小心,衣服挂在门钩上,撕开了一个不小的口子,新媳妇要给他缝,他却高低没肯。这是衣肩破洞的第一次出现,是必不可少的起因之笔,也是下面情节发展的伏笔。第二次是通讯员与"我"告别,返回前线,"我"看见"他肩上撕挂下来的布片在风里一飘一飘",后悔没给他缝上。这顺手一笔,承上启下,一举数得,即使这个衣肩破洞紧扣于情节发展的线索之中,又为后来新媳妇缝补破洞再加铺垫;既写出革命队伍内部互相爱护、互相关心的亲密关系,又借"我"的"后悔"暗示新媳妇的"后悔"之意。在新媳妇被动员参加包扎的那个夜晚,这个细节第三次出现了:在病床上,"他安详地合着眼,军装的肩头上露着那个大洞","一片布还挂在那里"。这一细节的再次出现,推动了情节的发展,促成了新媳妇思想性格的急剧变化。接着,这个细节第四次出现了:"她低着头,正一针一针地在缝他衣肩上那个破洞。"当医生断定通讯员已经牺牲了,"新媳妇却像什么也没看见,什么也没听到,依然拿着针,细细地、密密地缝着那个破洞"。这一针一线包含着人民对子弟兵多么深厚的纯洁的真实的阶级感情啊!

常言道:"无巧不成书。"在情节发展中,总有若干"巧合",而精到的"巧合",都是由偶然反映着必然,把必然包含在偶然之中。这样,情节就一波三折,既别致生动,又顺乎情理。文艺作品中的"巧合",常常是一些精彩的细节,影片《生活的颤音》开头的一个"巧遇"——徐珊珊和郑长河撞个满怀,便是这样的细节。这一撞使徐珊珊的生活顿起波澜,急剧变化,此后的一系列故事情节都由这个细节所引起,两人的命运也从此联系在一起。有巧成书,巧中出戏。然而,这种巧合并非"凑"巧,偶然仅是现象,必然才是本质。徐珊珊已在天安门广场悼念周总理的人潮中见过郑长河；郑长河为捍卫总理，在所不惜，"是好人"。而珊珊正为窒息、沉闷痛苦，在找寻斗争的方式和力量。他们心心相通，又非面生，恰逢巧遇，所以徐珊珊才能在郑长河危急之际，挺身而出，见义勇为。试想，不是知心，爱憎各异，偶然的一撞也仅仅是一撞而已，就不会是戏剧性的"巧合"，就不会激起千层波澜。

文艺作品中的这种"巧合"细节，必须合乎人物的性格特征，否则，离开人物，只为情节离奇去寻"奇"凑"巧"，那只会给人一种失真虚假的感觉。《红楼梦》第九十六回"泄机关颦儿迷本性"便有一个两全其美的细节：贾府的当权者们瞒着黛玉，骗住宝玉，玩偷梁换柱之法，联宝玉宝钗之姻。俗话说，没有不透风的墙，这件大事终究要传入黛玉之耳的。但在贾府大观园这样一个深宅大院里如何透露这一信息呢？作者巧妙地借一个带有偶然性的细节表现了这一必然，让不明事理的傻大姐泄露此事，推动了故事情节的发展，引出了黛玉焚稿亡身、宝玉哭灵出走等一重重变故。然而，令人击节叹赏的是，作者笔下的这个细节又是刻画人物的精彩笔墨，它的发生完全合乎人物的个性。正因傻大姐在贾母房中才知道此事，又因其傻才会多嘴被打，也才会不解其情，对黛玉如此直说。傻大姐在这里担任的角色是贾府其他任何一个丫头所无力扮演的。同时，这个细节对黛玉的刻画也极传神，她那孤独之性、孱弱之质、痴心之情都被绘声绘色地表现出来了。

有些构成作品情节发展的细节，往往使人觉得出乎意料，但细细想来又在情理之中。这样的细节，如奇峰突起，清新俊逸。"文似看山不喜平。"情节要有波澜、有起伏，要把现实的矛盾和斗争充分典型化，往往需要有平中见奇、跌宕多姿的艺术细节。

这类细节不同凡响又真实可信，是因为作者已经伏笔在前，早有铺垫，使得这些细节的出现已经成为人物性格发展的必然。影片《祝福》的尾声之前有这样一个细节：在长明灯的微光下，祥林嫂发疯似地扬起厨刀奋力猛砍土地庙的门槛，那"咚咚"的砍门槛声打破了除夕之夜鲁镇"祝福"之后的一片宁静。在这个细节中，人们看到了祥林嫂的性格火花在闪耀，她全部的憎恨、全部的绝望都化入那扬刀猛砍的动作之中。这里，剧情的发展形成高潮，作品的主题奇光闪耀，编导者用这个典型的细节有力地完成了祥林嫂形象塑造的最后一笔。然而，这个细节之有力，并不全在其本身，而在编导者采用了层层铺垫、奇峰突起的艺术手法，三次运用生动的细节为之铺垫，使她的反抗性格愈加鲜明。第一次，写祥林嫂在丈夫死后，不甘虐待，不甘被卖，逃到鲁镇。这个举动在当时的劳动妇女身上并不多见，是需要勇气、需要胆量的。它告诉人们,祥林嫂这个刻苦勤劳、忠厚善良的劳动妇女不是甘心被凌辱、被奴役的奴隶,压迫会导致她的反抗,压迫愈深则反抗愈烈。第二次,写她被卖到深山野坳,不惜一死,拼命反抗,一头撞在桌角上。这个细节写她宁折不弯、宁死不屈,在她的反抗性格上又抹上浓浓的一笔。第三次则是写她"捐门槛"。这个细节一方面反映了她的愚昧和迷信,写出那个腐朽社会对劳动妇女的精神统治、思想毒害;另一方面,这个细节曲折地表现了她的反抗意识。她不肯听从命运的安排,她要靠自己的劳动,靠自己的善良,靠自己的血汗,摆脱不幸的命运,她满怀生的希望挣扎着!这三个典型细节层层铺垫,扬波掀澜,不断把故事情节的发展导向高潮。我们从这些细节中,看到了万恶的旧社会是怎样一步一步地将祥林嫂推向绝境,而祥林嫂又是怎样毫不犹豫地与强大的封建势力、与黑暗的吃人社会进行殊死搏斗。正是这些细节的反复铺垫,使得砍门槛的细节就真实可信、典型深刻了。顺乎前文,到了捐过门槛仍不让她参与祝福之时,在她认识到"连菩萨也不能救我"之后,砍门槛已是势在必然。涓涓细流,终归大海。正是前面的层层铺垫才使砍门槛的细节产生如此强大的艺术力量,最后完成祥林嫂这一典型的塑造。

一些好的细节用于渲染环境气氛,交代人物活动的场景,往往具有独到的艺术效果。

《红楼梦》里关于潇湘馆、蘅芜院、秋爽斋、稻香村等处的外部景色或内部陈设的细节描写,就和黛玉、宝钗、探春、李纨等人的性格志趣密切有关。看到果戈理对泼留希金家中摆设的细节描绘,大可想出泼留希金的性格特征。

鲁迅描叙鲁四老爷的书房用了三个细节:一是"寿"字,二是对联,三是书籍。三个细节都在说明鲁四老爷是以书香门第装潢自家,以知书达礼标榜自己。然而,透过这装潢标榜,人们清楚地看到了他的性格特征,看到了他丑恶的内心世界。看,一个"寿"字,时长日久,仍是分明;一副对联,已脱落一半,只剩一边。这两个细节,一写其"陈",一写其"旧",是写书房,也写书房之主人,鲁四老爷本身正是一个陈旧透顶的角色。那脱落不全的对联,更点出这个书香世家早已破产没落,而鲁四老爷的思想也早是极端没落的了。第三个细节写案头之书,从那"似乎未必完全"的《康熙字典》可见鲁四老爷的虚伪:放着字典,不为实用,只是装潢而已;那《近思录集注》《四书衬》则告诉读者:鲁四老爷是个程朱理学的忠实门徒,是封建旧礼教、旧秩序的卫道士。事实上的鲁四老爷正如他的书房摆设布置一样:

陈旧、虚伪、顽固、狠毒,表面上他是"事理通达、心气和平",骨子里却是顽固守旧、心地毒辣。

细节的特征就是细腻深刻地反映事物的本质。如《风波》中裹了脚的六斤"捧着十八个铜钉的饭碗,在土场上一瘸一拐的往来"那个细节,具有深意。恍惚数年,"十八个铜钉的饭碗"仍不失其使用价值,可见当时江南农村经济每况愈下的现状;曾几何时,天真活泼的六斤裹起了双脚,"一瘸一拐的"走上了封建社会妇女的绝路。由此,人们不难联想到辛亥革命后的中国是怎样一种死气沉沉、停滞不前的景象。

在文艺作品中,还可见到一些生活细节,与人物的刻画、情节的发展并没有密切的关系,却具有重要的存在意义。其原因在于,作者采用这些微小的细节,正是借此将事件发生的时代背景、社会环境具体化、形象化,生动地展现当时的时代画卷、社会风云。影片《林家铺子》中有这么一个画面:一条小船在江南水乡的河面上轻舟荡桨,徐徐前进,渐渐进入乡镇之内。突然,一盆污水从沿河住宅的窗口泼入河面,顿时,宁静气氛全被破坏,污浊搅动了河面,紧接着画面上叠印字——一九三一年。这里,污水泼河这个细节,小中寓大,意味深长。编导者借这个生活细节点明了日本帝国主义的侵略破坏了中国人民的正常生活,在全国各地造成了极为深刻的影响,一切都混乱了。编导没有像另一些影片那样不惜以长长的字幕和画外音来介绍这些,而是用了"污水泼河"这个生活细节,形象、凝练地表现了出来。在一些影片中,有时以新旧不同、内容迥异的细节对比,衬出环境的变迁,点明特定的背景。《霓虹灯下的哨兵》便是以南京路上霓虹灯下出现的《出水芙蓉》和《白毛女》两张广告去存的不同命运,从纵横两个方面,巧妙展现了当时的典型环境,形象地告诉人们故事发生的特定地点——南京路上;特定的时间——刚刚解放;特有的时代特色——革命在发展、在前进。这样写来,简练形象,生动深刻。

还有一些作家巧借细节,虚实结合,虚的实的,纵的横的,融为一体,难解难分。刘心武同志的小说《这里有黄金》就有一个这类的细节。作者借小说中的人物佟岳之口说道:

> 我到长安街上走了走,是漂亮。可是我钻进街上的胡同往里走,心里就难受。为什么三十年了,光是把街面弄得漂亮了一点,稍微向里深

入一点,马上就经不起推敲?这几天下雨,那些胡同里多少房子漏雨,我从破旧的大门望进去,蘑菇似的小房子,自己盖的,高高低低地挤在一起,院子里流着水,小孩子用树棍打水玩……这不该是离长安街几十米应该有的景象……[3]

这个细节是人物的一段对话,但笔意在描述人物活动、生活的环境。它首先是对小说里人物活动的特定场景的描绘,小说里的故事就是在长安街旁一个胡同里的一间小屋中展开的。然而,作者笔下的这幅场景更是对整个社会环境的艺术描绘,一方面很漂亮,另一方面却旧迹未除,叫人难受,"不该"有的存在着,"不该"是的明摆着,三十年了,仍是如此。正是这种社会环境造成了不同类型的人物,作品中直接写到的是三类:佟岳,饱受冤屈,粗犷坚强,满腔情与火,寻求"讲真话",不幸的命运埋没了他心田可贵的黄金;田欢,条件优越,虚浮自大,品质低劣,盗名窃誉,过分"甜欢"的环境使其心灵早已变质;"我",敢讲真话,而又不得不讲假话,结果是真的假的掺和,良心与利益各半。这三类典型,在青年的队伍中不难找到,其性格多少带有点病态,都与社会环境不无关系。环境造人,那不统一、不和谐的带有畸形的环境造出的,正是这样的年轻人。我们应该"立即行动""勇猛精进",哪怕"付出昂贵的代价",去投身四个现代化的伟大建设,去改变我们生活的环境。这,便是作者的弦上之音,笔下之意。

细节的灵魂在其真实。黑格尔说过:"艺术的特性就在于把客观存在(事物)所显现的作为真实的东西来了解和表现。"[4]细节不真实,艺术的这一特征无从体现,作品就会给人虚假失真之感。宋人郭若虚所著的《图画见闻志》里记载着一个有趣的故事,很能说明这个问题:

马正惠尝得斗水牛一轴,云厉归真画,甚爱之。一日,展曝于书室双扉之外,有输租庄宾适立于砌下,凝玩久之,既而窃哂。公于青琐间见之,呼问曰:"吾藏画,农夫安得观而笑之,有说则可,无说则罪之。"庄宾曰:"某非知画者,但识真牛。其斗也,尾夹于髀间,虽壮夫旅力,不可少开。此画牛尾举起,所以笑其失真。"

一尾之误,真迹不真,连"非知画者"——一个普通的农夫,也公然嘲笑。可见,艺术创作是容不得一笔谬误的。

今天在文艺创作中,由于一些作家、编导不够重视,细节不真实的现象仍可见到。有的作者笔下的人物在二十年代学习革命领袖三十年代的著作;有的影片拍的是抗日战争、解放战争之事,出现的服装、道具却颇有"现代化"的色彩。前不久看到一部很不错的中篇小说,里面写一个普通护士对不太熟识的省委书记直呼其名,尽管这样称呼应该予以倡导,但在作品所写的特定环境里令人难以相信,这不能不算是白玉之微瑕,百密之一疏。这些不真实的细节尽管有的尚无关宏旨,但都在不同程度上使人物形象的典型性、故事情节的真实性、作品艺术的感染力蒙受不利影响。

真实的细节,绝不是向壁虚构、凭空杜撰的。要其真实,需要作者到生活的海洋里去提取。马烽同志说过:"能在作品中熟练地巧妙地运用生活细节,要依靠作者日常深入生活进行细致的观察和积累。"[5]巴尔扎克为了仔细观察巴黎郊外工人住宅区的生活细节,常常身着褴褛的衣服,脚穿破旧的皮鞋,混进工人中间去,留心看他们争论各种生意经。福楼拜在《包法利夫人》中写爱玛喝砒霜之前,曾经认真研究过服砒霜而死的人独有的情状,以便写出逼真的细节。曹禺创作《日出》,曾深入实地观察,以获得第一手素材,提取真实的细节。"问渠哪得清如许,为有源头活水来。"正是从生活出发,把真实作为艺术的第一生命,他们的作品才生动、真实、丰富,才产生强大的艺术魅力,才具有不朽的生命力。

真实的细节来源于生活,并不意味着生活中的一切细节都是可取的。我们需要的真实是本质的真实、艺术的真实。我们提倡的细节是典型化的艺术细节。当然,生活中有些细节本身就具有典型性,如《创业》《雷锋》等影片中的细节很多是确有其事的。这些细节反映了我们时代的本质,反映了祖国建设者、保卫者的革命风貌,甚至可以照搬过来。但文艺作品中大量的细节不一定是作家亲眼所见,亲耳所闻,而是作家概括提炼的结果。鲁迅所说的"杂取种种人",指的是对人物形象的概括、加工、典型化,细节的提炼也应如此,要不厌其烦,精心概括。托尔斯泰易稿二十次,才以典型化的细节传神地描绘出卡丘霞·玛丝洛娃的肖像。文坛巨人尚且这样,我们更应加倍努力。

文艺作品中还常有这类细节:孤立看去,不可思议,显然是不真实的,但在作品中点化人物,却起到奇妙的作用。吴敬梓对严监生临死前伸出两个指头的细节描写,现实生活中不仅没有,也是不可能出现的。这个监生在弥留之际,总是不肯断气,只待他的老婆遵其旨意将油灯中的两根灯芯挑去一根才一命呜呼。试想,难道真有这种人一定要了却某种心愿才断气吗?死神是毫不留情的,天下绝无此事。但看了这个"不真实"的细节,无人置疑,皆信之为真。这是因为这个艺术细节符合严监生性格的发展,这正是严监生之为严监生的特征。作者这样刻画人物,不仅不失其真,不损害形象,反而使人物的本质特征更加突出,作品的艺术力量为之加强,读者宁信其真,不信其假。这是这类夸张式的细节独有的妙用。应该说,这类细节是真实的——本质的真实,艺术的真实,是艺术细节中不可缺少的一个部分。

当然,细节在文艺作品中,也并不是妙力无边的。如果一部作品思想性、艺术性都有严重缺陷,再生动的细节也难妙手回春,化朽为奇。即使一部好的作品,如不分主次,不分现象和本质,只是一味进行细节描绘,也只能损害作品的艺术力量。屠格涅夫说过:"充塞着次要的细节的作品,总是沉闷而枯燥的。"只有将那些具有特征性的细节赋予形象,服务于主题的表达,使之成为作品的有机部分,细节才会发挥应有的作用,才会有它的生命力。若是游离于形象、主题之外,那仅仅是蛇足而已。车尔尼雪夫斯基的一句名言是值得我们记取的:"无论一个细节、场面、性格、情节多么奥妙美丽,假若它不是为了最完善地表现作品的主题,它对作品的艺术性就是有害的。"

现实社会的大千世界,千姿百态,绚丽多彩,是我们概括提炼典型细节用之不竭的源泉,名篇佳作中的细节艺术奇光闪耀,各具千秋,为我们掌握运用细节艺术提供了很好的范例。重视细节理论的研究,注意细节艺术的运用,丰富和发展细节艺术,一定会使我们的文艺成品更为丰满,锦上添花。

参考文献

[1] 别林斯基.别林斯基选集[M].满涛,译.上海:上海文艺出版社,1963.

[2] 列夫·托尔斯泰.复活[M].汝龙,译.北京:人民文学出版社,1979.

[3] 刘心武.刘心武小说精选[M].韩华,编.西安:太白文艺出版社,1996.

[4] 黑格尔.美学(第1卷)[M].朱光潜,译.北京:商务印书馆,2017.

[5] 马烽.致初学写作者[M].太原:希望出版社,1986.

注:本文与周恩珍老师合作,发表于《社会科学战线》,1981年第1期。

鲁迅小说的艺术对比

在研究作家作品时,人们常常要对一些艺术手法的规律性进行某种探讨,这显然是十分必要的。但是,如果这种探讨只是停留在现象的罗列上,没有找到这种现象的实质,那当然是不够的。遗憾的是,这类浅尝辄止的做法并非寥寥,关于艺术对比的研究可为一证。比较多见的是关于对比形式的罗列,这固然是必需的,但还需要研究者再深入下去,探个究竟。本文试图在探求鲁迅小说的艺术对比方面做一点初步努力,以就教于方家。

一

对立统一规律是宇宙的根本规律。高尔基在谈到作家观察提炼生活时,奉劝作家们"必须细看、酌量和比较,必须寻找统一,必须寻找对立。一切就在于此"[1]。直面惨淡人生的鲁迅不会不在他的小说里描绘种种对立,刻画世人的真相,于是他选择了与题材相切合的艺术手法,其中包括了对比艺术。他以"对立"写"对立",使他小说在内容与形式诸要素中渗入了对比因素,题材自不必说,主题正是在对比中显现出来的。就结构而言,既有首尾、前后的对照映衬,又有通篇呈现的动静对比,更有小说《药》以明暗两条线索,彼此对照推进。从情节来看,人物命运的变化,性格的变异发展,造成了小说情节的跌宕,而且这种起落都是其内在的必然的动因。而从作品荡漾出的作者情绪看,随着艺术画面的更换迭现,作者的情绪也在不断变化之中。比如《故乡》,作者因人因境而异的感情评判,构成了这部作品浓郁的抒情味。从语言来看,言与意、表与里、冷与热、简与丰种种对立因素和谐地融为一体。从景物描写看,客观景物与人物心境多构成对照映衬,正可谓"一切景语皆情语也"。然而,这种种对比手法更多地体现在人物塑造方面,其形式主要有:

其一,正反对立。

这是水火不相容、冰炭不同炉的鲜明对立,在人物形象之间常常表现为阶级间的冲突与斗争。鲁迅写作小说是抱有毁坏"铁屋子"的希望的,他的单篇大多描绘了阶级间的尖锐对立。如《阿Q正传》写阿Q同赵太爷等封建势力的冲突,《风波》中"乡场上"所呈现的也正是阶级间较量的图画,《离婚》中爱姑同七大人未成交锋地"交锋"了,等等。在这种种阶级冲突中,劳动人民任何合理的哪怕是微乎其微的企求,都遭到彻底的否定。譬如赵太爷一伙就不许阿Q姓赵,不许阿Q恋爱,更不许阿Q革命,这三个"不许"是多么干脆、多么彻底啊!总之,不许他像人一样堂堂正正地活下去,甚至这还不够,直到送他"大团圆"。这种冲突的彻底性,表明了阶级矛盾的深刻性和封建势力的顽固性,而阿Q又令人生"怒",就更显出问题的深重性。

其二,映衬对照。

这实际上是一种人物之间的差异之比,同中见异,切忌雷同,需要相当的艺术功力。金圣叹评《水浒传》时曾极赞"《水浒》所叙,叙一百八人,人有其性情,人有其气质,人有其形状,人有其声口"[2]。虽曰同类,却神形别具,各自入妙。鲁迅小说中也不缺少这种差异之比,例如《伤逝》中涓生与子君这对人物,就是一种映衬式对照。作者让他们彼此在对方那里照见自己,尤其是在他们结合以后,通过一系列细节写两人对同一事件的相反态度,互为映衬,把"彼此区别得更加鲜明"。再如《社戏》里的一群少年,也被区别得形神各备,活灵活现。正如一些同志指出的,在鲁迅小说的形象体系中,还常常出现一些"复式"人物。比如有了钱秀才又有假洋鬼子,有了吴妈又有邹七嫂,有了阿Q又有王胡、小D,这些人物各自对照映衬,又与阿Q构成一定的联系,丰富了作品的容量,突出了问题的深重。从作家的一段话里,我们可以领悟到鲁迅的匠心所在。他说:"他(指小D——引者)叫'小同',大起来,和阿Q一样。"[3]这样的安排与描写,显示了问题的严重性,是十分耐人寻味的。

其三,自身对比。

黑格尔讲,文艺作品中的人物,一个人应该是一个充满生气的世界。高尔基说,人总是形形色色的,没有整个是黑的,也没有整个是白的。在这里,他们都强调塑造人物形象时必须注意性格的复杂性,拿我们现在的话说,就是要力避"扁形"的形象出现,而要刻画出圆形的艺术形象。要达到这一目的,其方法至少有:

多侧面对比。让人物的各个性格侧面形成对照,加强人物性格多面棱角,刻画性格的丰富性,比如阿Q其人就是多种性格因素的奇妙混合。

表里对比。让人物的言与行、所做与所思、现象与本质、外表与内心构成对比,刻画出性格的复杂性。比如《肥皂》《高老夫子》都把人物的表里两面进行对照,用人物的行动洗去他们自己涂在脸上的油彩。《弟兄》中由主人公自己揭露出灵魂与行动的矛盾,使他自己都为之震惊,虽然那种意识的呈现是在梦境之中,但这是他内心世界的真实外现。这些表里对比自然、合理,揭示了人物内心的种种矛盾,加强了作品讽刺的美感效果。

前后对比。让人物的性格在变化中逐渐展示,以刻画人物性格的变异性。在变异中,人物性格可以前后补充,更趋完整;也可以构成对照,标明发展,以展现人物思想感情的复杂性和丰富性。比如涓生、吕纬甫、魏连殳的性格都呈现出前后不同的变异性,鲁迅笔下的其他一些劳动农民的性格也是在不断发展变化的。这种对比展现了性格成长的过程和人物本身的种种矛盾与对立,同时,也表明了人生的路程是何等的艰难!

其四,人境冲突。

狄德罗说:"真正的对比乃是性格和处境间的对比,不同人物的利益间的对比。"[4]深谙此道的鲁迅十分重视在典型环境中塑造性格,让人物在同所处环境的冲突中展现其性格特征。鲁迅意在画出"沉默的国民的魂灵",以引起疗救者的注意,所以,他写的常常是艰难的扭曲了的灵魂,而且大多被浓重的黑暗所吞噬。但是必须注意,即使除了"狂人""疯子",鲁迅也不是特取生活中的懦夫来写的。他笔下的那些"被侮辱、被损害的"灵魂几曾奋斗,几曾挣扎,魏连殳、吕纬甫都有令人振奋的回忆材料,不过他们"真的失败了"。这种人与境的冲突,批判性地显示出他们自身的弱点和社会现实压迫的沉重。祥林嫂曾以私自出逃拒绝再嫁等等反抗,希图稍微调整一下自己的生活命运,爱姑也竟敢说:"七大人怎样?"然而,他们的反抗都很轻易地被击败了。这种人境冲突的处理,无疑使冲突本身及其结局更具有典型意义,人物性格也得到了有力地展现。

当然,鲁迅小说艺术对比所呈现的形态远不止这些,但仅此已使我们认识到,在鲁迅小说中,艺术对比广泛存在,形式多样,从而塑造了一系列内心复杂、丰富的立体、圆整的典型。据此,我们不能不推论出鲁迅对这种艺术手法的运用是完全自觉的。

二

艺术对比是辩证法—矛盾统一法则在文艺作品中的反映和应用,但艺术对比并不简单地等于生活中的对比。恩格斯在批评拉萨尔的剧本《弗兰茨·冯·济金根》在人物描绘上的缺点时,曾向他建议:"如果把各个人物用更加对立的方式彼此区别得更加鲜明些,剧本的思想内容是不会受到损害的。"[5] 如果把这句话借来说明对比手法从生活到艺术的变化,也是恰当的。前一个"更加"是就要求讲,"更加"者,典型化也。艺术对比应当是对生活实际存在的种种对比的典型化。后一个"更加"是就效果言,对比也是一种美,是美的鲜明性,艺术形象应当比生活原型更鲜明。鲁迅像契诃夫一样,强调自己小说中的素材都是记忆中一些难以忘怀的东西,但这并不是说他的小说只是对往昔生活的追摄,他的创作经历了艰苦的典型化的过程,其中包括对典型化的艺术对比的运用,从而增加了形象塑造的鲜明性。鲁迅在这方面的主要做法是:

其一,选准时空的交叉点,两极相对,突出特征。

人物的行动及其相互间的联系形成了一定的事件,这种事件总是发生在某个时空的交叉点上。鲁迅为小说中的事件选择了最佳的时空交叉点,以求恰当地展现事件的发展,充分地揭示事件的本质。而这个交叉点本身,以及于此时此地发生的事件,常常饱含着对抗因素,而且多是两个极端的对照,使事物的本质更为突出。比如祥林嫂的故事,"描写一个旧社会中的女性牺牲者,极其深刻,使知人世的惨事,不惨在狼吃阿毛,而惨在礼教吃祥林嫂"[6]。惨已经够惨的了,可作者偏偏将这个惨剧安置在鲁镇旧历年底祝福的背景里,热闹与寂寞、喜庆与悲惨、祝福与死亡尖锐对比,倍增其惨,大大加强了悲剧气氛。同时,也让人们透过作品中这些感人的描写,认识到笼罩在野蛮腐朽的封建势力下的阴暗冷漠的社会,这种社会正是酿成祥林嫂悲剧的沃土。在《孔乙己》中,作者把孔乙己的性格放在咸亨酒店这个特定的空间来展现。在这里,短衣帮散工以后只是花几文钱买碗酒,在柜台外面站着喝,"只有穿长衫的才踱进店面隔壁的房子里,要酒要菜,慢慢的坐喝"。两种酒客,一"长"一"短",一"里"一"外",一"坐"一"站",是多么分明的阶级对立!孔乙己的命运放在这个特定空间逐次展现,他与这种环境是很不和谐的。在这里,孔乙己自身的对立因素可以找到社会历史原因,他那思想意识与经济地位的深刻矛盾也得到更为突出的表现,而他"大约""的确死了"与他在店时的热闹气氛又互为对照,揭示了社会的冷漠。试想,如果把这些人物活动的时间空间背景作些挪动,那么,生活画面、人物形象必然会减去许多光泽。正是这种巧妙构思的艺术对比,使事物的特征更见突出了。

其二,设置形象体系的焦点,一点多面,互为映衬。

我们这里所说的焦点是取于绘画术语的含义。中国画讲究"外师造化,中得心源",要求"意存笔先,画尽意在",达到以形写神,神形兼备,取景布局视野广阔,不拘泥于焦点透视;而西洋画则强调焦点透视,要求画家的眼睛从画面上选取一个固定的透视角度,以这一"焦点"透视和构思上下、左右、远近的层次和轮廓。但这个"点"不一定画入画面,小说创作的形象体系安排亦然。有了这样的焦点,便显出排列有序、笔墨集中的长处。而且一点多面,让不同的人物在与同一块"钻石"直接或间接的撞击中迸发出性格的火花,又互为映照,使各个形象和整个形象体系都更为鲜明。在小说《药》中,这个焦点就是夏瑜,整个小说的人物关系都是从这个焦点出发来安排的。康大叔"做"药,华老栓买药,小栓吃药,茶客谈药,一切线索都牵挂到未出场的夏瑜那里,构成了一幅有机的人物图画。他们同夏瑜的"冲突"显示出各别的性格,在互相映衬之间又突出各自的个性。小说《风波》里,这个焦点是出了场的七斤,在"乡场上"的冲突中,赵七爷、七斤嫂、八一嫂、九斤老太及未曾发言的村人们,都在矛盾冲突中显现了性格。而且这些性格之间又形成新的碰撞,派生出若干矛盾支线,在这里,性格是各别的,神貌都是各具的。这样能动地安排小说的形象体系,使一点与多面及各面之间都构成对比,人物性格个性化的色彩更浓了。

其三,抓住人物的内在对立因素,加强冲突,凸现性格。

这其实是自身对比的一种,它不同于前例所列的是,这种对比发生在心理空间里,不仅有前后之比,也可能同时开展。鲁迅小说堪称"叙述的诗",于是有人认为鲁迅小说的描写太少了,人物形象不鲜明,这是很不确切的批评。鲁迅不仅仅以少胜多地运用了一些艺术手法（如"画眼睛""白描"等）镂刻人物，而且着意加强人物的内在对立因素的冲突，让人物在感情波澜的起伏中更加充实，愈显突出。鲁迅描写过一些跋涉于"歧路""穷途"上的知识分子形象，其重要手法就是写其心理对立，写其感情冲突。如果认为《在酒楼上》《孤独者》的动人之处，仅仅是写吕纬甫、魏连殳的颓唐、消沉甚至自暴自弃，这就失之于皮相。这些人物的悲剧命运的深刻之处，在于他们认识到颓唐后所云所为的无价值、灰色人生的无意义，他们知其不可为，又不得不为。他们在麻木的生活中时常批判自己，否定自己，但又沿着"歧路"滑将下去。生活在这种精神状态下何其辛酸，何其痛苦。这种内在的冲突，显示了人物性格的社会成因，揪人心肺，触人深思，是很有艺术魅力的。《伤逝》里的涓生，一直处于心灵的搏斗中，倘若他不再清醒，不去追悔，不求"向新的生活跨进"，那么这只是一个平平常常的始乱终弃的故事。但是涓生的心理矛盾是尖锐的，正是这种内心的矛盾的生动展现，突出了涓生性格的复杂性。无疑，这种内心的冲突给人物形象带来的是一种确定性和鲜明性。鲁迅小说的人物形象是鲜明的，而且这种鲜明是与丰满联系在一起的。

由此可见，无论是对人物同"表演舞台"的联系，还是人物之间的种种联系，或者是人物自身诸多性格因素的相互关系的表现，作者都独出机杼，巧妙地运用艺术对比，塑造了活脱鲜明的艺术形象。

三

深度是什么？无疑是指用最简洁的文字去生动地体现思想的广阔性、感情的深厚性、事物的本质性。歌德说过："优秀的作品无论你怎样去探测它，都是探不到底的。"[7]这当然主要是就作品的思想深度而言的，鲁迅的作品当在其列。以他的小说论，其理性的精辟深刻是同时代许多作品无法伦比的。在反映生活的同时，他对生活理解的深刻性、感情批判的准确性都令人十分叹服。然而，他小说的理性的深刻，并不靠理性的思辨去实现。他的小说思想内容的精深是借形象和画面自然而然地显现的，许多艺术手法成了他的表达手段，其中艺术对比的运用也加强了他小说的深刻性，这主要表现在：

其一，以点衬面。

鲁迅的小说尺幅千里，容量极大，他常常将某一事件与更广阔的社会生活形成对比,做到点面结合,在广阔性中去求深刻性。《一件小事》的开端即把"国家大事"与"一件小事"作对比。"国家大事"积六年之久,具有一定的时间长度;从数量上说,"也很不少";从空间广度上看,肯定也包含很广。然而,其影响是"增长了我的坏脾气","在我心里,都不留什么痕迹"。而事情惟有"一件","最""小","却于我有意义,将我从坏脾气里拖开,使我至今忘记不得"。这就形成了一个包含了质的悬念,以"一件小事"印象的深刻强调了它思想意义的深刻。在《幸福的家庭》里,作者也借那个青年的构想过程,大大拓宽了表现空间,对"幸福的家庭"所在地的一次次假设与随之而来的不断否定,意蕴是丰富而又十分明确的,最后那个青年只能假定为 A 地。然而,就在他所处的空间,"一座六株的白菜堆,屹然的向他叠成一个很大的 A 字"。幻想与现实形成反比,并非幸福的家庭又与广阔的丑恶社会形成正比。在表现空间的拓现中,作品的思想添就了深度,也从一个侧面揭示了并非幸福的原因,这就更见深刻。在另外一些小说中,鲁迅还常常用"延伸法"借某人经历拓宽表现空间,或用"顺手一击"的方法增强讽刺力量。这些都把深刻性寓于内容的丰富性之中,使这个"点"更具典型性。

其二,小中见大。

鲁迅小说创作的一个特色是"小题大作",于是就必然地带来了作品的小中见大。鲁迅实现这一艺术目标的重要手段之一,是把事件、人物放在社会矛盾的焦点上去表现。这个焦点集中地体现了阶级、阶层之间的深刻性,而在小说中这样的"大题"却寓于"小事"之中。比如《风波》,一根辫子,可谓小矣,但它的去留却是整个社会注目之所在,一场平常的纠纷与政局的动荡、社会的变动紧紧地联系起来了,事物的本质从一个侧面得到了体现。再如小说《药》,一只普普通通的馒头蘸上革命者的鲜血,恰如点石成金,一下子与时代风云交织在一起。鲁迅小说小中见大的另一手法,就是把人物命运放到社会矛盾的交叉点上去展现,使思想与形象达到更自然更深刻的融合,达到借"小"(一个人物的命运)现"大"(深刻的社会矛盾)的目的。这里我们想到了祥林嫂,许多论者在谈到《祝福》的思想性时,都说到"政权、族权、神权、夫权"如同四根绳索一样捆绑着祥林嫂,如同四条毒蛇吞噬着她的肉体和灵魂,我们仅仅认识到这一步是不够的。《祝福》的思想锋芒主要抨击旧礼教(家族"秩序"也是靠旧礼教来维持的),作者是把祥林嫂的悲剧放在封建礼教不可调和的矛盾交叉点来表现的。封建礼教规定了妇女要"从一而终",如果能恪守这一条,祥林嫂至少可以不要担忧死后到阴间被锯开身子。另一方面,封建礼教又规定妇女要"嫁鸡随鸡,嫁狗随狗",丈夫、公婆的话必须听之勿漏、行之不遗。所以,在祥林嫂的夫家来人寻她时,鲁四老爷说:"既是她的婆婆要她回去,那有什么话可说呢。"在祥林嫂被抢走后,鲁四老爷评判道:"可恶!然而……"这里的两条法规在祥林嫂那儿尖锐对立着,互相矛盾着,恪守其中的任何一条,就必然要触犯另一条,她无论如何也要在外在势力的压迫下违反封建礼教,不是违反第一条,就是违反第二条,最终为那个社会所不容,陷入活又活不了、死又死不成的痛苦境地。作者在矛盾冲突中展现了祥林嫂的命运,也深刻地揭示了封建礼教不可调和的矛盾。这里不可调和的下一步是什么呢?作品实际上已经显示了这个意味深长的问题。这种以小见大的艺术描写,使鲁迅小说达到了相当的思想高度,真是露珠见旭,一叶知秋。这里的"小"与"大"两种相反的因素,在矛盾的对立冲突中达到了统一。

其三,表里对比。

本质是事物的内部联系,是事物本身所固有的,决定事物性质、面貌和发展的根本属性。它不应该是单一的,应该由物质的元素和精神的元素共同构成,它的本身也是对立统一的。本质不是抽象的存在,而是包含于现象之中。罗丹说:"所谓大师,就是这样的人:他们用自己的眼睛去看别人见过的东西,在别人司空见惯的东西上能够发现出美来。"[8]把这句话借用来说明我们论述的问题不会有什么错,艺术大师(他们本身都是思想家)总是能在现象之中发现事物的某些本质,鲁迅堪称这样的大师。鲁迅的目光是深邃的,他把观察的结果融汇于艺术形象身上,在现象与本质的对比中,在本质诸因素的冲突中,突出那些属于本质的东西,使作品具有振聋发聩的作用。在《狂人日记》中,鲁迅就是借助狂人这一艺术形象的目光,把现象与本质进行对比,揭示出封建礼教"吃人"的罪恶本质。同时,这种表里对比必然地揭示了封建礼教的另一个本质特征:虚伪。有同志认为,虚伪是现象,其实这是一种误解。我们平时所说的"虚伪的表面现象",实际上就在一定程度上道出了假象的本质,"吃人"与"虚伪"的对立统一构成了封建礼教的本质。在《伤逝》里,作者通过涓生的追悔,从两个方面进行了对比,于现象中显示出事物的本质。一方面是涓生、子君悲剧的性格原因,在尖锐的对比中揭示出如涓生这样的资产阶级知识分子往往是语言的巨人、行动的矮子。另一方面在悲剧冲突中,揭示了资产阶级个性解放、恋爱自由的理想虚幻、骗人的本质。这种在表里对比中对事物本质的形象揭示,总使我们深深感到鲁迅那支笔力透肝脾,入骨三分。

他道人之未敢道,道人之所未道。譬如在谈到《狂人日记》的成因时,他说:"前曾言中国根柢全在道教,此说近颇广行。以此读史,有多种问题可以迎刃而解。以后偶阅《通鉴》,乃悟中国人尚是食人民族,因成此篇。此种发现,关系亦甚大,而知者尚寥寥也。"[9]这使鲁迅小说具有独特的思想价值。

综上可见,鲁迅小说的主题表达有广阔性(拓宽生活画面)、准确性(抓住了矛盾焦点)、深刻性(体现了事物本质)等特点,艺术对比的运用对这些特点的形成具有积极作用。而广阔性、准确性本身也包含或体现了深刻性。鲁迅小说是有相当的思想深度的,它永远吸引我们去"探测",哪怕从一个艺术手法运用的角度取大海之一勺,它也会使我们享受到"发现"的喜悦。

四

鲁迅的小说有一种独特的艺术美,这就是崇高的悲剧美同庄谐的喜剧美的和谐统一。美学范畴的悲喜剧,总是同美与丑、善与恶、新与旧联系在一起的。它们的目的都是对美的肯定,只是悲剧以引人生"悲"的方式,激发人们对美的肯定,喜剧以逗人发"笑"的方式,激发人们对丑的否定,从而达到对美的肯定。这二者是对立的,又是统一的。鲁迅在小说创作中,善于从总体上把握艺术对比,将悲剧与喜剧置于一台,熔于一炉,在对比中求其统一。他一方面将人生有价值的东西毁灭给人看;另一方面将人生无价值的东西撕破给人看,使他的小说无论在整体上,还是在一些单篇中,都不仅具有悲剧的特征,而且也具有喜剧的特征,这就构成了鲁迅小说风格的一个极为鲜明的艺术特色。

有人认为,鲁迅小说悲喜剧的统一,是悲剧内容与喜剧形式的统一。此说似乎欠妥。确实,鲁迅小说有喜剧形式,《阿Q正传》是他应约为"开心话"专栏而著,初时也许想写成一幕喜剧,"但是,似乎渐渐认真起来了;伏园也觉得不很'开心',所以从第二章起,便移在《新文艺》栏里。"何况,关于阿Q的悲剧结局"大团圆""至于初写时可曾料到,那倒确乎也是一个疑问。我仿佛记得:没有料到"[10]。鲁迅不是以悲剧内容和喜剧形式的分工来达到二者的统一的。鲁迅悲喜剧的对立统一渗透在内容之中,当然也体现在一些形式因素上。鲁迅小说在这方面的特点是:

其一,悲剧的命运与喜剧的性格因素在对立中达到统一。

这是鲁迅对悲喜剧结合的独创,他使这两个对立因素互渗交融,难分难割。这里首先提到的当是阿Q。阿Q无疑是一个悲剧形象,但在他的身上又有众多的喜剧因素,尤其是他的"精神胜利法",与他的悲剧命运形成尖锐的对立,构成内在的自我冲突,使阿Q成为"奇妙的混合",至今还是"说不尽"。但是无论如何,喜剧因素渗入并与悲剧因素对立统一,总是添就了阿Q形象的典型意义,增加了作品的批判容量,特别是加强了对封建统治阶级精神毒害的控诉。在这里,我们还想到孔乙己,那是一个多么可怜而又可笑的艺术形象,他和阿Q有相同点,那就是他们总要随着笑声出场。他们正是在众人的哄笑声中,在喜剧因素的不断显现中,走完了人生的悲凉之路。他们身上悲喜剧因素十分明显地对立着,而喜剧因素更显出作品悲剧的主导面,也加强了对他们性格形成的环境的批判力量。

其二,悲剧题材与喜剧题材在演进中互为映照。

鲁迅小说的悲剧包含有喜剧题材,喜剧也包含进悲剧题材,二者有时是彼此交融的。比如《幸福的家庭》悲喜对照,共同演进;《风波》中的那场"风波"纯是悲喜剧的有机融合。有的则是交错演进,在情节的伸展中构成各种对照映衬。比如《祝福》中对鲁四老爷的描述,几乎全是喜剧题材和喜剧笔法。再如写《肥皂》这幕喜剧,剥去了四铭假道学的外衣,使"麒麟皮下露出马脚来",但其中写到的讨饭女子直接间接地受到侮辱,则是悲剧题材的范畴。在这里,悲喜剧因素的对照加强了作品喜剧的主导面,讽刺和批判的力量显得更强。这样的交融与交错都使鲁迅小说具有了"戚而能谐,婉而能讽"的艺术特色。

其三,以喜乐的气氛写悲哀的故事。

鲁迅的《呐喊》《彷徨》中悲剧多于喜剧,其中直接写人物死去的就有八篇,于是就必然要出现悲哀的描写。古人云:"以乐景写哀,以哀景写乐,一倍增其哀乐。"[11]《红楼梦》中的黛玉之死,"以乐景写哀",一直为人们所称道。鲁迅小说也长于此法,写悲哀时则气氛多为乐景,构成了喜乐与悲哀、热闹与死寂的鲜明对比,突出了悲剧这一主导面,祥林嫂之死就是极为精彩的一例。在另一些篇章中,写人物心境的悲哀、性格的悲哀也用此法。比如孔乙己被打折了腿,悲且惨矣,但作品中当他出现时却形成一个乐景,甚至闹景。"孤独者"魏连殳明白自己在社会环境的压与捧中,"我已经真的失败,——然而我胜利了"。他的处境是热闹的,然而心境则是悲凉的。愈是快乐,愈是热闹,则愈加衬出他心境的凄苦悲哀。

悲剧和喜剧这两个对立的审美范畴,在现实生活中本来就不是彼此隔绝的。

文学作品中悲喜剧对立因素的融合,能够反映出生活现象的多样化和相互制约性,能够多层次地揭示时代和社会生活的本质与特征。鲁迅在这方面显示了卓越的艺术才能,是值得我们师法的。

五

现在我们可以看到,鲁迅小说的艺术对比广泛存在,并且呈现出丰富的形态。鲁迅对艺术对比的运用是自觉的、成功的,甚至是具有创造性的,这当然有其生活的、思想的、艺术的深刻原因。鲁迅深刻的切身体会、严谨的创作态度、超群的观察能力、卓绝的艺术才能熔铸成鲁迅小说多方面的成就,其中也自然包括艺术对比的成就。

鲁迅在《呐喊·自序》中说:"有谁从小康人家而坠入困顿的么,我以为在这途路中,大概可以看见世人的真面目。"[12]在时代的潮流面前,"到中流击水",鲁迅在现实社会矛盾冲突的漩涡中搏击了一生。另一方面,他思想深处又不断进行自我批判,以求"时时更新",终于成为伟大的战士。他对生活的观察洞若观火,他的许多论述都充满着辩证思想,精思卓识,有的简直可以引为艺术对比的精辟理论。他又忠实于生活,主张"只要写出实情,即于中国有益,是非曲直,昭然具在,揭其障蔽,便是公道耳"[13]。他的小说题材便是记忆中"不能全忘却"的一部分,他的丰富的生活经历和惊人的观察力使得他有的写,严肃的创作态度使得他敢于写,卓越的艺术才能又使他能够写。于是,他借艺术对比手法更为形象、更加深刻地反映了社会生活,画出了国民的魂灵,体现了生活的本质,而对比作为一种艺术手法,经鲁迅所用也得到充实,添其分量。

现在,把话题拉回到开头,从对比手法本身我们就此看到了什么?我们以为,鲁迅小说对艺术对比的运用至少使我们认识到:对比是对立统一规律在艺术作品中的反映和运用;它从生活到艺术的过程也应当是典型化的过程;它所呈现的形态在不同作家的不同作品里应该是多种多样的;它将添就艺术形象的鲜明性,增其主题思想的深刻性;某些作家对它自觉的、成功的、创造性的运用,当使它成为铸成这一作家艺术风格的积极因素(其他艺术手法亦然),不过,我们还可以也应该从作家那里探究生活的、思想的、艺术的本质。当然,笔者在本文所做的努力也许只能表明我们良好的意愿,但是无论如何,对艺术手法的研究只罗列现象是不能令人满意的,是需要予以突破的。

参考文献

[1] 高尔基. 文学论文选[M]. 孟昌,曹葆华,译. 北京:人民文学出版社,1958.

[2] 金圣叹. 金圣叹全集[M]. 南京:江苏古籍出版社,1985.

[3] 鲁迅. 且介亭杂文[M]. 北京:人民文学出版社,2006.

[4] 德尼·狄德罗. 狄德罗美学论文选[M]. 张冠尧,等译. 北京:人民文学出版社,1984.

[5] 马克思,恩格斯. 马克思恩格斯选集:第4卷[M]. 中共中央马克思恩格斯列宁斯大林著作编译局,译. 北京:人民出版社,1972.

[6] 许寿裳. 我所认识的鲁迅[M]. 北京:人民文学出版社,1978.

[7] 歌德. 歌德文艺语录[J]. 程代熙,译. 文艺理论研究,1980(1).

[8] 罗丹. 罗丹艺术论[M]. 傅雷,译. 北京:中国社会科学出版社,2001.

[9][13] 鲁迅. 鲁迅选集:第4卷[M]. 北京:人民文学出版社,1995.

[10] 鲁迅. 华盖集续编[M]. 北京:人民文学出版社,1973.

[11] 王夫之. 姜斋诗话笺注[M]. 上海:上海古籍出版社,2012.

[12] 鲁迅. 呐喊[M]. 北京:人民文学出版社,1995.

注:本文与周恩珍老师合作,发表于《鲁迅研究》第13辑,中国社会科学出版社,1988年6月出版。

论《许茂和他的女儿们》的人物塑造

一

荣获首届茅盾文学奖的长篇小说《许茂和他的女儿们》中,有这样一个场景:冬晨,一片迷雾茫茫,葫芦坝油菜地里劳作的妇女们议论到许家姐妹,发出这样的感叹:"她们许家那么多姐儿妹子,哪一个和哪一个相同?不都各人有各人的性情,你算一算看……"真的,一个妈生的,性情儿却迥然有别,各具神采。三姐秋云能说会道,直来直去,好管闲事,人称"三辣子"。四姐秀云"像平静的大海,什么都容得下,爱和恨,悲哀和希望,什么都深深地藏在心底,表面看去,不起波澜"。七姐许贞心地简单,而又沾染了几分俗气。幺妹子许琴天真幼稚,但投向人生的目光里有她自己的思考。如此众多的姐妹,"没有一个像她们爹"。真是"各人有各人的性情",可以说各自入妙,无一雷同,她们都以独特的姿态"对立"着、"统一"着,各显其特有的艺术活力。

许秀云对郑百如的抗争是一场人物命运的生死搏斗。这是一种美与丑、善与恶、真与伪、生与死的对立,是阶级的本质的对立。正是这种对立,使人物的崇高与卑下、正直与阴险、纯洁与肮脏都愈见分明,历历在目。

许秋云和罗祖华"是一对性情全然不同的夫妻,组成了一个和睦美满的家庭"。他们处事、待人全然不同,比如,两人对四姑娘都很怜爱,但当他们信谣言为真情时,表现则大不相同:一怜一恨,一软一硬,面对四姑娘的哭诉和申辩,罗祖华洒下了同情的热泪,许秋云则报之以愤激的冷语。这一冷一热,正体现了两人迥异的性情,使这对勤快、忠厚的和睦夫妻成了别一种性质的"对立"。

《许茂和他的女儿们》(以下简称《许茂》)的人物对立,除上述性质不一的正反对,还有更多的映衬对。同类人物之间也存在着某种差异,而这些差异使人物互为映衬,显示出各自的独特个性。金东水和龙庆就是这样的对子。他们都看到泥沙俱下的混浊,看到漩涡翻卷的无情,但金东水同时还看到生活长河中潜在的流向,坚信生活的浪花终会奏出欢快的曲调。而这,正是龙庆眼下还难以察觉的。三姑娘和七姑娘出语都快,但同中有异,不可混淆。三姑娘是心眼儿"浅",藏不住,真是快人快语;七姑娘则是目光儿"浅",好表露,可谓俗人俗语。正是这种种区别,使性格相近的人物也成为艺术上不可代替的"这一个"。

《许茂》的人物对立多种多样。它还包括:"对立"的交叉存在,由一群人物共同组成一个对立统一体;同一类型的对立又不尽相同,各有特色;在同一人物身上存在对立因素,呈现出性格的复杂性;等等。罗丹说过:"只有'性格'的力量才能造成艺术的美。"[1]"许茂和他的女儿们"走遍大城小乡,赢得千万"知音",首先就在于作品中人物"性格的力量"。而运用对比的艺术手法,塑造彼此对立的性格,则是《许茂》作者艺术探索的可喜收获。

高晓声说过:"生活不但给作者提供创作的素材和见解,而且还常常帮助作者解决写作的技巧。因为生活也在技巧地走它自己的路。"[2]我们以为,这段"夫子自道"对于周克芹同志同样合适。对比艺术的成功运用表现了他对前人创作经验的借鉴,也体现了他对生活的严肃思考。

高尔基曾奉劝作家们"必须细看、酌量和比较,必须寻找统一,必须寻找对立"[3]。对立,是生活中普遍存在的现象。宇宙间矛盾无时无地不在。俗话说:"不见平地,难显高山。"自然界的万事万物都是以一定对立统一的形式存在的。人类生活中对立的表现更为纷纭复杂,比如形神、美丑、长幼、尊卑,阶级的、思想的、感情的、道德的,等等。有的是水火不容,有的只有少许差异。现实主义文学要反映"人本来的样子"[4],就必须通过典型化的方法,艺术地再现生活中的种种对立和统一。而人是社会活动的主体,人物性格则是"思想艺术表现的真正中心"[5]。塑造彼此对立的性格,表现性格间的种种差异,是理当必然的。恩格斯谈到人物刻画时曾提示我们:"把各个人物用更加对立的方式,彼此区别得更加鲜明些。"[6]这是极有见地的。周克芹认为生活孕育了他的创作,生活之路就是他的创作之路。[7]在《许茂》的创作过程中,他严格坚持现实主义的原则,从生活中撷取丰富的素材,提炼深邃的思想,也比较顺手地解决了一些表现技巧问题,其中包括对比艺术的运用。如前所述,作者成功地塑造了一组组彼此对立的性格,为五彩缤纷的社会主义文艺画廊增添了新的艺术形象。那么,作家究竟运用了哪些"对立的方式",又是怎样写出这些对立的性格呢?

二

鲁迅先生说:"优良的人物,有时候是要靠别种人来比较衬托的,例如上等与下等,好与坏,雅与俗,小器与大度之类。没有别人,即无以显出这一面之优,所谓'相反而实相成'者,就是这。"[8]"靠别种人来比较衬托",就是说要写好"这一个",必须设置恰当的对立面——"别种人",而且要写好"这一个"与"别种人"之间的联系,在人物独特关系的相互比较中,在人物性格的不断撞击中,现出人物性格的底蕴。周克芹在构思《许茂》的形象体系时,十分注意"这一个"与"别种人"的关系。他自觉地设置了一组组对立性格,并通过人物间关系的建立,使人物彼此紧密地联系起来,自然而然地发生摩擦、撞碰,"显出这一面之优",表现出鲜明的个性特征。

许四姐是作者倾注极大热情和心血的一个艺术形象。作者忠实地依据人物性格发展的必然趋势,为她设置了人生道路上一个个"别种人",让她搏击于矛盾冲突的激流漩涡,显现其性格的全部底蕴。这位柔而不弱、刚而不暴的农村少妇,显得贤良敦厚,含蕴深沉,几曾夹在"仇人的拳头和亲人的冷眼"之中。郑百如出于不可告人的目的,死皮赖脸地要求破镜重圆,"热"得叫人感动;而三姐对他是斩钉截铁的冷,是寒心彻骨的冷!相反,她献给金大哥的是炽热的纯洁的爱,而得到的却是冷,是揪人心肝的冷!但她仍憎其所憎,爱其所爱,执着地追求她希望得到也应该得到的幸福。这里,许四姐与"别种人"的比较衬托,"显出"的是多么洁净美好的心灵!她似一株深谷中的幽兰,但又有松柏一般的气质。"郑百如的魔掌像黑影遮住了葫芦坝的天空",遮住了许四姐的真正身姿,亲人们"都把她当成一个坏女人,全都用冷漠和敌视的眼睛瞅着她",然而她捧出的仍是一颗真诚、宽厚的心。在告别许家院落时,她的视线触及为老父缝制的皮袄,便又坐下,面对孤灯,迅速地缝着,直到最后一针。这针针线线,缝不尽女儿对老父的一片真情。这一场面,足有催人泪下、动人心弦的力量,显出她的心境不仅像大海一样深沉,而且像大海一样阔大,使她的形象焕发出更加动人的光彩。

在人物描写中,抓住"这一个"与"别种人"不同的矛盾触发点,有助于从人物性格的不同侧面立体地雕塑这一艺术形象。同时,也有助于"别种人"的形象刻画。有时,从另一角度看,"这一个"也充当着"别种人"的作用。在很多场合,"这一个"与"别种人"是相对而言,因境因事而定的。吴昌全是葫芦坝一块烁烁闪光的"真金",人们对他的认识却各不相同,有的甚至截然相反。九妹私心眷恋吴昌全,因为在她看来,那是个从不显山露水的青年实干家。许四姐发现九妹恋爱了,听说男的是吴昌全,她放心了。同样是"这一个",齐明江认为他性格古怪,思想落后,是一个"难以理解的怪人";许茂则断定他是个"傻瓜"。然而,七姑娘眼里的"吴昌全'外表是凄惶的',但又是那样的正气堂堂"。可以说,这些人物都是"这一个"吴昌全的不同对立面——"别种人";也可以说,吴昌全对于他们也起着"别种人"的作用;还可以说,这群"别种人"中间也有着间接的"这一个"与"别种人"的对立依存的关系。从这些彼此对立的认识中,吴昌全显出真金面目,"别种人"也显出各自的性格特征。歌德曾说:"在世界上,人们总是按照各人对自己的估价来认识人。"[9]正是对立的性格决定了对立的认识;也正是对立的认识,有助于我们加深对对立性格的理解。而这些对立,又是在不同形式的"这一个"与"别种人"的独特关系的比较中显现出来的。

要实现人物之间的比较衬托,最为有效的办法是把人物融入事件中去,使人物性格的发展同故事情节的展开融为一体,汇成一流。而且使某几个人物处于同样的情境之中,让他们无可例外地一一表态,互为映衬。这样就会"彼此区别得更加鲜明些"。这里截取《许茂》的一个场面:

> 晚上,几个姐妹先后来到许茂的卧室里,围坐在老汉床前,气氛不免有些紧张,看着老汉瘦骨嶙峋的面孔,大家都忧心忡忡的。
>
> 许茂耸起高高的眉棱骨,说道:"都这么看着我干啥?怕我活不长了,是不是?咳……胡说!我还不得死!"

三姑娘笑道:"看你说些啥子嘛!我们才不那样想呢。你老人家多活些年辰,看看好世道吧!葫芦颈要挖河啦,这可是给子孙后代做的好事啊!你还没有听说吧?"

许琴忙告诉大家:"爹听说过了,颜组长为这个事,还专门征求过爹的意见呢!颜组长说,等爹的病好了,大队专业队要请爹去当参谋。"

七姑娘唑唑笑道:"呵哟!爹要升官啦!"

四姑娘轻轻拉了拉老七的袖子,暗示她别在老汉面前这样乱说话。

许茂老汉叫来四个女儿,众姐妹不知就里,心生疑团,各人应付这种场合的方式是各显异趣的。许茂开了话头,三姑娘先开口,因为她一向心直口快,在座的姐妹中又数她年长,她先说是必定的,而且是"笑着说"——她想打破这紧张的气氛哩!许琴是幺姑娘,生活在许茂身边,在老汉心中占据特殊位置,她接过三姐话茬,一方面是站在爹的角度,告诉大家:"我知道啦!"一方面又带出自己的疑问:他现在要干什么呢?总之,她的话说得非常得体。七姑娘到底"浅"一些,她唑唑一笑,不无几分娇态;"爹要升官啦",又不脱些许俗气。四姑娘不吭声,只是轻轻拉拉老七的袖子,暗示妹妹别在老人面前乱说,特别是暗示她别在这种气氛下说这样不得体的话。相比之下,四姑娘毕竟"深沉"些。她没有说话,然而,此时无声胜有声,对于刻画人物个性,这一笔声如裂帛,是很有艺术效果的。这个场面中,人物之间可说是互为"这一个"与"别种人"。"这一个"的特殊性在与其他人物特殊性的对立、比较中,鲜明活脱地"显出"来了。

三

"生活就像天上变幻着的云彩,永远不会是一个样儿。人,也不会永远是一种情态。"捕捉人物因时因地因人因事而异的情态,描写人物本身不同性格侧面的对立,以人物性格的丰富性显示其独特性,使人物更多地从"神"上区别开来,是《许茂》塑造人物的另一种"对立方式"。《许茂》究竟怎样写出人物性格本身的对立呢?

纵的对比。着眼于人物性格的发展变化,从"变"中写人,写人在生活长河中的不同"情态",区别人物不同时期的性格特征,且又紧紧把握住"这一个",让人物的个性在前后不同"情态"的对立中鲜明地凸现出来。作品中许茂老汉起初的形象是"高个子,宽肩膀,面目严厉",独断专行,自私自利,简直"不可理解"。连云场上,他昧着良心,乘人之危,转手倒卖,从中渔利。工作组住进他家,连灯油的耗损都算进他的小九九。对于落难的女儿女婿,他不肯施舍一点长辈的仁慈。然而,"这能全怪他自己吗?"这个合作化时期的作业组长,领过奖状的积极分子,曾经走在别人的前头,他的自私"全是生活教给他的",因为"不识字的思想家许茂的学问全部是从他对于社会问题的思考和比较中得来的"。同样,生活又教给他新的准则,在故事的尾声,许茂身上终于出现别一种"情态"。他透过生活的雾霭,真正认识了金东水、郑百如和自己的女儿们,也认清了他自己。在生活的路上,他几经徘徊、思考和比较,终于作出石破惊天的决定:把金东水和两个外孙接到自己的家中来。他走过一条"之"字形的路,冲破葫芦坝上的迷雾,又在前进了。然而,难能可贵的是,许茂性格的发展变化不是无从捉摸的,在他性格本身的对立中,"有一种一贯忠实于它自己的情致所呈现的力量和坚定性"[10]。这就是他的"现实主义",他向来都以自己的神圣利益为中心,去判断事物的真与假、善与恶、美与丑。从许茂性格的发展变化中,我们可以发现这一性格的奥秘,认识这一性格的历史意义和现实价值。

  多侧面对比。立足于这样的艺术要求:"每个人都是一个整体,本身就是一个世界,每个人都是一个完满的有生气的人,而不是某种孤立的性格特征的寓言式的抽象品。"[11]从人物性格的不同侧面、不同层次精镂细刻,表现人物性格的丰富性、复杂性,给艺术形象以真实感、立体感。在那细雨蒙蒙的薄暮时分,许四姐得知郑百如制造谣言中伤她,并借此迫害金大哥,于是她毅然决然地敲开乡邻的大门,控诉郑百如的罪恶,然而,她的出格行动不为人所理解。这是因为葫芦坝的乡亲们一听到"郑百如"就吓破了胆,生怕招惹是非;而更重要的还在于她平日太温柔了,不曾高声大气地说过一句话,"今晚上这种举动,太突然了"。许四姐以这种方式进行的斗争失败了,但作者抓住人物的不同"情态",以这种"对立的方式"刻画人物性格却获得了成功。这里包含着许四姐性格不同侧面的对立,既有柔顺的温和的一面,又有刚强的敢于斗争的一面,她的性格是一个丰富多样的多面立体。这就使许四姐活了起来,跃然纸上,呼之即出。在小说的人物塑造中,许家七姐着墨不多,但算得上一个完满的有生气的人。轻浮、世故、单纯、幼稚等集于一身,就连她对爱情的追求也是曲折多变的,是"这一个"的。三姐秋云则是优点缺点融合在了一起,假若取消她一点就爆、尚欠思考的缺点,她那心直口快、嫉恶如仇的优点就难以附存了。在小说主要人物中,我们不无遗憾地感觉到,金东水和许琴的形象塑造缺少立体感。也许原因之一就在于人物性格稍嫌单调,性格的多侧面、多层次的展现、对比是不充分的,且又失之于过多的叙述式的交待,因而人物形象不那么血肉丰满。这是一个本来可以弥补的缺陷。

表里对比。将现象与本质、公开的"情态"与秘密的"情态"进行对比,揭示人物的内心世界,表现本质——"基本的突出的性格特征"[12]。对反面人物郑百如的描写,作者没有采取脸谱化的手法,他在桥栏边第一次登台亮相,给人以精明、干练、诚实的印象;但作者让其心灵的窗户透露出"游移不定的眼神"。这里的肖像描写,可以称为暗示性的表里对比。就整个外貌言,他并不给人坏感,但其灵魂深处是找不到一块干净地方的。他当面是人,背后是鬼,阳一套,阴一套,表面上他比谁都"革命",骨子里却无恶不作。他追求"复婚",似乎真心悔恨,实质上是为了保护自己。总之,在他身上,人所见到的与人所难见的是截然不同的。在这种种不一、内外矛盾中,我们不难认识到,这条吃人的蛇不仅有毒,而且是惯于伪装的。《许茂》中的表里对比手法,并不仅仅用于反面人物,金东水对许秀云的态度也可以说是表里不一的,齐明江对爱情的处理则表现为另一种表里不一。这些表与里的对比,反映了生活的复杂性和人物性格的多样性。由表及里,我们可以窥探到特定情境下特定人物的心灵深处。而表里不一,"表"无疑可以引导我们认识"里","里"又可以使我们更好地认清"表",这样表里结合,统一到某一人物身上,则让我们全面认识了人物"基本的突出的性格特征"。

四

马克思说:"人的本质并不是单个人所固有的抽象物。在其现实性上,它是一切社会关系的总和。"[13]文艺作品写人,离不开对人物关系的描写,正是以人物关系为基础的社会关系总和,构成了作品中人物所处的典型环境。《许茂》刻画人物的种种对立,就是生动地描写了真实的现实关系,以及人与环境的对立,力求"真实地再现典型环境中的典型人物"[14]。

《许茂》的故事主要是在葫芦坝发生的,但它有着深刻的背景。这里,对立性格的碰撞是情势使然,而不是凑合做作的。作者借交代人物彼此对立的生活道路,从较大的面上描绘了人们往昔的生活图景,展现了这些生活图景的动荡变化,使几经曲折的历史进程与人物所处的独特境遇相融汇,构成人物性格形成的历史背景。但作者着重揭示的还是人物性格发展的现实原因,生动深刻地描绘着现实的政治风云的变幻及其对人物关系的影响。故事的帷幕刚刚拉开,尽管葫芦坝上笼罩着重重迷雾,但人们从许八姐的远方来信感觉到气候的变化:"今年全国的形势比去年好,那样的日子正在到来。"这暗示着偏僻的葫芦坝上一股暖流即将到来。正是在这样的形势下,工作组进驻葫芦坝,使葫芦坝的阶级关系和社会关系的结构发生变动。当故事接近尾声时,齐明江又带来小道消息:"听说上面又有新精神呐!这个运动的大方向都有问题呢!"这变幻莫测的政治风云一度使葫芦坝的人物关系扑朔迷离,难以捉摸,但它终究使人感到,在更大的背景中,两种社会力量的交锋是激烈的、尖锐的、曲折的,葫芦坝的阶级关系同当时斗争的总形势是相适应的,是当时整个斗争形势的某一侧面的具体体现。在葫芦坝的种种对立中,最为突出的就是两种社会力量的对立。这一点,处于对立状态的不少人尚无所感觉,但颜少春认识到了。以金东水为首的几个党员苦心筹划改变穷山僻野面貌的扎扎实实的行动,四姑娘追求婚姻家庭的幸福,九妹子对人生意义的探索,等等,无不是从各个不同的角度表现出那种"对于美好前途的追求和向往"。以郑百如为代表的邪恶势力则充当了对立面,那是破坏美、毁灭美的一帮。齐明江是特定条件下的产儿,他客观上是在非自觉地扼杀美,他的存在从另一方面显示了两种力量对立的复杂性。然而,归根到底,葫芦坝的斗争是两股社会力量的生死搏斗。

性格的产生无从超脱时空,离不开环境的锤打和铸造,人物性格的众多方面常常是环境影响的折射。《许茂》中人物性格的不同侧面,如郑百如的表里不一、许茂的前后变异等等,都反映了生活本身的复杂性,反映了社会环境中相互依存、相互撞击的种种对立和统一。作者把人物置于真实的现实关系中来刻画,令人信服地表现了环境对人物性格的影响。但作者并未停留于此,他还生动地反映人物与环境辩证统一的另一面——"环境正是由人来改变的"[15]。由于人的活动、人的思想和感情的影响,人们也在不断改变环境,同时也在发展自己的性格。在周克芹笔下,人物与环境的对立给环境的影响不是清一色的。七姐许贞显然不满足自己所处的环境,她在改变自己,也影响环境,请看"她那身打扮和风韵,与连云场这个小乡镇的风俗很不协调"。应该说,这种对环境的影响是消极的。小说更多地反映了"从来没有丧失希望"的人民对环境的积极作用。许四姐是一个柔顺女子,她希望安宁、幸福,可是郑百如闯入她的生活,破坏了她美妙的幻想。她所处的险恶环境使她做"贤妻"不可能,做"良母"不可得,连代亡姐托养的小长秀也不能待在她身边。这一切,使这个弱女子与环境形成了尖锐的对立。而这种种磨难,却磨出了她性格的另一棱角——"刚强"。在故事正面展开时,她改嫁不去,复婚不从,简直为整个葫芦坝所不解。无疑,她所处的环境对她形成一种严峻的压迫。但她没有悲哀和叹息,"她要为改变自己凄苦和不幸的处境去战斗",以至于勇敢地演出了连云镇上庄严的一幕。当谣言袭来、几乎为葫芦坝所不容时,她没有消沉、畏缩,而是迎着风刀霜剑,奋起抗争。她的急促的敲门声,正是她向环境撞击的振聋发聩的回声。在这种性格对环境的撞击中,四姑娘的性格火花光辉熠耀,划破葫芦坝的夜空,在读者面前闪烁着更加动人的光彩。

世界著名的评论家W·T·泼拉斯说过:"突出性格的唯一方法,是把人物放入一定的关系中去,仅仅是性格,等于没有性格,只是堆砌而已。"[16]这里的"一定关系"包括"这一个"与"别种人"的关系、人物自身性格的对立关系、人物与环境之间的关系。只有把人物放进这些交织在一起的相互联系、相互对立的关系中去镂刻,人物性格的棱角才能突现出来。周克芹的《许茂》正是"把人物放入一定的关系中去",运用"对立的方式"塑造出对立的性格。葫芦坝人物群雕的成功,给人们以有益启迪。

参考文献

[1] 罗丹(口述).罗丹艺术论[M].葛塞尔,记.沈琪,译.北京:人民美术出版社,1978.

[2] 高晓声.生活和"天堂"[N].人民日报 1980-07-23.

[3] 高尔基.文学论文选[M].孟昌,曹葆华,译.北京:人民文学出版社,1958.

[4] 亚里士多德.诗学[M].陈中梅,译注.北京:商务印书馆,1996.

[5][10][11][12] 黑格尔.美学(第1卷)[M].朱光潜,译.北京:商务印书馆,1979.

[6][13][14][15] 马克思,恩格斯.马克思恩格斯选集:第4卷.[M].中共中

央马克思恩格斯列宁斯大林著作编译局,译.北京:人民出版社,1972.

[7] 郑万兴.生活之路就是我创作之路[J].文艺报,1981(24).

[8] 鲁迅.鲁迅全集[M].北京:人民文学出版社,1973.

[9] 歌德.生活与性格[J].程代熙,张惠民,译.文艺理论研究,1980(3).

[16] 约翰·霍华德·劳逊.戏剧与电影的剧作理论与技巧[M].邵牧君,齐宙,译.北京:中国电影出版社,1989.

注:本文与周恩珍老师合作,发表于《扬州师院学报》,1983年第1期。

论刘绍棠小说的人物塑造

一

刘绍棠小说中的人物大体有这样三类：第一类是读书人，"蒲柳人家出英才"，他们大多"头顶着高粱花"长大，知书达理，明晓世道。他们在乡亲们的心目中，往往占有特殊位置，是真正的"心肝儿""肺叶儿"。第二类是运河滩上那些出类拔萃的女孩子，她们外秀内慧，柔情似水，坚韧如钢，富有主动追求的勇气和忘我牺牲的精神。"月下佬"在这两类人物之间撒下了根根红丝，"剪不断，理还乱"，于是生出种种瓜葛和变故。第三类人物是乡亲们中的父老辈，憨厚、朴实、豪侠、爽朗。从爱情纠葛的角度看，这老一辈常常是"保护神"——成其好事。

鉴于这几类人物的出现及其构成的现实关系，不少同志批评刘绍棠的小说有"才子佳人"的味道，作家对此至今不否认。"郎才女貌"，在我们这块古老的国土上，是一个传统的恋爱审美观，至今仍有深远的影响，《小荷才露尖尖角》里的花四季说俞文芊作婿可为一证。你尽可以指出其片面性，但你得同时承认，它有广泛的社会性。刘绍棠以自己的生活经历为创作源泉，他本人也是"蒲柳人家"的英才之一，他作品中的青年知识分子只有那些拔尖儿的女孩子才配得上。而那一群少女的目光不仅是深情的，也是专注的。她们一往情深，百折不移，"才子"落难，也只有她们才敢不顾一切地去相亲相爱。这些人物出现在作家笔下有一定的必然性。刘绍棠的不足在于这些人物的悲欢离合形成了大致相同的格局。纯真的爱情是可歌可唱的,但公式化的爱情却是讨嫌的,并且多以"三角"状态出现,就难免令人感到腻味了。

如果我们从另一角度给刘绍棠小说中的人物分类,那么,可以把他们分成落难者和救助者。这给刘绍棠的小说带来了一些侠义小说的风味,也体现了他小说的传奇性。"路见不平,拔刀相助",这在刘绍棠小说中并不鲜见。见义勇为、豪侠磊落的人物,我们可从他的小说中开出一张长长的名单。直至今天,从他家乡走出来的"柴禾妞儿"也是武艺不凡,令人叹为观止。这些具有豪侠性格的人物本身的经历大多就是一串事——传奇故事,在作品中又有传奇式的表现,把"侠义"与"多情"融合在一起,刚勇而不少温情,则就越发"奇"了。刘绍棠同志一再强调,他不是从写故事出发,而是从写人物出发的。"创作的欲望""来自生活具体人物形象的激动"。[1]斯言诚信,但这并不妨碍他写了一个又一个故事——小说本来就是离不开故事的。实际上,一些人物传奇式的经历,也必然使作品的情节具有一定的传奇性。刘绍棠在1983年10月13日《文学报》发表的一篇短文中提道:"北京还有几位专写以情节取胜的通俗小说的作者,他们也希望我加入这个行列,我也想帮助他们逐渐形成一个通俗小说的创作群体。"从中可知,那"几位"在刘绍棠的小说里找到了共同语言。至于通俗性,刘绍棠力求农民能读能听,早已在自觉追求,而小说的传奇性也应当是通俗性的一个方面。

刘绍棠小说中这些带有传奇色彩的侠义形象的出现不是偶然的。"燕赵多慷慨悲歌之士。"作者已多次介绍过这些人物的形成历史。从近处说:"我们的村庄,在我小时候,义和团还多得很,不少老太太曾经是红灯照。"中华民族见义勇为的美德,在作家家乡的这些人物身上必然得到更强烈、更集中的体现。我们还应注意这样一件事,作者上高小时就写过"武侠小说",这种试笔可谓早矣。也许是多少受了孙犁《风云初记》"武戏文唱"的影响,作者将这方面的题材又与一些爱情题材交织在一起,形成了小说的独特风貌。《蒲剑》中,作者写桑榆创作了一篇题为《三更三点到三河》的小说,"将才子佳人小说和武侠小说熔于一炉,令人拍案惊奇"。这似乎可以理解为作者的自谓。从骨架上说,刘绍棠小说就是"才子佳人小说＋侠义小说"。

中西方文学的发展都有"民间流"和"文人流"之分。就我国的小说发展来说,"民间流"中相当的一部分就是"才子佳人小说"或"侠义小说"。刘绍棠将二者融为一体,应该说是一种有益的尝试。当然,他小说中的诗情画意,乃至直接引用、化用古典辞章的佳联妙句,又可看出"文人流"对他的影响。限于文章的篇幅和中心,对此不作展开。我们要强调的是,刘绍棠形成了自己小说的"格局",而这种"格局"已出现了凝固化的苗头,这就需要他突破自己,给自己开辟新天地。

二

一般而论,刘绍棠的着眼点不是写事,而是写情。他很少写"问题小说",他的创作当入"抒情小说"流。他说:"人有人性,人有人情,因而就必须在作品中写出人性和人情。"[2] 他追求作品给人以萦怀的情思和久远的回味,再加之,他要在自己的传奇故事里展示生活中的光明面,这样,多情重义就成了他小说中大多数人物的显著特征。只是,他是借"才子佳人小说+侠义小说"这种格式来表现的。

人物的情与义是通过具体的言和行体现出来的。作者一方面增加偶然性在小说情节中的分量,另一方面又尽可能地遵循人物性格的必然逻辑,力求传奇性与真实性的统一。在救助者与落难者之间,作者一般不先派定他们的特殊关系,而是让他们相逢于不期然之中,在生活的磨难中产生感情上的联系和心灵间的共鸣。这样,更见出人物的豪爽刚直,也使小说平添了传奇色彩。同时,作者又把笔触伸向性格的内层,他泼墨抒写落难者的顽强、执着,体现出他们的坚贞不渝乃是性格的必然。他赋予救助者以善良、豪爽的内在素质,善良的心境成为重于情义的基础,豪爽的性格则是某种义举的决定因素。前者决定了他们路见不平想拔刀相助,后者决定了他们敢挺身而出,于是生出一幕幕义举。

作者笔墨酣畅地抒写人性与人情,又在其间渗入了中华民族传统的道德观念。以作品描写的爱情来说,人物深挚炽热的情爱常常融入某种高尚的社会责任感。《芳年》中有这样一段情节:一个已经择定婚期的姑娘,面对日本鬼子的突然搜捕,她"挺身而出,把雷骅同志认作自己的男人。姑娘的未婚夫是个封建脑壳,又受坏人挑唆,就退了亲"。解放后,雷骅婉谢了不少极有才貌的女青年知识分子的追求,一直在寻觅那个农村姑娘。他的爱情观是:"真正的爱情不仅有情,而且有义。"《小荷才露尖尖角》里,安天宝对杜秋葵的执着追求,也因为他担起了本来不一定要他承担的感情重担。在这里,情与义融合一体,人性与人情被放到一个较高的水准上去展现。这种爱情本身就有一种光泽——它是纯洁的、无私的。作者有时还写到情与义的矛盾,其实,这表面的不和谐却是建立在伦理观念的和谐上。所谓"发乎情而止乎礼",情与义达到了内在的融合。《两草一心》中的春雪,正是出于对梅畹贞的敬意和一种高尚的义气,才在痛楚中停止了她对石在的热烈追求。《花街》里的叶三车和《渔火》中的阮碧村,从"不能不义"考虑,忍而不与自己早已同舟共济的所爱同衾共枕。《绿杨堤》中的水芹对叫天子情意缱绻,其爱也深,但当叫天子感情的防线崩溃时,她却没有再前进一步:

> 叫天子心如刀割,只怕她投河一死,叫了声:"水芹,我娶你!……"扑下去想抱住她。"别碰我!"水芹抬起手拄着的柳木棍子,像横起一道铁栏,"我跟姚元大……领了结婚证,明天……就是绿杨堤姚家的人了。"

情深而不滥,这样的情显得纯洁而高尚,添就了人物形象的光辉,也给深情重义着上了更为健康的色调。

作者的笔触还不止于此,他还淋漓尽致地抒写了一种更为崇高的情感——对祖国和对人民深沉的爱。这里的情和义,可谓情深似海,义重如山,就像《国际歌》能使各国的工人阶级初见如识,倾心相交。爱土地、爱人民、爱祖国这种圣洁的感情才是人物间友情、爱情的真正基础。吴钩为报国杀敌拜师习武,柳梢青才默许女儿授之以艺,并帮助吴钩应对一次次不测。温良顺大叔问准洛文没有反党反社会主义,才诚心诚意收留了他,并为之付出生命。哪怕人们相互间有过种种恩怨,这种博大无量的情感也能使他们从个人感情的漩流中解脱出来。应天长和柳岸曾亲手制造了关青梅的人生悲剧,使其含冤负屈二十载。可是,关青梅对他们却"抱怨少,希望多",终至化释前怨,共图大业。这才是名副其实的"向前看"。在作者所刻画的人物那里,人性、人情大多是和爱国主义这种崇高的民族精神交融在一起的。他写的是崇高的情,绚丽的情。以《两草一心》来说,"在梅畹贞那里,爱情和爱国,对祖国和爱情的忠贞,是不可分割的整体。"她和石在"这两株生命的小草眷恋着祖国的大地,性相通,心相印,情相投,意相合"。他们的爱情之树深深地植根于中华大地,他们是中华民族的优秀子孙。现实生活中数不可计的这类人物,正是我们中华民族的骄傲!

似乎令人遗憾的是,作者笔下有些人物的义举有时显得突兀些。在部分当代题材的小说里,作者笔下的抒情色彩是不浓的,那里缺少饱含诗情的艺术形象。

作者似乎在不断增加小说的喜剧甚至闹剧的成分,情节好像生动了些,但情思、情韵则又少了些。——但愿在其新作里,这种情况能够得以克服。

三

就塑造人物形象而言,他继承中国古典小说的艺术传统,"力求以人物的个性语言,刻画人物的性格"[3],并且取得了相当的成功。作家早些时候就说过:"要想在作品中把人物形象生动逼真地刻画出来,必须真正掌握和准确运用所描写人物的性格语言。"这里,"性格语言"的说法似较"个性语言"更准确。

刘绍棠小说的人物语言所占比重较大,有时他甚至"主要靠语言而不是靠描写"来刻画人物形象,而且常常是寥寥数语,便使人物神情毕肖,体现了作家提炼性格语言的功夫。在《草莽》里,桑木扁担和陶红杏夜话救月圆,言谈之间一股豪侠之气隐隐透出,这在他们二人是相通的,也是刘绍棠小说群像中相当一部分人物的共性——一种民族传统美德的闪光。但这里又同中有异,红杏入世未深,少年气盛,心急火燎,又刚出魔窟,深有所感,救月圆迫不能待,"急"字当先;桑木扁担闯荡江湖,见多识广,且虑及父、妹,忧思重重,虽情笃意深,心如刀绞,却绝不轻举,以"稳"为先。前者稚嫩但锐气逼人,后者稳重又多了几分憨厚,这些都是他们性格发展的内在素质。花三春是刘绍棠笔下不可多得的"圆形的""立体的"形象,她的性格也主要是通过自身的语言来刻画的。柳叶眉要给她在运河滩上找个主儿,从她的所答所辩中,不难见出这个女子在婚姻大事上不肯马虎,有几分"宁折不屈"的精神。正唯此,尽管她自幼混迹于"放鹰"的人堆之中,但仍然抱得自己"顶花的黄瓜带花的藕,红籽红瓤的女儿身";也正唯此,龙头少爷汤三圆子点名要她做二房,她不肯听从,甚至最后与这个流氓痞子血刃相见。但另一方面,这两段话里又见出她的尖刁、狡黠,尽管身不由己,但仍是横竖不输理,里外不让人,口口声声叫"小姑奶奶",实实在在是步步逼人,那口齿伶俐的机灵气又自在其中。正是种种对立因素的相反相成、和谐统一,使这位女性形象闪耀出独特的光彩。

人物性格有外在的一面,还有内蕴的一面。外在的是内蕴的显露,内蕴的又常常体现在外在的一面上。外在的是受内蕴的所制约、所支配的外部行动,内蕴的就是人物的内心活动。这内外的各种特点的综合体就是人物的性格。因而,要写好人物性格,不仅仅要重视外在的一面,还应当深入人物的心灵深处。刘绍棠小说的心理描写是不多的,但他自有办法,这就是用人物的性格语言"暗示人物的心理活动"[4]。这样,既增强了语言的内在表现力,也平添了形象的情韵。比如花三春的语言就有"暗示人物的心理活动"的作用。又如《蒲柳人家》中望日莲和何满子关于周檎的一段对话,就暗示出望日莲复杂的心理活动。她对周檎眷爱之切而生期待,期待不及而生哀怨,哀怨之中又有担忧,一片挚爱、一片深情尽在其间。《小荷才露尖尖角》里,棚中躲雨时花碧莲的语言暗示了她此时此地的心境。借彼显此,问人言己,个中可见这个少女的心头奥秘。如此写来,人物性格更添几分生气了。

总的说来,刘绍棠小说的人物语言是很有特色的。但也难免有所不足,个别人物的语言稍显浅俗。在有的作品中,作者似乎着力塑造复杂的性格,但这些人物语言前后不怎么协调,人物性格的各个侧面也缺乏内在的统一,有些像舞台上匆匆上场的演员,油彩似乎还未涂匀——当然,不着油彩反而更显出本色的光彩。

四

刘绍棠认为"细节是作品的基础,就像人体上的细胞一样"[5]。他把"通过对动态中的细节的准确描写,描写人物的形象"[6],作为自己的艺术表现手段之一。也就是说,动作细节是刘绍棠塑造人物形象的重要手段。

动作是性格的外观。刘绍棠小说中动作细节的描写,首先就在于从生活的真实、性格的真实出发,外现出人物的性格特征。在《蒲柳人家》中,吉老秤喜欢牵牛儿,看到牵牛儿口羞,不好意思真吃,他破口大骂,还要动手打。一次,他给犯了牛脾气的牵牛儿剃头,竟然"把牵牛儿上了桩"才剃。这种爱的方式是多么独特啊!不多几笔就活画了运河滩上这位憨厚爽直的汉子。作者写一丈青大娘打人,"老大一个耳刮子抡圆了扇过去",不仅刻画了一丈青大娘刚烈的性格、勃然大怒的神态,而且连她的气力和身材也可见出了。正是这类体现了性格真实的细节,使作者笔下的那些侠义形象奇而不失其实,令人信之不疑。

人是离不开环境的。人物的一言一行总是发生在时空交织的某一特定的"点"上。刘绍棠小说中动作细节的描写,还在于注意把握"行"与"境"的内在联系,准确地写活处于特定环境中的人物性格。《鹧鸪天》中袁有光惊闻相隔二十二年未见的表弟来访:

"呵"! 一声惊呼,一阵手忙脚乱,袁有光反穿着拖鞋扑出来。

"反穿拖鞋",再添一个"扑"字,要言不烦,形神毕现。几分真情,几分忙乱,几分期待,几分拖沓,都包含在这平而不显其淡的细节之中。如果离开人物的"历史联系"和"现实关系",离开特定的时间空间,去描绘这位房管局长,就不是这个写法了。《二度梅》里梅雨帮洛文誊写手稿,洛文感到过意不去,慌忙收拾手稿——

梅雨把他的手按住。——梅雨的眼圈一红,转过脸去。

道是无情却有情。这一"按"具有多少感情重量啊!诚然,理智的闸门并未松开,但按手之外不仍听到梅雨急促的心跳么?难怪乎"洛文抽回手,为了掩饰内心的骚动,赶忙去洗脸"。这里感情扬波掀澜不能不"按",而"感情规格"也只能仅此一"按"。再把这一动作细节放在人物性格发展的过程中看,无疑,作者抓住了"包孕性顷刻"。

刘绍棠的小说是主情的。因此,他比较注意从主题表达的总体需要出发,为人物设计抒情性很强的动作细节,借以展现人物一片纯洁的精神世界,使小说洋溢出人物内在的精神美。这里,且取一例来看:

她不知什么时候朦胧睡去,但是不知怎么又突然惊醒。睁眼一看,小沉香不知什么时候揭开她的背心,一只小手抓住她那处女的乳房,另一只乳房被小沉香含在嘴里。小沉香睡得很香,月光中小脸上浮漾着甜甜的微笑。她全身像着了火,脸上烧了起来,慌忙扒开沉香的小手,拖开沉香的身子,把背心拉下来。沉香哇的一声哭起来。

……

她的脸上和身上都不再发烧了,一点也不羞涩地揭开了背心,把一只乳房送到小沉香花蕾一般的嘴里,又牵过小沉香的一只小手,让这只小手抓住她那另一只乳房。

沉香吮吸着,含泪睡着了,碧桃轻轻骂了声:"小孽障!"也含笑闭上了眼睛,两大颗晶莹的泪珠挂在了脸颊上。

——《芳草满天涯》

这里,一连串的动作如同奏起一支抒情小曲,情韵悠悠,婉转怡人。诗化了的细节映现出一个诗化了的艺术形象,人物美好的性格内涵使细节本身透射出绚丽的光泽。这不就是生活的美么?

除了动作细节之外,刘绍棠小说中其他方面的细节描写也有精彩之笔。这里限于篇幅,不作赘述。同时,应该指出的是,在有些篇章中,个别情节意义较强的细节是经不起推敲的。比如《绿杨堤》中二妞子和金牛儿青纱帐里"那出戏",从作品描写的情境看,很难令人置信;《十步香草》中二妹子表示要学水秀当年"假戏真唱的本事"也显得突兀。这些地方都可看出作者下笔比较匆忙了些。

人物刻画应以"质"为上,而不是以"量"取胜。一个阿Q足使鲁迅不朽。如同扩充部队一样,成班成排地增加生员,绝不是一件值得推崇的事。刘绍棠同志在创作上没有重复别人的路,但不时在重复自己的路,这是应当引以为忧的。我们热诚希望刘绍棠同志以坚定的信仰、更大的勇气去突破自己,开创新路,不断取得优异的成绩。

参考文献

[1] 刘绍棠.乡土与文学[M].长春:吉林人民出版社,1982.

[2] 刘绍棠.创作漫谈剪辑[J]春风,1981(1).

[3][4][6] 刘绍棠.乡土文学和我的创作[J].钟山,1983(2).

[5] 刘绍棠.几个不应忽视的问题[J].北京文学,1982(4).

注:本文与周恩珍老师合作,发表于《当代作家评论》,1984年第5期。

刘绍棠中篇小说的艺术特色

刘绍棠同志是"从八〇年元旦起,扯满了风帆又在中篇小说这条河道上,重新启航"的。从已取得的成绩看,他的中篇独树一帜:他很少写"重大题材""尖端题材",而是荡桨于运河古道,跋涉于运河两岸,写家乡的人物世态、风俗民情;他很少受各种各样时髦风尚的影响,而是执着地坚持地方性和民族性,追求作品的中国作风和中国气派;他似乎不崇尚小说哲理化、心理化的趋向,而是着力于作品的抒情化,奏出了曲曲田园牧歌,写下了卷卷抒情诗章。他给花团锦簇的中篇园圃带来了一朵朵饱含晶莹晨露的野花,以其特有的姿色——花香水气吸引着观赏者,得到了广大读者的喜爱。这些植根于家乡故土的花蕾是作家建立"乡土文学"所作努力的可喜收获,也是当今整个中篇小说创作的收获之一。

一

刘绍棠的中篇里有一组最为引人瞩目,那就是以《蒲柳人家》为标志、包括其后陆续发表的《渔火》《瓜棚柳巷》《花街》《草莽》等作品。这些作品写的都是三十年代作者家乡的人和事,乡情浓郁,乡景绮丽,乡音浑厚,是地地道道的"乡土文学"。从艺术上看,这些作品一般线索单纯,描写丰满;求古朴而不失奇笔,隽永秀丽且清新流畅;乡土气息扑面而来,又捧得上台盘,可谓土而不俗。细品尝之,它们的重要艺术特色,是对风土人情、世态习俗的真实感人的描绘。它们似幅幅清丽的风俗画轴,组合在一起,从较大的面上生动地反映了当时京东北运河地区农村的生活风貌,构成了民族性和地方性都很强烈的"风俗研究"。

某一民族乃至某一地区的风俗融入人民生活的河流,淙淙流淌,永无止息,展现着历史的、时代的、民族的、地区的人民生活的特定性。翻开刘绍棠的中篇,我们通卷所见的正是当地人民的风情习俗,一境一人都会把我们带到书中描写的令人神往的古运河两岸。以《蒲柳人家》为例,这里有七月七和七月十五等风俗节日,有花兜肚、拜花堂、暖窝儿等习俗形式,还有各式各样人物关系的安排以及结婚前女婿不许登门等民间的定规。这些传统的节日、风俗和乡规民约经过作者的艺术处理,渗透进作者的美学观和艺术观,不仅加强了作品的民族风格和地方特色,同时又在一定程度上体现了作家创作的个性,独具异彩,清香四溢,沁人心脾,感人情怀,产生了特殊的艺术魅力,使人们强烈地感受到运河滩的泥土气息,宛入斯境。概而言之,其风俗画的主要特色是:

(一)健康向上。民间的一些习俗有的与一定的封建迷信意识相联系,作家不能完全避开这一点,但刘绍棠同志对习俗的选取是慎重的。作品中所描写的习俗虽然染上了些许迷信色彩,然而更多的是表达人民群众的某种祈求、希冀,是特定时代人民群众美好心声的曲折表现,在纯朴的农民那里是很少有副作用的。比如小孩穿花兜肚,反映了老人希望独苗苗男扮女装蒙混过阎王爷的心愿,在迷信形式中包含了对权重势盛的阎王爷的挑战;拜月乞巧则是年已及笄的姑娘对美满爱情的向往和热盼,表现了少女对幸福未来的主动追求。这类俗习都较多地含有健康的因素,显示了人物纯朴可爱的一面。当然,使风俗描写具有健康向上情调的还在于作者积极的艺术处理,那些染上迷信色彩的习俗在作品中实际上都被否定了。另外有些习俗被作家置于特定的场景,旧形式包容进新内容,显得不同凡响。如《渔火》中阮碧村、春柳嫂子、解连环歃血为盟的场面,庄严整肃,正气浩然,颇能激动人心。作者笔下的这些描写,毫无疑问,摆正了风俗描写在作品中的位置,写出了风土人情,也写出了风俗画在生活中流动的真貌,给风俗画着上了符合时代风尚的色彩,这是应该得到肯定的。

(二)优美动人。这类风俗形式有的直接与一些神话传说联系在一起,它们在作者笔下染上了传奇色彩而愈显动人。如《蒲柳人家》的拜月乞巧,神奇的传说,虔诚的心愿,美好的情思,雅致的景物,在朦胧的月色中水乳交融,化为一片:天上与人间,习俗与人情,互相交织,揉为一体,形成一幅十分优美的画面。

这类优美动人的风俗画面在作者的其他中篇里也可看到。值得一提的是,它们共同的特点都是风景画在风俗画中,人、情、事、景紧相糅合。从这里我们也可以看出作者的一种艺术追求:不以俗笔写风俗。所以他的风俗画情致很浓,并不缺少诗意和韵味。

(三)富有情趣。作者描写的风习不少是有闹剧色彩的。比如拜花堂这种儿童间的游戏,既有友情的真淳,又有孩提的天真,真是妙趣横生,尤其是添入恶作剧的内容,更逗人捧腹。作品中还有一些风习的情趣美,则是出于作者匠心独运的描写。例如《瓜棚柳巷》结尾的一段描写,就是出于作者构思的一种安排,体现了作者对情趣美的重视。如上种种情趣盎然的描写,使作品融入轻松活泼的音调,在节奏上也起到张弛相间的作用。

(四)融入情节。作者精心描绘的风习都不只是片锦断绣,而是全篇故事情节的有机构成。有些篇章中,作品的故事情节就是从这种习俗描写中生发开去的,还有些习俗描写往往成为作品中不可缺少的重场戏。情节是人物性格发展的历史。正因为融入情节,所以这些习俗描写又往往是刻画人物性格的精彩笔墨。比如《蒲柳人家》中对一处拜花堂的叙写,从现实和历史两个方面写活了郑整儿和荷妞;《草莽》里花舫船头的三言两语,就从气质上区别开同样落入风尘的陶红杏和月圆。这样,作品的风习描写,就不只有局部的光彩,而是这局部美服务于、服从于整体美。有的成为作品的脉络所在,贯通首尾,荡旋回流,构成整篇风俗画的气韵;有的则如锦上添花,把风俗画点缀得意趣盎然,满壁生辉。这些都使"风俗研究"以更生动、更形象的面目出现。

高尔基说过:"……诗人是一种回音,他应该响应一切的声音,响应生活的一切呼声。您要扩大对生活的兴趣。不要忘记,除风景画以外,还有风俗画。"[1]这里,高尔基是将风俗画的描写作为体现生活的呼声和叫喊,也就是反映作品中的阶级间的斗争提出来的。如上所论,刘绍棠同志写活了风土人情,我们也可以说,他也写出了生活的呼声和叫喊。但作者不止于此,他的其他一些风俗画有着深刻的新鲜的内容,写出了人民群众急迫的响亮的呼声和叫喊,他的作品流注了鲜明的时代精神。

在《花街》中,作者写了花街许多特有的习俗。这里,老人之故、孩童之夭、少女之嫁等等,都有不同他处的方式,它仅仅为花街所有。正是这种习俗浸透了人民的血和泪,呻吟、悲叹从这些习俗描写处隐隐传来。这是一种嘶哑、沉闷然而又急迫的呼声,而作者抒写的正是其中不肯屈服的坚强的声音。《草莽》中有关花船的描写是很具地方特色的。这种花船是少女的火坑,是毁灭青春和美好的魔窟。这是特定时代造成的畸形情景,对它的描写本身就是对罪恶的一种控诉。但作家让黑幕中透出光明,他着意写了花船上响起的呼声和叫喊。人民和作家对生活都是充满着无限热爱的。

刘绍棠的风俗画中还有更为强烈的呼声和叫喊。这是阶级的怒吼,是时代的鼓噪,是直接的阶级搏斗。吴钩拜师学艺,为的就是报国抗敌,不做亡国奴;周檎弃学执教,更是出于抗日的需要;柳家父女步上抗日的征程,将离开心爱的瓜棚,柳梢青甚至准备收徒传艺,生活的呼喊使铁定的家规习俗也改变了。在《渔火》中,抗日的烽烟使陌生人结为弟兄,仇者化为同志,自发的抗争转变为自觉的行动,星星渔火将成燎原之势。可以说,作者的每一部中篇都写了这种种生活的呼声和叫喊,写了人民的觉醒、反抗和斗争,写了人民对光明的追求。这样,作品中的风俗画才是够格的,真正称得上是属于地方的、民族的,也是属于时代的。

以上我们所论的着眼点只是刘绍棠中篇的一部分,这并不是说作家的其他中篇就没有风俗画。他惯于从人们日常生活的流动中和人们细微的感情变化中,反映历史的变迁。他不求震惊的艺术效果,而是强调以情动人,让人们在潜移默化中受到感染和熏陶。他的其他中篇基本上也是以运河滩为背景,地方色彩与民族特色还是比较鲜明的,其中不乏风俗画的描绘,甚至还时有优美的篇章。但是,总的说来,在其他中篇中,作家的创作个性还没有得到充分的发挥,不像《蒲柳人家》等篇"刘记"的色彩那么强烈。我们以为风俗画的描绘尚嫌不足是其原因之一。在这方面,我们热切期待刘绍棠同志的突破。

二

刘绍棠中篇里的人物大多有一个显著的共同特征,这就是多情重义。他们常常让人想起"燕赵多慷慨悲歌之士"的古语,忆起近代义和团、京东暴动等如火如荼的历史斗争画卷。虽然,仅仅如此还不能完全解释这些文学现象的出现,但只就这一点,我们就可以说,作家是严格遵循现实主义创作原则塑造人物的。

作者歌颂人物多情多义的方法是两面着笔,汇成一流,尽情挥洒,写活写透。他常常将人物置于灾难折磨之中,跋涉坎坷的人生道路,有时甚至置于山穷水尽的境地。这样,一方面抒写落难者美好的心灵,刻画他们纯洁的精神世界;另一方面则安排他们绝处逢生,幸遇好人相救,讴歌那些豪爽刚直、大义大勇的英雄式的救助者形象。而且纯洁的情、高尚的义又把无亲无故、抑或素昧平生的落难者和救助者联系在一起,同舟共济,互相扶助。这些情浓如酒、义烈如火的形象巍巍然屹立在运河滩上,熠耀出奇光异彩,给人以鼓舞和力量。

一般论者都强调刘绍棠笔下救助者的深情大义,其实落难者一面也是不容忽视的。看看《蒲柳人家》中的望日莲吧,她命似黄连苦,心比黄金贵。她尝尽辛酸,然而又是何等的鲜艳秀丽,何等的流光四溢。她没有苟活,没有沉沦,她是爱和恨的化身,流荡在她胸中的既有凛然正气,也不少绕指柔情。正因她是那样的多情明义,乡邻们才向她伸出扶助的手。这个落难者群中,还有石在、洛文、蓑嫂、红杏等等。对他们遇压迫而不屈,出污泥而不染,以及深情重义的内在气质的描写,不仅使得作品的人物更为美好、纯洁,也使那些救助者的义举更具价值。

当然,作品中着墨较多的还是救助者,或者是获得生机的落难者。他们见义勇为,扶弱济危,心地纯洁,肝胆照人。经过作者的艺术过滤,这些人物的情义不像生活那样泥沙混杂,而是健康的、向上的,是我国人民传统美德的形象体现。作者描写人物的深情大义,一般有这样一些特点:

其一,善良的心境是重于情义的基础,是人物行动必然性的客观依据。他们的重于情义,可对天表。淳朴的民风、苦难的生活、不平的世事使他们的周身流淌着正直的热血。即如解连环,尽管浪迹江湖,也是"行善"的。这个特点同时给人物的情义涂上了一定程度的阶级色彩。

其二,豪爽的性格是某种义举的决定因素。惟其豪爽刚直,路见不平方会拔刀相助。比如何大学问和一丈青大娘对于望日莲的扶助,性格因素是很起作用的。何大学问一激动,甚至要"再给莲丫头二亩"地。人物的性格常常制约着人物的行动,在那些豪爽、善良的人民群众那里,遇难相助、见义勇为是必然的。

其三,情与义是融为一体的。《芳年》里的雷骅说得好:"真正的爱情不仅有情,而且更有义。"知恩必报,世之常情,它是我国人民的传统美德之一。《花街》里的蓑嫂之于伏天儿岂止母爱之情,这里融汇了她对叶三车的义气。《草莽》里的红杏之于叶雨,缱绻深情中饱含了知恩必报的大义;桑木扁担为报一饭之恩而救助落入风尘的月圆,并且结为百年之好,融义于情,这样的情更显得真挚与炽烈。作品也时而写到另一种情与义的融合,即内在的融合表现为外在的矛盾,人物出乎情而止乎礼。《两草一心》中的春雪，正是出于对梅畹贞的敬意和一种崇高的义气，才在痛楚之中停止了她对石在的热烈的爱的追求。《花街》里的叶三车和《渔火》中的阮碧村，从"不能不义"考虑，忍而不与自己早已同舟共济的所爱同衾共枕。这样的情深而不滥，融进了大义，就显得更加纯洁和高尚。这样写情写义，增添了人物的光彩，给深情重义着上了更为健康的色调。

然而，只写这些爱情、友情、骨肉之情，人物的情义似乎少了些动人心魄的力量。作者还淋漓尽致地抒写了一种更为崇高的情感，这就是对祖国、对人民的深沉的爱。这里的情义可谓情深似海，义重如山。作者在《瓜棚柳巷》的卷首，援引了著名诗人艾青《我爱这土地》中的诗句：

为什么我的眼里常含泪水？
因为我对这土地爱得深沉……

这是响彻在刘绍棠所有中篇里的主旋律。正是这种博大无量的爱使作品中的人物精神相通，得以升华；也使他们的友情、爱情、义气包含进更为丰富、深刻的内容，这是最可贵的民族精神的体现。在《蒲柳人家》等篇中，作者似乎有意为之，都以抗日战争为大的背景，给作品染上特有的时代色彩，让人物百川归海，汇进抗日的洪流，以浑厚的乡音唱出一曲曲爱祖国、爱人民、爱家乡、爱土地的深沉颂歌，表现了深明大义的品质和绚丽无比的精神世界。爱国爱民是一种庄严、崇高、圣洁的感情，更能使人物从个人的感情漩流中解脱出来。《鹧鸪天》的关青梅含冤负屈二十载，应天长和柳岸曾亲手制造了她的人生悲剧，但她对他们却是"抱怨少，希望多"，终至化释前怨，并肩战斗，共图大业。这是因为她的个人的恩怨被宽广博大的对祖国的挚爱融化了。这种爱国主义的情感，在《两草一心》中得到更为酣畅的抒发。在梅畹贞那里，爱情和爱国，对祖国和爱情的忠贞，是不可分割的整体；石在几经磨折，屡遭不幸，但情不可移，志不可夺，对祖国、对人民愈加爱得深沉。这两株生命的小草眷恋着祖国的大地，性相通，心相印，情相投，义相合，他们是中华民族的优秀子孙。刘绍棠同志是很重视抒写人物感情的，我们可以肯定，阅读他的中篇，在被深深打动之余，人民群众多情重义的传统美德和深沉炽烈的爱国精神会对人们起到净化心灵和鼓舞志气的作用。

刘绍棠不仅写了人物相通的气质，而且写活了人物的鲜明个性。这不在于人物的生活经历不同和他们对大礼大节的认识深度不一,而在于他们言行的方式是各各有别的。作者是在"怎样做"上把人物鲜明地区别开来了。《蒲柳人家》中的何大学问、柳罐斗、吉老秤等人都是多情重义的汉子,但他们表达感情的方式是迥然相异的。何大学问急于助人、雁过求名,又好戴个"花帽子",他仗义疏财,更显得豁达豪爽。柳罐斗不声不响,脚步稳扎,说干就干,干脆利落,他显得刚直深沉。而憨厚直率的吉老秤表达感情的方式最为特别,他喜欢牵牛儿,就着意请客,牵牛儿口羞,不好意思真吃,他就破口大骂,以至张手要打,牵牛儿只得狼吞虎咽,"吉老秤快活地大笑,笑得大肚囊儿直抖动"。一次,他给犯了牛脾气的牵牛儿剃头,竟然"把牵牛儿上了桩"才剃。这样的爱绝无仅有,只属于运河滩上的吉老秤。这种不同的"怎样做",符合人物的身份、经历,符合特定的时代、环境,又把人物从内在本质、精神气质上区别开来。正是种种对立与差异,使得那些多情重义、顶天立地的人物各具风采,鲜明活脱,绝无千人一面、脸谱化的弊病。

　　作者笔下这些人物形象的出现不是偶然的。如前论及,它反映了作家现实主义的创作态度,同时也表现了作家的理性认识、主观感情和艺术追求。在艺术探索的过程中,作者扬己之长,立志建立"北京的乡土文学",这就必然要把家乡人民的生活作为他的创作之源。从理论上,作家自觉地认识到中国农民在革命中的伟大作用,没有他们,即无革命成功可言。这是他"写农民的历史和命运"的理论基础。自然,作者的个人遭遇和性格气质也是这些形象出现的重要原因。他曾两次罹难,被迫离开文坛达二十二年之久,可慰的是,他被"放逐到乐园里",家乡父老关心他,安慰他,保护他,支持他,给了他温暖、力量和勇气。作者对人民是充满感激之情的,多次表示要"感恩图报"。他热情、爽朗,本身就有多情重义的气质。言必行,行必果。他满怀深情,挖掘了蕴藏在农民身上的传统美德,并将它融汇于高尚的民族精神之中,讴歌了他们崇高的精神世界。于是乎,那些情深义重的具有豪侠气质的形象一个个从他的笔下走出来,带着京东北运河两岸的泥香水气,走进了绚丽多彩的艺术画廊,正越来越引起人们的注意。

　　生活是复杂的,它射向性格的投影也应该呈现复杂的面貌。刘绍棠同志刻画了一些性格复杂的形象,他们的出现是对上述那些人物群像的补充,并且使生活得到更为生动真实的反映。这里首先值得提到的是《瓜棚柳巷》中的花三春,这是一个不同一般的女性。她艳如桃李,贞如梅雪,但特殊的生活经历和独特的内在性格相融汇,使她的性格中集合了机灵、尖刁、专情、嫉妒、好吃懒做、义烈如钢等相互对立的因素。作者又注重她的性格发展,细微地刻画了生活环境对她的影响和熏陶。她有着自己的追求,也有着自己的悔恨。人之将去,其言也善。在她生命的最后航程,她让摸鱼儿转告柳叶眉的话,让人们看到一个久在颤抖的心灵的巨大震动,她求得了心灵的平静,最后用生命和鲜血捍卫了自己的贞操。她的死就生命来说是悲壮的,就性格来说是美好动人的。作者对这一形象的塑造是成功的,这个形象的美学价值是不会瞬息即逝的。值得注意的是,作者的那些以现代生活为题材的中篇里出现了较多的性格复杂的形象。比如《鱼菱风景》《鹧鸪天》中都有那么一群。从这里,我们可以看到作家对生活更严肃的思考和更细致的观察。同时也感受到作家的一种美学趣味,他不忍把那些品格和气质中有着明显的甚至较大的缺陷的人物老是放在被鞭挞的地位。他要努力扩大他们精神世界中那块净土的地盘,要写他们在社会生活流动中的性格变化,要从他们的变异中反映生活的进程。这些形象包含了作者对生活冷峻的思索,也表达了他对生活的殷切热望。

  关于人物描写,刘绍棠同志发表过不少精辟的见解,他也是努力使他的理论主张与创作实践相一致的。当然,有些地方还存在着有待解决的矛盾,在创作方面还有些明显的不足。比如作者主张写"无主角戏",他把自己的《鹧鸪天》就当作"无主角戏"。我们以为,这种"无主角戏"在《蒲柳人家》中即初露信息。也许因为在《鹧鸪天》中详写的角色多了,所以我们总感到这部作品在人物和情节方面犯了作家自己反对的"丰富"的忌,尽管还不很明显。不过,作者最近在《十月》发表的《柳伞》,可以说,在探索无主角戏方面是一次较成功的尝试,较之《鹧鸪天》前进了一大步。艺术的创新是应该得到欢迎的,我们希望作家把"无主角戏"唱下去,并在实践中能更好地实现自己的主张,不求内容"丰富",而把人物写得更"丰满"。再如刘绍棠同志强调过描写人物的分寸感,一般而言,他是较好地把握了分寸的,但也不免有疏忽之处。如《芳年》中拂晓与黄莲重逢时一段生活的描写,如此处理是否有违乡俗?其真实程度如何?当然,这只是极少数的例外。此外,正如一些论者所指出的,爱情描写沾了点"才子佳人"的味道。我们希望刘绍棠同志在继承民族风格时着眼于创新,入乎其内,出乎其外,在人物描写方面更上一层楼。

三

"语言,是文学的第一要素!"刘绍棠同志对于语言的磨练是十分重视并刻意追求的。在语言的运用中,他形成了自己的特色,这就是:清新俏丽,洗练流畅,富有韵味和节奏美。

从建立"乡土文学"的宗旨出发,他力求语言的民族风格和地方特色。他大量使用家乡人民的口头语言,又注意对这种语言的加工和提炼,使之清丽而畅晓,既不失泥土气息,又含有诗的韵味;绘景状物更是写得水灵活脱,鲜嫩可爱。例如:

> 暮春之夜,风很轻柔,空气温馨,月牙儿低低垂挂在天角林梢,池塘春水如镜,闪烁着亮晶晶的繁星。田野上的小苗正悄悄生长,村里村外的花树趁夜间竞相开放,连他身边的野花,也绽开了米粒大的花蕾,开出了点点小花,装点这天上人间的春景。

——《二度梅》

这里,滚动着生活的晨露,饱含着花香水气,是从作者家乡的古运河里舀起的一勺水,是从运河滩上捧来的一抔土,又渗透了作家对生活的热爱和喜悦之情,是诗化了的风景画。

刘绍棠同志还很注意对群众语言中一些俗语、谚语、歇后语的运用。这些语言也是经过提炼的,是时间和人民完成了对它的加工和提炼。这种语言土气最足,用于叙述,则洗练明白,形象生动,唱出的乡音更加浓郁而富有韵味。刘绍棠的作品文字活泼,显出一种俏丽,读来轻松,与这种叙述语言的大量出现是分不开的。鲁迅说:"现在的文学也一样,有地方色彩的,倒容易成为世界的,即为别国所注意……可惜中国的青年艺术家,大抵不以为然。"[2]这是土洋的辩证关系。刘绍棠同志深得其中三昧,他的语言十分讲究中国作风和中国气派,并在地方色彩上下了功夫,其中就包括了对群众语言的熟练掌握和成功运用。

刘绍棠同志在语言运用方面的另一重要特色,是他深受我国古典文学作品的影响,非常注意古典文学语言与群众口语的熔炼。他的作品中大量引用、改用古典诗文的句子,有些地方则化用了古典辞章的意境。在语言句式的使用上,也可以看出评书、古典小说、古典戏曲对他的影响。他的句式一般较短,又时有对句,吸收了骈体文形式美的一些要素。讲究语言的节奏感,也是构成他的语言俏丽、洗炼、富有节奏美等特色的重要原因。这种古典文学语言的活用和语言形式的化脱,与清新流畅的群众口语熔于一炉,大大增强了其作品语言的独特魅力。且取一节,以作例证:

> 夏日的傍晚,运河上的风景像一幅瑰丽的油画。残阳如血,晚霞似火,给田野、村庄、树林、河流、青纱帐镀上了柔和的金色。荷锄而归的农民,打着鞭花的牧童,归来返去的行人,奔走于途,匆匆赶路。村中炊烟袅袅,河上飘荡着薄雾似的水气。鸟入林,鸡上窝,牛羊进圈,骡马回棚,蝈蝈在豆丛下和南瓜花上叫起来。月上柳梢头了。
>
> ——《蒲柳人家》

这段文字如诗、如画,清新、俏丽,洗炼、流畅,对称感、节奏美兼而有之,难以分割,融汇成作品语言的强烈的民族风格和地方色彩。这就是特色、个性和风格。

  刘绍棠的语言运用是成功的。他的清新且俏丽、流畅而洗练、并有诗意美的语言适合于吹奏田园牧歌,描绘故乡风情。他的语言与他所反映的生活构成一个和谐的艺术整体。同时,他又非常注意人物语言的个性化。他说:"要想在作品中把人物形象生动逼真地刻画出来,必须真正掌握和准确运用所描写的人物的性格语言。"在《二度梅》中,作者就是主要"靠语言而不是靠描写,刻画了青凤这个野性、泼辣、热心肠儿、好心眼儿的农村女子"。在其他中篇里,我们也可以看到性格语言对刻画人物性格、气质、心理的功用。《瓜棚柳巷》里柳叶眉错擒了花三春,说要给她找个"人品出众,才高八斗"的教书先生作主儿时,花三春有一段答话:

> "那我也得亲眼相看相看。"花三春嬉皮笑脸,"媒婆子一张嘴,装罢神来又闹鬼;我倒不是信不过小姑奶奶热心肠儿,好心眼儿,就怕小姑奶奶自幼大门不出,二门不迈,只见过井口大的天,错把红土当朱砂。"

这真是要言不烦,机灵、尖刁的形象一下子跃然纸上。《蒲柳人家》里望日莲和何满子有关周檎的一段对话,也堪称惟妙惟肖,不可尽言,限于篇幅,这里不再赘引。

它表现了何满子的天真和稚气,更刻画出望日莲丰富的内心世界。期待而生哀怨,深挚而有担忧,纯真而又热烈,这种深不可测的爱再添一匄,也许就会溢出来,然而在这里却清晰地映出了一张俏丽、端庄、深情脉脉的面容。

刘绍棠同志的语言运用是有深厚的生活基础的。他长期生活在乡亲们中间,熟悉家乡的风土人情、世态习俗,熟悉家乡的群众语言,熟悉他作品中出现的人物,"尤其是熟悉他们的性格语言",所以他写得轻松、活泼、生动、流畅。我们希望他在今后的创作中保持这样的语言本色,并加以进一步的磨炼,切忌套语的出现。那些套语虽然为数不多,但在作品中却很刺眼,而作家稍加留心,则是不难避免的。

刘绍棠同志有深厚的生活基础,有相当的艺术功底,已取得为人注目的艺术成就。我们深信他的执着追求必然获得更大的收获,他的"乡土文学"一定能赢得更多的读者。我们希望他在民族化的道路上继续迈步,保持和发扬作品的泥土气息、花香水气,为人民酿就更好的艺术琼浆。我们的期盼是不会落空的,这是因为我们可敬的作家"对这土地爱得深沉……"

参考文献

[1] 鲁迅.鲁迅文学书简[M].天津:天津人民出版社,2006.

[2] 鲁迅.鲁迅选集·书信卷[M].济南:山东文艺出版社,1991.

注:本文与周恩珍老师合作,发表于《长城》,1983年第3期,花山文艺出版社出版。

司马迁笔下的对比艺术

——《史记》选文备课札记之一

太史公之文,"澄清无滓","发其光精"(方苞语)。选作中学语文教材的篇目更是其中的佳品,当得"毫发无遗憾,波澜独老成"两句杜诗为赞语。仔细揣摩,可供学习借鉴之处甚多,这里仅就其对比艺术略述管识。

一、以人物之间的对比,显示性格之独异

人物性格不能是静止的、孤立的,而应该是联系的、运动的,相互之间形成"撞击",性格火花才得迸发。鲁迅说:"优良的人物,有时候是要靠别种人来比较衬托的。"如是,有利于煊赫而显豁地写出人物性格之独异处,《史记》选文中不乏这种人物之间的对比。其表现大抵有二:

1. 对立

这是针尖对麦芒之对比。具体地说,有阶级间的对立。如陈胜、吴广同将尉的冲突,二者冰炭不同炉,水火不相容,是严峻的阶级冲突,只能以血刃相见。在冲突中,陈胜、吴广的智勇、果断的性格得以凸现。有人格间的对立,比如屈原同上官大夫的冲突。"上官大夫与之同列,争宠而心害其能",这是美与丑、善与恶、正与邪的鲜明对比。比较之下,崇高与卑下、正义与邪恶、美德与权势更为突出。又有认识间的对立,比如陈胜与佣者间的对比。他们地位相同,遭遇无异,但认识迥然有别。陈涉的慨叹气势凌云,而又深蕴惋惜,比较之下,一个充满反抗精神的

青年雇农的形象跃然纸上。还有集团间的对立,在《鸿门宴》中,出现在读者面前的是阵容分明、虎视眈眈的对立群。为其简明,不妨列为一表:

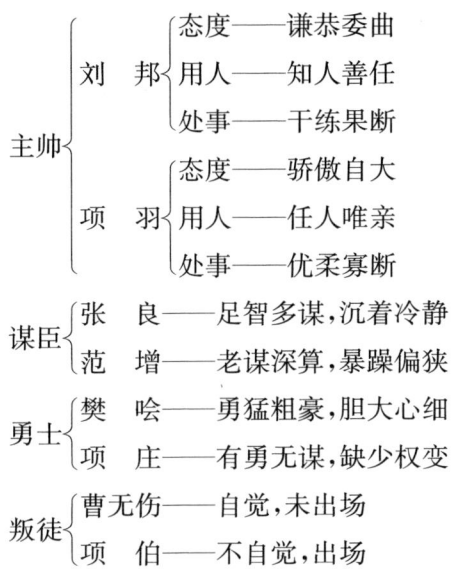

两个对立集团之间的对等人物,异同之处十分分明,人物思想性格形成鲜明对照,孰胜孰败也就不言而喻了。

2. 映衬

映衬实际上是同类相比,相互辉映。其中又有一两种情况:

一是双方同列,不辨主次,比照两面,同得其益,廉颇、蔺相如就是这样的"对子"。二人合传,作者在文章开头就列出两节文字分叙二人,介绍廉颇的身份、战功、地位、声望,又交代蔺相如不过是"宦者令缪贤舍人",让二人形成贵贱、重轻之比,埋下后面"撞击"的伏笔。正是这偌大差距,使廉颇其后"不忍为之下",于是就去主动"撞击"。"撞击"之间,蔺相如宽让待人的襟怀与廉颇知错即改的品质都映衬得更见光彩。有人认为,这段节选文字主要是写蔺相如的。诚如斯言,但如果从廉、蔺二人映衬比较的关系看,中间所展现的是蔺相如为何由贱而贵,由轻而重,终至"位在廉颇之右"的,这亦是二人"撞击"之缘由。

映衬的另一种是对比双方主次分明,作者着墨也浓淡相宜。比如《信陵君窃符救赵》中花了不少笔墨写侯生,其实,这正可见作者剪裁之当、构思之精。作者泼墨抒写的是信陵公子仁而下士、急人之难的品质。因为他仁而下士,所以他必定要急人之难;也正由于他仁而下士,所以他必定能急人之难。而这种性格的展现,都离不开信陵君与侯生之交往联系。作者写侯生,乃是"项庄舞剑意在沛公",笔笔落在信陵君的形象之上。作者是借侯生的傲慢,显示信陵君的谦让——真好士;借侯生的智明,表现信陵君的识人——好真士。侯生只是映衬式的形象,当然,他的形象也在映衬中更见鲜明。这既有性格的直射,且亦有性格的折射。

二、以人物自身的对比,表现性格之丰满

性格不应该是单薄的,应该是丰满的;不应该是平面的,应该是立体的。人物自身的对比,是展现性格内在矛盾的撞击,也是外部冲突的内部体现。它有助于刻画出性格的多层次、多棱角,并突出其性格的主导面。这种对比在《史记》选文中有三种表现:

1. 纵比

这是把人物在不同时期的表现进行前后对比,同中见异,异中显同。如果我们把节选部分仍嵌入原文去看,这种对比更见分明。以项羽来说,《本纪》先后通用"巨鹿之战""鸿门之宴""垓下之围"来展现其性格。"巨鹿之战"写其刚毅果断,英勇善战,展现了他叱咤风云、勇冠三军的英武形象。但"鸿门之宴"则见他犹疑不决,优柔寡断。"垓下之围"重现了他力能拔山、气能盖世的英雄气概。"别姬"一场,展现了他缠绵悱恻、儿女情长的性格侧面。正是这些合起了一个活脱脱的楚霸王形象。从《鸿门宴》看,他亦有前后之异举。比如刚听到曹无伤告密之语,"大怒曰:'旦日飨士卒,为击破沛公军!'"真是怒火中烧,弓满待发。但一听到项伯劝说之言,则"许诺""善遇"沛公,因而坐失良机,放虎归山。这前后之比,似异实同,正见出项羽的缺乏主见、优柔寡断。

2. 横比

这是把人物性格的各个侧面进行对比,以见丰满。从蔺相如的性格刻画来看,对强秦见其勇,遇廉颇一味让,使人难解,然而,这正是相如之所以为相如,其中爱国思想是他的性格内核。出使、相君不辱国,忍让也为国之安宁,爱国主义统一了他的性格的各个侧面。外抗强秦,表现了他智勇兼全,威震敌国;内让廉颇,正是他忍辱退让,名重如山。一个忠诚祖国、智勇皆备的贤臣形象巍巍而立。在《信陵君窃符救赵》中,公子将行,侯生献计,嘱其矫令击晋鄙而夺其兵,"于是公子泣"。这一"泣",可见公子的性格的几个侧面:他知人甚深,"晋鄙嚄唶宿将,往恐

不听"。他爱惜将才,为晋鄙将被杀而"泣"!他果断刚毅,救赵必行,因而对晋鄙"必当杀之"。真是"泣"之有因,"泣"之有理,"泣"之有情,信陵公子的形象由此更见丰满。

3. 表里比

这是把人物的表与里、外与内、现象与本质进行对比,揭示性格的庐山真面目,刻画出人物鲜明的个性。在《信陵君窃符救赵》中,作者写侯生于市中"故久立与其客语",以致"市人皆观公子执辔,从骑皆窃骂侯生"。其实,他们是不知就里,冤枉了侯生(读者上当的也不在少数,以为这里还是写侯生的傲慢)。且听侯生自己道破天机:"然嬴欲就公子之名,故久立公子车骑市中,过客以观公子,公子愈恭。市人皆以嬴为小人,而以公子为长者能下士也。"这正见出侯生的不寻常。《鸿门宴》中,刘邦的表与里也多成对比。他内心愈紧,则外表愈松;他表面谦恭,其实是在斗智。他"尊项"的根本目的在"倒项",这些表里之比使沛公的形象愈见深厚。

注:本文与周恩珍老师合作,发表于《学语文》,1984年第5期。

《风筝》浅析

1925年前后,祖国的南方热气腾腾,革命的力量正在集聚,准备着北伐战争的历史进军。而北京却依然是北洋军阀的统治中心,笼罩着浓重的黑暗。当时生活在北京的鲁迅,一方面接受"十月革命"的影响,感受到南方正在酝酿的革命风暴的气息,英勇地进行着反帝反封建的战斗;另一方面,他虽然接触到马克思主义理论,但还没有学会运用唯物辩证法,也没有完全摆脱进化论的思想羁绊。由于他远离南方的革命中心,没有与工农结合,对改造社会的真正力量和革命的前途还缺乏明确的认识,再加上新文化运动队伍的分化带来的思想震动,有时便产生了孤军作战的感觉:"两间余一卒,荷戟独彷徨。"但总的看来,这个时期的鲁迅,虽感到"寂寞",但并不消沉,虽独自"彷徨",但仍然"荷戟";虽深感周围黑暗浓重,但仍然坚持要"与黑暗捣乱";虽感到前途"修远",但还要"上下求索",在战斗中追求真理。这种种复杂的思想在《野草》中都有所表现。《风筝》也有某种"彷徨",甚至失望情绪的流露,但在这篇作品中显示出较多的是他对自己的严格解剖,以及对黑暗统治的憎恨——而这种解剖和憎恨也正是一种积极的战斗。

《风筝》是一首优美的散文诗,最初发表于1925年2月2日《语丝》周刊第十期,副题是:《野草之九》。我们在阅读这篇作品时,可以抓住作者的感情的起伏、心绪的变异这条线,作为分析、理解其篇章结构和思想意义的向导。

在"北京的冬季",发现远处的天空中"有一二风筝浮动","我"的感觉是"惊异和悲哀"。惊异,是因为"地上还有积雪",树枝灰黑光秃,北京尚在严冬,想不到那报道春天讯息的风筝却在空中出现了,这怎不令人惊异呢!悲哀,为何悲哀?作者在这里未作交代,这个悬念促使读者到下文中去寻找答案。

由"风筝浮动"感到"惊异",再由惊异产生联想,勾起作者对故乡风筝的回忆。作者首先以浓郁的抒情笔调和浓墨重彩,描绘了一幅风筝荡漾、柳绿桃红、春意盎然、生机勃勃的风景画,而后又将"久经诀别的故乡的久经逝去的春天"与北京四面的严冬对照起来。这里,儿时的回忆是美好的,但感情的落点是悲凉的,因为那醉人的春天只能在"天空中荡漾",还没有落实到地面,现实仍然是肃杀的严冬。这一段文字绝不是可有可无的,与下文由风筝联想到对小兄弟精神虐杀的两段文字是浑成一体的。作者将那些各式各样的风筝写得有声有色,活灵活现,正可反衬"我"破坏小兄弟风筝的残酷;身处严冬之中回忆到"春日的温和",大有无可奈何之意,这正可以看成处于严格管束下毫无自由的小兄弟遭到精神虐杀后的心境。

接着,描绘了"我"对小兄弟进行精神虐杀的经过,这是由对风筝的不同的感情、态度引起的。"我"对风筝,不但不爱,并且嫌恶,自己不放,也不许别人去放,认为"这是没出息孩子所做的玩艺"。小兄弟却"最喜欢风筝",竟能张着小嘴,呆看着空中出神,有时至于小半日。"他的这些,在我看来都是笑柄,可鄙的。"正是这感情的冲突导致了行动的冲突。"我""破获"小兄弟偷做蝴蝶风筝的秘密时,终于怒不可遏,"即刻伸手折断了蝴蝶的一支翅骨,又将风轮掷在地下,踏扁了"。我给了小兄弟精神的重创,然后才"傲然走出"。这"傲然"是对肆意虐杀的"我"的精神上的总括。既因为"论长幼,论力气",小兄弟除了"惊惶","失了色瑟缩着",终至"绝望",别无他法;更主要的是"我"自以为理直气壮,以为这压迫和破坏是完全正当和必要的。

"然而我的惩罚终于轮到了。"当步入中年,从书本上知道"游戏是儿童最正当的行为,玩具是儿童的天使"后,对小兄弟精神上的虐杀成了对自己精神的惩罚,"我的心也仿佛同时变了铅块,很重很重的堕下去了。"至此,"我"的情绪上产生了不可言状的痛苦,笼罩着难以摆脱的阴影。前后之间,年龄从少年跳到中年,情绪上大起大落,层次上泾渭分明。

"我"的悔恨是真诚的。"我"曾设想过补过的方法,企望得到宽恕,以使心境得以宽松,但年华的流逝和兄弟对旧事的遗忘,使补过的希望不能实现。"我还能希求什么呢?我的心只得沉重着。"

至此,见到风筝而悲哀的原因已经叙明,读者悬念释然,于是作者又回应开头,从漫长的回忆中返回现实的北京。回忆故乡既然给"我"以"无可把握的悲哀",是不是就躲到现实的"肃杀的严冬中去"呢?作者似乎又不愿意,因为严冬"正给我非常的寒威和冷气"。在忆旧的悲哀和现实的冷峻中,作者似乎宁取前者,因为儿时的回忆虽然给他以悔恨和悲哀,但毕竟比现实的严冬要好一些。最后,作者以对严冬的憎恨结束全文。

　　不难看出,作品中"我"的情绪在变化中又显出复杂。由风筝引起的感情的波动,前后格调迥异。儿时对风筝嫌恶至极,人到中年风筝则是引起悔恨和悲哀的触物。身处严冬中的北京,见到风筝在悲哀中不无一种亲切之感,作者正是在这情绪的波动中,沉重地进行着严格的自我解剖。同时,作者又处于憎恨现实和不堪忆旧的情感的矛盾中,在这里,多多少少流露出作者当时彷徨、空虚的情绪。

　　这首优美的散文诗是以第一人称写的,对于"我"的理解,是把握主题思想的关键。

　　应该说,这个"我"既是鲁迅自己,又不完全是作者自己。鲁迅弟弟周启明在《鲁迅与"弟兄"》一文中回忆,鲁迅不爱风筝,小兄弟喜爱风筝,而且善于糊制风筝,这都是事实。鲁迅在这里通过对风筝的回忆说的是,自己对于儿童与游戏不了解,造成对幼小者的精神上的虐杀,自己却也在精神上受到惩罚,心里永远觉得沉重。作者对自己进行了自我谴责、自我批评。鲁迅说过:"我的确时时解剖别人,然而更多的是更无情面地解剖我自己。"[1]又说:"我知道我自己,我解剖自己并不比解剖别人留情面。"[2]这篇《风筝》正体现了鲁迅严格解剖自己的可贵性格。

　　然而,这里的"我"又不只是鲁迅,他是当时按照封建思想教育子弟的父兄形象的艺术概括。周启明在《鲁迅的青年时代》中回忆说,小兄弟糊风筝时鲁迅已进南京学堂去了,"这些折毁风筝等事乃属于诗的部分,是创造出来的。事实上他对于儿童与游戏并不是那么不了解。"[3]正因为鲁迅在自己生活的基础上进行了艺术的虚构,就使得作品在通过自我解剖的同时,批判了一般有封建思想的父兄违反儿童心理规律、禁止儿童游戏的愚蠢行动。这种管教儿童过严、戕贼儿童天性的行为,在当时有一定的普遍性;认为游戏浪费时间,是"没出息孩子"干的,剥夺儿童的正常游戏,使他们终日伏案读书,未老先衰,变成了小老头。这种人就是现在也不能说完全没有。因此,这篇作品又具有普遍的社会教育意义。

　　《风筝》在《野草》中是比较富于叙事因素的。它与其他散文诗一样,有诗的情感、诗的意境和诗的美。但它又有较为完整的故事情节和人物形象,尤其是对弟兄俩,作者着笔于他们的心理、动作、神情,刻画得神情毕肖。例如第三、四小节对小兄弟的描写,不多几笔,就勾勒了天真怯弱而又富有创造力的儿童形象。而"我"——一个专横者和胜利者,其心理——鄙视和愤怒,其动作——"折""掷""踏",其神情——满足与傲然,更如同高明画师笔下的人物形象,栩栩如生。人物形象的成功塑造和浓烈感情的抒发正是这篇作品思想深刻、感情强烈的原因之所在。

对比笔法的成功运用,也是《风筝》艺术上的重要特色。作品中有人物形象的对比,"我"与小兄弟对比之下,更显出虐杀的深重;有环境对比,孩时故乡的春天和北京肃杀的严冬,这一对比造成了更为浓郁的艺术氛围,烘托了人物的心境;有"我"对风筝态度的前后对比,从对风筝的嫌恶到悔恨补过,更显出心情的沉重。而这些对比,又生动地表现了作者的解剖之严,对现实环境的憎恨之深,从而深刻地突出了主题。

跟《野草》的其他作品一样,《风筝》的语言也有鲜明的形象性和非常协和优美的音乐性;如写风筝的荡漾,摹状摹声,绘影绘形,十分逼真;写北京冬天的天空和故乡早春二月的景象,都是色彩鲜明的。作者所用的语言像绘画一样富于色彩,像音乐一样具有协和的声调,而这语言的声音和色彩与作者所要表现的生活感受的调子、诗的调子是一致的、合拍的。如北京严冬的肃杀,写得声色俱厉,咄咄逼人,更衬出自己的憎恨;儿时故乡春意盎然、生机勃发的景象,既是作者的亲身感受,也是作者所希求的东西。

参考文献

[1] 鲁迅.鲁迅全集:第1卷[M].北京:人民文学出版社,1973.

[2] 鲁迅.鲁迅全集:第3卷[M].北京:人民文学出版社,1973.

[3] 周作人.周作人自编文集·鲁迅小说里的人物[M].止庵,校订.石家庄:河北教育出版社,2002.

注:本文与周恩珍老师合作,发表于《扬州师院学报》,1980年第4期。

绘就眼前景　咏出心中情
——杜甫《绝句四首(其三)》

人们常说,诗歌是诉诸人的听觉的。但一首写景好诗,既要"入耳",又要"悦目",做到诗中有画,声色俱佳。而且更重要的还是逼真地绘出眼前景,咏出心中情。也就是说,要创造出美的意境,触发读者的联想,去领略诗中景物的美、形象的美,得到艺术美的享受。杜甫的《绝句四首(其三)》堪称这样的好诗:

　　两个黄鹂鸣翠柳,
　　一行白鹭上青天。
　　窗含西岭千秋雪,
　　门泊东吴万里船。

这首诗是杜甫于公元七六四年初回成都草堂以后所作,是一首地地道道的写景诗。全诗四句,二十八字,一句一景,合之成卷,拆之成幅。可谓景景相叠,景中套景。它确是诗中有画,画中有情。那色彩斑斓的画面,迷人的绮丽春光,优美的祖国山水,实在令人陶醉。在读者欣赏这如画之诗的过程中,诗人愉悦的心情、豁达的胸怀又给人们以深深地感染和启迪。

我们先看前两句:"两个黄鹂鸣翠柳,一行白鹭上青天。"诗人起笔不凡,一下子就捕捉住无限春光中富有特征性的景物。请看,春日融融,柳芽吐翠,黄鹂和鸣,白鹭展翅,这是一幅多么怡人的自然景色啊!这十四个字构成的一幅画卷,色彩非常丰富。"黄鹂""白鹭""翠柳""青天",只用了四种颜色的意象,就点缀成姹紫嫣红的烂漫春色。它非画胜似画,声和色,动和静,全都收入笔端,色调十分和谐。诗中一"鸣"一"上",使整个画面洋溢春天的气息,充满了春天的活力。这两个动词的精妙之处,还在于它们使"黄鹂""白鹭""翠柳""青天"这些大自然中的一个个景色片段连接起来,组成一个有机的艺术整体。而"鸣"字更多的是从听觉上来写,"上"字则主要是借助视觉来展现。它们又都在空间的图景中包含了时间的延续,使我们看到一幅比之静态画面更为丰富的内容。

  诗人杜甫的"圣笔",曾经描绘过许许多多各不相同的山水人物,他借助外界景物的刻画,成功地表现了自己的内心世界。杜甫的诗篇中较多地寄寓着他的忧国忧民之心和感慨怅叹之意,其中且有不少震动人心的佳句,如"高江急峡雷霆斗,古木苍藤日月昏。"(《白帝》)"风急天高猿啸哀,渚清沙白鸟飞回。"(《登高》)等等。而这首绝句却迥然不同,可谓清词丽句,景象可爱,诗味无穷。其实,这也是诗人移情于景,情随境生。适时,诗人老友严武再镇蜀川,书信热情相邀,杜甫欣然回舟,重返成都草堂。在"三年奔走空皮骨"之后,旧屋故人迎,骨肉相团聚,因而他觉得眼前的一切景物都十分可爱,故而写出如此动人的诗篇,愉悦之情溢于言表,这在后两句中也可看出。

"窗含西岭千秋雪,门泊东吴万里船。"

  如果说前两句主要写大景中的小景,这两句正好相反,却是借眼前的小景来展现深远的大景。"西岭",即岷山。岷山白雪,千年不化,故曰"千秋雪"。"含"字入诗,全篇皆因之增辉。可以说,"著一字而精神出"。窗对西岭,有似口含,无生命之物竟然动了起来,"含"字极形象。岷山,高峻雄伟,由窗摄入,正是园林艺术中的"借景"手法,"含"字极丰富。"窗"和"西岭",相隔遥远,本不相干,凭一"含"字,二者缩短距离,浑然融成一景,"含"字极巧妙。从一"含"字,似可见诗人的艺术匠心和心旷神怡之态。

  上句"窗含西岭千秋雪",出手不凡,气魄高远;下句"门泊东吴万里船",乍看起来似乎平平,但继而思之,却对得极有气势。"千秋雪",表示时间的永恒;"万里船",显得空间的广阔。前者借"窗"写远景,后者借"门"写近景,有远有近,互为映衬。而这门前河下之物,非比寻常,它是行万里之遥可溯江而上的东吴之船。诗人在这里给人以想象的广阔余地,似又展现了一幅画外的特大远景:万里长江,滚滚东去,孤帆远影,逆流而上。诗人于收笔之处,突写东吴之船,且有言外之意:当时的杜甫很想去周游吴地。实际上在次年五月,他便率领家小出峡东下了。故这一句又隐有他欲到万里之外作壮游的心愿。诗的最后两句不仅与前面的景物融成一片,而且给全诗带来一种宽广壮阔的气势。

绝句,是唐代近体诗的一种。杜甫到成都以后,很喜欢写绝句。他的一些描写祖国山川的诗篇曾被人称为"图经",这并非过誉。杜甫这首绝句的艺术效果启迪我们:

第一,写景必须酷似其景,抓住与众不同的特点。这就要求作者对客观景物细观深察,才能描绘准确,达到形似与神似。

第二,写景不是客观形态的摹拟,应当注入诗人对生活的独特感受。正如刘勰所说:"情以物迁,辞以情发。"[1]单纯写景的作品是没有的,只不过有的直接披露、有的含蓄蕴藉罢了。

第三,写景要注意设色敷彩,以增强作品的艺术魅力。马克思说:"色彩的感觉是一般美感中最大众化的形式。"[2]客观世界是五彩缤纷的,我们要运用色彩来描绘客观景物,丰富读者的精神世界,让读者获得美的艺术享受。

参考文献

[1] 刘勰. 文心雕龙[M]. 上海:上海古籍出版社,2015.

[2] 马克思,恩格斯. 马克思恩格斯全集:第13卷[M]. 中共中央马克思恩格斯列宁斯大林著作编译局,译. 北京:人民出版社,1983.

本文与周恩珍老师合作,发表于《光明日报通讯》,1983年10月第10期。

人在画中游　美景不胜收
——《与朱元思书》赏析

吴均(469—520),字叔庠,南朝梁吴兴故鄣(今浙江省安吉县)人。他出身寒微,少有文才,但为人性格耿直。他在撰写《齐春秋》时,不顾梁武帝萧衍的禁忌,如实记录齐梁间史事,曾遭到焚书、免职的处分。他的诗文颇为时人所推重,《梁书》本传说他"文体清拔有古气,好事者或学之,谓为'吴均体'"。《与朱元思书》一文,很能见出他文辞清拔、格调清新的特色。

朱元思,不很有名,有本误作"宋元思"。《与朱元思书》乃吴均写给朋友朱元思述说行旅中所见所闻所感的信。从内容看,是一篇典型的山水游记。文章凡百余字,分为三段。第一段总写富春江的山水,"天下独绝";第二段具体刻画"异水";第三段细致描绘"奇山"。

第一段文曰:"风烟俱净,天山共色。从流飘荡,任意东西。自富阳至桐庐,一百许里,奇山异水,天下独绝。"

这一段,"从流飘荡,任意东西"乃作者的行踪和心态,切不可忽略,因为富春江的高山流水,两岸迭出的美景,使人目不暇接,均以"人迹"串起。由此八字,又可见作者闲适的神态、愉悦的心情。何以如此呢?一者,"自富阳至桐庐,一百许里,奇山异水,天下独绝",可谓有此佳境。二者"风烟俱净,天山共色",晴日当空,秋高气爽,可谓有此良辰。第三层原因,则应卒读全篇,联系作者独特的心境来理解。他的文章常常表现了沉湎于山水之间的生活情趣,这里是为一证,可谓有此心境。这里的总写,点出天气情况,勾勒出广阔的空间境界;概括景物特点,以

"奇""异"二字领起全文;述己悠闲神情,从情绪上串起整篇。有气魄,有特色,有深度。

第二段,仅以三句二十四字就形象地再现了一幅异水图:"水皆缥碧,千丈见底。游鱼细石,直视无碍。急湍甚箭,猛浪若奔。"

"缥碧",写水之色;"千丈",写水之深;"见底",写水之清;"游鱼",写水之活。这一句使水之清澈具体化、形象化,而写出水之静美,与下句"急湍甚箭,猛浪若奔"的水之动美形成对比。然而,水之"异"还不止于此,"奇山异水",美在山,美在水,还美在水中有山,山水相映。作者正是从山水相映中写出山奇水异,实在是高人一等。且看水色,"缥碧",青绿之色。这里明写水色,暗衬山色,高山寒树,倒映水中,相映成趣,必定加浓了水色。写水之清,"细石"历历在目,可见山、水有别。而水底和山峰之间,正是以细石相连,后来柳宗元写"全石以为底"的"小石潭"也是一样的笔法,明写水清,又写出山之质。继写水的飞动之美,暗则写出山之形,"急湍甚箭,猛浪若奔",把一个"夹"字活活地画出了。在这异水图中,又见作者身影。"见""直视",使作者"从流飘荡,任意东西"的闲适神情清晰可见。

第三段写奇山,文曰:"夹岸高山,皆生寒树,负势竞上,互相轩邈;争高直指,千百成峰。泉水激石,泠泠作响;好鸟相鸣,嘤嘤成韵。蝉则千转不穷,猿则百叫无绝。鸢飞戾天者,望峰息心;经纶世务者,窥谷忘反。横柯上蔽,在昼犹昏;疏条交映,有时见日。"

山何以谓"奇"呢?奇在有三:一奇在山之势——"竞上"势。"负势",山的"竞上"似有意为之。"互相",包括了百岭千峰;"争高直指",活画出"竞"态;"轩邈"可见"竞"之范围,有纵有横,扩大了空间。作者在这里以拟人化手法化静为动,笔墨之中,显出勃勃生机,山之动势。二奇在山之曲——交响曲。泉水叮咚,好鸟和鸣,蝉千唱不穷,猿百啼不绝,交融成大自然美妙的乐章,悦耳怡神,令人沉醉。"泉水"与"好鸟",皆为美好事物。"蝉""猿"二物,一扣时间特点,此乃夏秋之际;一扣空间地点,是为高山之上。三奇在山之色——变幻色。"横柯上蔽""有时见日"等,照应了全文起句"天山共色"和本段起笔"皆生寒树"。这里的景色时晦时明,有晖有阴,变幻不定,确是一奇。而山奇又得水映。譬如写山之势,"夹"字点出山水相连,互为映衬;写山之曲,泠泠泉水作响,是写山间之水,而这泉水又欢快地跳跃着歌唱着汇入山下江水之中,也是构成"急湍甚箭,猛浪若奔"的奇景之一因。由此可见,山与水本来就有内在联系,就是一个客观整体。这一段的"鸢飞戾天者,望峰息心;经纶世务者,窥谷忘反",前一分句说为名为利、极力攀高的人,看到雄奇的山峰,也会平息那热衷于功名利禄之心;后一分句说忙忙碌碌、缠身政务的人,睹此幽美的山谷,就会迷恋山水,流连忘返。这是借人写景之笔,显示出美妙的大自然诱人的魅力。这里实写世人,虚写山水,情景俱出,"物我双会",作者厌倦官场生活、陶醉于大自然之间的情态可以想见,难怪乎作者逢此良辰,见此美景,"从流飘荡,任意东西"了。

品尝该作,我们不难体会到作者写景很见功力,很有特色。他写出了"奇山异水"的多姿多态,既言其秀丽,又说其雄奇。比如写水,写水之稳静是秀丽之美,写水之飞动是雄奇之美。写山中音响,山色变幻,可见其秀丽,写山势则现其雄奇。作者观察细致,下笔生花,写出了奇山异水的静态之美和动态之美。动静相间,动静互衬,又变化手法,以动写静,化静为动。如写"游鱼细石,直视无碍"显其静态,而又有鱼游其中,静中有动,借动显静。又如山势本为静,但以拟人手法来写,化静为动,显示了山峰"负势竞上""争高直指"、欲比高低的生机。作者又绘其色彩,摹其声响,山光水色,树影天光,都巧妙地融进了这幅山水图中。

如上文所析,作者写山奇水异,着眼于相映之美,写出各自的特色,又把它们融为一个有机的整体。李健吾先生说过:"山没有水,如同人没有眼睛,似乎少了灵性。"而写水有山相映,又必添水之声势,作者写出山水相映之美,才显出"奇山异水"之盛,确是"天下独绝"。正是这样美不胜收的画面,使人游其间,悠然得乐,神怡情移了。

从文章体裁看,本文是一篇骈体文。骈文对句式和用词都很有考究。在这篇文章中,作者尽可能扬骈文之长,完美地表达了自己的所见所思。从文辞说,通篇"句句锤炼无渣滓",文字精美,而又清新朴素,"扫除浮艳,淡然无尘"。从用事说,不以用典显耀,毫无雕琢之弊,既有所用,也恰到妙处,化进文章整体。从句式看,又不受"四六"所限,时有所变,自然流畅。真乃是山川文字,相映生辉。

注:本文与周恩珍老师合作,发表于《名作欣赏》,1984年第2期。

烘云托月　鬼斧神工
——《陌上桑》赏析

《陌上桑》是我国古代优秀民歌中的一朵奇葩,描写的是一个使君戏弄采桑女子而遭到严词斥责的故事。它揭露了封建官僚的卑劣无耻,歌颂了劳动妇女坚贞不阿的高贵品质和勇敢机智的反抗精神。全诗共三章,第一章着重描写罗敷的美貌。

日出东南隅,照我秦氏楼。秦氏有好女,自名为罗敷。
罗敷喜蚕桑,采桑东南隅。青丝为笼系,桂枝为笼钩。
头上倭堕髻,耳中明月珠。缃绮为下裙,紫绮为上襦。

诗的开篇就围绕罗敷的美好设色着墨。"日出东南隅",春天日出东南,时辰是美好的;"秦氏有好女","秦",是汉代诗歌中女子常用的姓,姓氏是美好的;"自名为罗敷","罗敷",是古代美女名,汉代妇女常取以为名,名字是美好的;"采桑东南隅",在阳光普照下劳作,劳动地点也是美好的;"罗敷喜蚕桑",她还是一个劳动能手哩! 这一句又把罗敷引下楼来,从远景变为近景:"青丝为笼系,桂枝为笼钩",多么美好的劳动工具,质优色佳又香洁。"头上倭堕髻,耳中明月珠","倭堕髻",其髻偏在一边,有欲堕之状,是当时时髦的发式;"明月珠",乃宝珠名。再有"缃绮为下裙,紫绮为上襦",罗敷的装扮衣着又是这么美好,尽管作为一个农家女子不可能有这么珍贵的服饰,但顾及末章罗敷夸夫一段,不难见出,作者着意夸张,并能从总体构思出发,前后吻合,无懈可击。

这一章的最后几句是千古传颂、众口赞誉的名句:"行者见罗敷,下担捋髭须。少年见罗敷,脱帽著帩头。耕者忘其犁,锄者忘其锄。来归相怨怒,但坐观罗敷。"诗人真正是别出心裁,鬼斧神工,以烘云托月之法,用描绘旁观者见到罗敷的神情反应来表现罗敷的美。这种艺术手法,恰如茅盾先生所说:"这是比直接描写一个美貌女子的容貌高明十倍。不写罗敷的容貌而罗敷的绝世美貌跃然纸上,这真是前无古人的艺术描写。"我们以为,诗中这几句的艺术功用还不止于此,它表现出了罗敷的绝顶美貌,也注释了"罗敷喜蚕桑"的"喜",写出了罗敷的高超的劳动技巧。

然而,极写罗敷的外貌之美,并非作者的主旨所在。作者在诗篇的第二、三章通过罗敷同使君的冲突描写,展现了她高贵的品质和美好的心灵。而她的内在美又包含了丰富的内容。我们先从使君的出场看起:"使君从南来,五马立踟蹰。"使君是东汉时期对太守或刺史的称呼,他们出行通常乘五马之车。"踟蹰",徘徊不前。这里的"踟蹰"二字,惟妙惟肖地刻画出使君的心理状态:他一方面在炫耀自己的权势,另一方面又在打着鬼主意。可见,使君一见罗敷,便垂涎三尺。这也足见罗敷的容貌是多么地富有光彩。"使君遣吏往,问是谁家姝",这不仅仅是想搭上话头,以利诱惑,而且还在于罗敷的服饰、装扮、用具都显示了她的不同寻常,所以要"问是谁家姝"。紧接下文的问答,句句呼应前文,通篇一气贯串。"二十尚不足,十五颇有余。"是对罗敷的美妙补上一笔,她正值妙龄。在这些语言往来中,罗敷的落落大方、不卑不亢的神态显示出来了。使君在得知罗敷的姓氏和年龄后,赤裸裸地提出"宁可共载不",谁知机灵聪明的罗敷姑娘早已注意到使君的不怀好意,她无所畏惧,毫不慌张。"前置词"的"前"字,充分显示了她不向邪恶势力低头退让、不惧权贵、不甘受辱的敢于斗争、善于斗争的精神。"使君一何愚",乃当头一棒,接着义正词严、理直气壮地反驳、斥责使君,捍卫自己的人格。"使君自有妇,罗敷自有夫",语含讥讽、嘲弄,又兼斥责、声明,仅此一句就使自己立足于"礼""理"之上,让使君陷入窘境。接着充分利用封建官僚欺软怕硬、欺下媚上的心理弱点,夸说丈夫。她的夸说,针对性强,赞了夫婿,也痛斥了使君。夸夫一章,可为三层。第一层,针对"五马立踟蹰",先从排场上压倒使君:"东方千余骑,夫婿居上头。"出语不凡,势如奔马。"何用识夫婿?白马从骊驹。"言之凿凿,黑白分明,不容置疑。"青丝系马尾,黄金络马头;腰中鹿卢剑,可直千万余。"何等的排场,何等的富有,也就是何等的显赫,相比之下,五马使君又算得了什么! 而使君竟然生了歹意,实在应该骂声"一何愚"! 第二层,针对使君的官职,从地位上压倒他。"十五府小史,二十朝大夫,三十侍中郎,四十专城居。"这里显示了夫婿的位尊和前途的不可限量。"四十专城居",是有权在手的。而这区区的五马太守,自以为不可一世,真是愚不可及! 第三层,从容貌上压倒使君,如果使君是个丑陋不堪的家伙,正好两相对照,妍媸分明,赞了夫婿,也就笑骂了使君。如果使君还有几分人样,那罗敷赞夫之辞也足以压倒他,使他相形见绌,无以自容。"为人洁白皙,鬑鬑颇有须,盈盈公府步,冉冉府中趋。坐中数千人,皆言夫婿殊。"罗敷说她的丈夫不仅俊美,且有风度,是一种有教养的俊美,是一种地位显赫的俊美,而风度之雅,更显出他的英姿焕发。

由上所析,我们不难看出,《陌上桑》是很有特色的。汉乐府民歌多数是现实主义的精描细绘,但其中的一些作品也洋溢着浪漫主义的气息。《陌上桑》则是现实主义和浪漫主义渗透得比较紧密、结合得相当自然的一篇。据史书记载,汉时使君照例要在春天巡行属县,"观览民风","劝人农桑",而实际上往往"重为烦扰",给人民带来了恐惧和灾难。《陌上桑》揭露的正是这类社会真相的一个方面。面对统治阶级的压迫和侮辱,人民群众的反抗是必然无疑的。乐府《东门行》写的是这样的反抗,《陌上桑》写的也是这样的反抗,只不过《东门行》发出的是愤激的、嘶哑的、决断的吼声,而《陌上桑》是一场喜剧,使君成了被斥骂、被嘲弄的对象。

正面描写和侧面描写的交替运用是这首诗作的另一特色。侧面描写又叫间接描写,是一种借此显彼、烘云托月的手法。化正面描写为间接显现,其实也是将描写化为叙述,增强作品的叙事性。这首诗以间接描写显现罗敷的绝色美貌,是有其独创的。它创造的不是具体可感的视觉形象,而是不定的想象形象。对于读者来说,它指示了想象的方向,留下了想象的空间,各人可以按照自己心目中绝美的标准勾画出罗敷的形象,即美之极致。正是这种种独到而绝妙的艺术笔墨,给我国灿烂无比的古典文学的人物画廊上留下了一位光彩照人的艺术形象。

注:本文与周恩珍老师合作,发表于《光明时报通讯》,1984年第3期。

巍巍乎高山兮

——《在马克思墓前的讲话》解读

恩格斯的这篇著名讲话,符合悼词的一般格式,先是介绍马克思逝世的具体状况,继而对马克思的伟大一生进行回顾总结,最后表达对马克思的悼念之情。这篇讲话的不同凡响之处,在于总结评价逝者一生功绩的同时,完成了"形象塑造",让听众、读者在认识马克思不朽贡献的同时,感受到马克思的光辉形象——巍巍乎高山兮。

独具匠心的结构安排。文章的第2自然段:"这个人的逝世,对于欧美战斗着的无产阶级,对于历史科学,都是不可估量的损失。"可以视为本文的中心论点,但要注意的是,这里是革命实践在前,革命理论在后,而在具体论述时,则是阐述理论贡献在前,概述革命实践在后。何为?可以理解为,作者的谋篇布局着重在描摹马克思的巍巍形象。"正像达尔文发现有机界的发展规律一样",以类推的方式,点明马克思形象塑造的基点。达尔文进化论回答了生物从哪里来、为什么多种多样、下一步会怎么进化的问题,达尔文的贡献是世所公认的。马克思凭他对人类历史发展规律的贡献已经取得了与达尔文同列的历史地位。然而"不仅如此",马克思"有这样两个发现"。在他所研究的每一个领域,甚至在数学领域,都有独到的发现,可见马克思形象的高度、厚度都远胜于达尔文了。至此,我们已经看到一个开创未来的理论巨匠的形象。"但是这在他身上远不是主要的。"恩格斯转而论述马克思作为一个革命家的历史功勋,描绘了他在革命实践中的战斗英姿和深广影响。形象巍巍,高山仰止,令人肃然起敬。其时,再品味作者的结构安排,更能领悟匠心之所在。

　　高度精辟的人生概括。"美德不是空口袋",同样,人的伟大在于他作出划时代般实实在在的贡献。马克思的一生波澜壮阔,功盖千古。恰如在马克思去世的当晚,恩格斯在写给李卜克内西的信中所说:"我仍然不能想象,这个天才的头脑不再用他那强有力的思想来哺育两个半球的无产阶级运动了。我们之所以有今天的一切,都应归功于他;现代运动当前所取得的一切成就,都应归功于他的理论的和实践的活动;没有他,我们至今还会在黑暗中徘徊。"[1]怎样在千把字的悼词中涵括其业绩和贡献呢? 怎样让马克思的巍巍伟姿站立起来呢? 恩格斯对马克思的一生做了精辟的概括。首先他从"战斗的无产阶级"和"历史科学"两个维度考虑。在阐论理论贡献时,着重介绍具有划时代意义的"两个发现"。第一个发现,是回应当时的时代关切,像达尔文解释生物界一样解释人类历史的发展规律。马克思发现社会存在决定社会意识,经济基础决定上层建筑,这个"规律"是"简单事实",这里所说的"简单"一方面表明这个规律与人们生活的密切相关性,从而显示重要性;另一方面,将"繁芜丛杂的意识形态"和"简单事实"列举在一起,说明这个规律容易被遮蔽而难以发现,反证出马克思的思想十分敏锐。马克思第一次带领我们发现人类历史上这一被严重遮蔽的"简单事实",其开创性、划时代的意义就呈现出来。第一个发现是揭示人类社会的发展的一般规律,具体到资本主义社会呢? 这就有了第二个发现,发现资本主义社会的特殊运动规律,即创造了剩余价值理论。恩格斯用"豁然开朗"和"在黑暗中摸索"对比,说明马克思这一发现是多么的了不起! 马克思的这个发现引导我们弄清楚"什么是资本主义社会? 资本家是怎样剥削工人的?"在资本主义社会中,工人靠出卖劳动力养家糊口。资本家总是要工人延长劳动时间,工人付出的劳动时间一部分是必要劳动,即维持生活、获取报酬必须付出的劳动,其余时间是剩余劳动,而剩余劳动创造的价值都被资本家占有了。资本家剥削工人的秘密就在这里。马克思的剩余价值学说揭示了这个秘密,也就敲响了资本主义的丧钟。随后,恩格斯又介绍马克思在诸多领域的深入研究,这是因为马克思面临中世纪以来的时代巨变,敏锐地关注、观察、研究、批判、吸收、转化、创造,领略八面来方,汲取时代甘霖,以雄阔的视野和独到的发现,全方位地站立在时代前沿。在讲话的后半部分,恩格斯总结马克思在革命实践方面的贡献。这样的营构不仅有助于我们拾级而上,去共同形塑马克思的巍巍形象,还在于"历史科学"与"生产实践"存在一定的因果关联,马克思划时代的

"两个发现"充分说明无产阶级奋起斗争的必要性、必然性。作为一个革命家,马克思"毕生的真正的使命"就是投身推翻资本主义社会的伟业,他是基于高度的理论自觉,甚至是生命自觉,"斗争是他的生命要素"。他在宣传、组织方面发挥了不可替代的作用,"满腔热情、坚韧不拔和卓有成效地进行斗争"。而对诽谤诅咒,他毫不在意,心无旁骛,忘我地沉浸在"英特纳雄耐尔"的宏伟事业。至此,一个理论家和革命家高度统一的形象就实实在在地屹立起来。

  情真意切的语言特色。作者的遣词造句对于"形象塑造"特别起作用的,主要在两个方面。第一是叙述与描写。在阐说和议论的过程中,作者有不少叙述和描写的笔触,饱含深情,产生"绘声绘色"的效果。文章起笔两句,看似平静的叙述,含蓄地表达了深挚而丰富的感情。写马克思逝世的时间,十分准确,不仅表明作者的郑重态度和悲痛心情,而且突出马克思这位历史巨人逝世的不同寻常;写马克思逝世为他"停止思想",既表达恩格斯不忍说、不愿说的悲痛心情,也突出马克思是"当代最伟大的思想家"。"让他一个人留在房里还不到两分钟",可见恩格斯只离开两分钟,还为此深感惋惜和遗憾;"他在安乐椅上安静地睡着了",突出马克思生命不息、战斗不止的高贵品质,说明只有死亡才能打断他的工作和思考;"永远睡着了",马克思是不朽的,他的精神永驻人间! 此处真正是字字热泪,句句深情! 在写马克思理论发现时,我们的眼前出现"幸福"两字,这是因为马克思发现的是真理,发现真理是人生幸福的重要源泉。发现真理则可以引导人们为真理而奋斗,由此可见马克思胸怀五洲、心系天下的伟大情怀。写马克思对各个领域的科学发现"感到充满喜悦",可见他对新生事物的关注和重视。在文章第8自然段,用对比显示马克思贡献和影响之巨大,处处着墨于"形象塑造"。段中用了一个比喻句,说马克思面对敌人的诽谤、诅咒毫不在意,"把它们当作蛛丝一样轻轻拂去",含蓄而形象地表现了马克思崇高的境界。写战友们的悼念,"整个"的范围,"千百万"的数量,都给人浩浩荡荡的感觉。于是就有了顺势而来、铿锵有力的结句:"他的英名和事业将永垂不朽!"第二是文章起承转合的句子。且看各个自然段的关联处。说理论发现,"正像达尔文……",起笔豪迈;从"第一个发现"转向"第二个发现","不仅如此";从"两个发现"转向面的广阔,"一生中能有这样两个发现,该是很够了",不同寻常自然出来了;从"作为科学家"转向"革命实践","但是这在他身上远不是主要的",阐说自然更上层楼;说革命实践方面的贡献"因为""正因为",前后关联,自然而深刻。整个起承转合,清晰流畅。这就使得结构十分严谨,在层层推进中,马克思的形象更见丰满而巍峨。"高山流水觅知音。"恩格斯不愧为马克思的亲密战友。恰如列宁所说:"他们的关系超过了古人关于人类友谊的一切最动人的传说。"作为一个几乎可以比肩的思想家、革命家,恩格斯对马克思无与伦比的一生做了精辟的概括;作为亲密战友,恩格斯的悼词字字饱含深挚的感情。惟此,恩格斯才能为我们描绘出马克思巍巍乎高山般的光辉形象。

参考文献

[1] 马克思,恩格斯.马克思恩格斯选集:第4卷[M].中共中央马克思恩格斯列宁斯大林著作编译局,译.北京:人民出版社,1995.

注:本文发表于《教育研究与评论》,2022年第9期。

非凡的开国气象
——《中国人民站起来了》品读

一、强烈的主体意识

林庚先生在论述盛唐气象时说:"盛唐气象所指的是诗歌中蓬勃的气象,这蓬勃不只是它发展的盛况,更重要的乃是一种蓬勃的思想感情所形成的时代性格。"[1]笔者认为,林庚先生深刻地揭示了一种历史发展的普遍规律。毛泽东所致开幕词的开国气象,也正是体现了新中国的时代性格,体现了翻身得解放,当家做主人的主体意识。

"中国人民站起来了"是这篇讲话的灵魂,也是新中国的时代性格,以至后来在编印《毛泽东选集》第五卷时,改以这句话作为全文标题。这句话已与1949、解放、开国等词语的内涵联系在一起;在百年党领导的奋斗历程中,"站起来"与"富起来""强起来"贯通成为中国共产党领导全国人民,从胜利走向更大胜利的一根红线。这句话的意义在于它是形象的,从不能"站"起来到"站"起来,从"站"起来到往前走,生动形象,如在目前;在于它是本质的,中国人民从被奴役、被压迫、被剥削,到终于可以当家做主人,挺直腰杆,扬眉吐气。一句话尽显当家做主的骄傲、自豪和欢喜,体现了强烈的主体意识,而且成为时代精神的标志。

"我们",对身份的确认和强调,也是本文主体意识的重要表现。很难看到在一篇文章中有这么多的"我们",大多数段落中都有"我们",其中5个段落以"我们"开头,有的段落每句话都有"我们"。作者首先确认"我们"所指:六百多位代表,"代表着全中国所有的民主党派,人民团体,人民解放军,各地区,各民族和国外华侨。"接着讲这次会议的基础、任务和对今后的筹划。读毛泽东这篇讲话时,作为读者,我总是联想到作者在《沁园春·长沙》中的"天问":"问苍茫大地,谁主沉浮?"当然,词作的下阕已作回答:"到中流击水,浪遏飞舟"。而这里更是一种舍我其谁的回答:"我们!"笔者曾经在听课时看同学给这篇演讲词的朗读写提示语,一个小男生将"我们"都加上重音标志,并旁注:"使命感,自豪感,激情澎湃,一往无前!"可见,这位同学与伟人形成了对话,开国文献中当家做主、澎湃激越的时代性格在今天仍然具有非凡的生命力。

二、恢弘的壮丽图景

作为时代的蓬勃气象,不只是盛况,但也不能没有盛况。林庚先生讨论盛唐气象时,列出的第一首诗就是王绩的《野望》,林庚先生认为其中的诗句:"树树皆秋色,山山唯落晖",就是一种对时代的礼赞。"树树""山山"创造的阔大境界,想必是林庚先生看重的原因。[2] 由是推之,《中国人民站起来了》磅礴天下的开国气象也正是恢弘的历史图景赋就的。

这幅图景首先是会议的召开。参加盛会,恰如叶圣陶日记所写:"涓泉归海",恰如柳亚子赋诗:"前途真喜向光明"。中共领袖毛泽东、刘少奇、周恩来、朱德,著名民主党派领导人李济深、张澜、黄炎培、马叙伦,无党派民主人士郭沫若、马寅初、张奚若,孙中山夫人宋庆龄,爱国华侨陈嘉庚,原国民党将军张治中、程潜、傅作义……群贤毕至,每一个名字都自带"流量"。[3] 正是这些具有高度代表性的代表,形成"我们",汇聚一堂,共商国是,揭开中国民主政治崭新一页,这本身就具有鼓舞人们、感染人们、激励人们的不凡气象。课文的第1、第2自然段和第5自然段,概括了这方面的内容。

这幅图景包含了会议的"基础"。这是课文第3、第4自然段和第6自然段的内容。第3、第4自然段以"三年多"为时间范畴,分别写解放战争时间人民解放军战斗的胜利,和伴随旧政协会议结果被破坏后人民的觉悟,可以看作政协会议召开的军事和政治的"基础"。第6自然段则把"中国人民站起来了"放在人类历史的高度认识,既有时间的,"从来""近代""一百多年以来";又有空间的,"占人类总数四分之一"列入"世界各民族的大家庭"。这一段主要讲新中国成立的伟大意义,但宽阔的时空视野则使"新的基础"更为厚实,其展现的时代风云更为波澜壮阔。

这幅图景同时指"站起来"往前走的雄健身姿。课文第6至第11自然段主要是这方面内容。在阐说了"中国人民站起来了"的伟大意义后,毛泽东就着当前形势的发展,顺理成章地先谈"革命工作",再从政治、经济、文化、国防等方面,逐一阐说新中国建设的重要任务,宏图大略,周详缜密。"雄鸡一唱天下白","天翻地覆慨而慷"。光明的前途,灿烂的未来,如云蒸霞蔚,气象万千,让人激情澎湃,信心百倍!

三、饱满的语词表达

朱彝尊《静志居诗话》说:"唐诗色泽鲜妍,如旦晚脱笔砚者;今诗才脱笔砚,已是陈言。"可见,生命力饱满的语言,也是盛唐气象的重要成因。林庚先生则将唐诗语言的饱满生动概括为生活化和诗化。[4]这对我们研究《中国人民站起来了》的语言特色不无启迪。

生活化,不事雕琢。这一方面在于语词带来的现场感,仅是一个"三年多"的时间词组,就反复出现,如同"新闻直播",展现解放战争期间人民解放军不断胜利和广大人民不断觉悟的伟大进程。第7自然段"革命工作还没有完结",此后"还"的反复出现,也都突显了现场感,有了必须优先处置的紧迫性。另一方面,干净利索,言意一体,或者说,就是把大白话用得很精准,细细品来又无可替代,正反映生活本身的醇厚。如第5自然段,"制定""选举""决定"等词明确会议的任务,庄重精准,无可替代。又如,第6自然段,"中国人从来就是一个伟大的勇敢的勤劳的民族,只是近代落伍了。这种落伍,完全是被外国帝国主义和本国反动政府所压迫和剥削的结果。""从来就是""只是""完全是",都是日常生活用语,组合成句造成的语势,形成对历史规律的深刻揭示,表达出勇往直前的勇气和自强不息的精神。

抒情性,雄健有力。"中国人民站起来了",是言志也是抒情,在语词运用上可以称得上不朽的创造。第6自然段结尾"我们的革命已经获得全世界广大人民的同情和欢呼,我们的朋友遍于世界",第12自然段开头"让那些内外反动派在我们面前发抖罢……",都是融散文于论文,新鲜形象。开篇第1自然段的"渴望",以及文中诸多修饰语,都浸润着饱满的情感。"绝不""必然""从不""只要"等等虚词也都充满情感的力量。反复形成的句式,在情感抒发方面推波助澜。如第8自然段的三个"只要",坚信不疑。最后分别独立成段的三个"庆贺",更是将全文的情感抒发推向高潮。生活化、抒情性的语词应用,无疑成为开国气象的重要表征。

参考文献

[1] 林庚.盛唐气象[J].北京大学学报,1958(2).

[2] 杨九俊.最美教育的样态:蓬勃生长[J].江苏教育,2017(3).

[3] 俞海萍.中国人民政治协商会议第一届全体会议:中国民主政治揭开崭新一页[N].光明日报,2021-02-19.

[4] 林庚.略谈唐诗的语言[J].文学评论,1964(1).

注:本文发表于《教育研究与评论》,2022年第3期。

悲歌一曲抒壮怀
——读张元干《贺新郎·送胡邦衡待制赴新州》

梦绕神州路。怅秋风,连营画角,故宫离黍。底事昆仑倾砥柱,九地黄流乱注?聚万落千村狐兔。天意从来高难问,况人情老易悲难诉。更南浦,送君去。

凉生岸柳催残暑。耿斜河,疏星淡月,断云微度。万里江山知何处?回首对床夜语。雁不到,书成谁与?目尽青天怀今古,肯儿曹恩怨相尔汝!举大白,听《金缕》。

张元干这首词,虽然也染上了"黯然销魂"的色调,但它被更阔大、更深沉的情怀所蕴浸了。它已经包含了远非小儿女卿卿泣别可以比拟的社会内容,一股浩然正气漾然其间,一副铮铮铁骨令人起敬。悲歌一曲,抒发壮怀,动人心魂,感人至深。

南宋高宗赵构绍兴八年(公元1138年),内奸秦桧再度出任丞相,派王伦为计议使,向金求和。枢密院编修官胡铨(字邦衡)目睹此情,愤然上书,请求斩王伦、秦桧、孙近三人之首以谢天下。这就是当时各地传诵、敌人心惊的《戊午上高宗封事》。胡铨因此触犯了赵构、秦桧,便屡遭打击迫害,于公元1142年秋被削职除名,送新州(今广东省新兴县)编管。"一时士大夫畏罪钳舌,莫敢与之谈","平生亲党,避嫌畏祸,唯恐去之不速",而愤然辞官、退居福州的张元干却不顾个人安危,挺身而出,仗义执言,写下这首词送他,并与之饯别。张元干和胡邦衡同是处在民族矛盾极其严重的时代,都是当时的抗战派人物,他们有着相同的遭遇和坎坷的经历。此时此刻,老友远谪,顾影伤怀,因而在词人的笔端流露出深切的情感,表现出不阿权贵的斗争精神。

"梦绕神州路。怅秋风,连营画角,故宫离黍。"起首"梦绕"二字,点出收复失地的志向已化为一种刻骨铭心的情怀。日有所思,夜有所梦,以夜梦继日思,可见思念之深。一个"怅"字,给梦绕神思中的想象染上了浓郁的感情色彩。这里,客景与主情融为一体,立足点则又在情,表现出深沉的故国之思。"故宫离黍"则用《诗经·王风·黍离》的句子和情调,借以表现作者对中原沦陷的哀痛,也是一种爱国之情。接着推究原委,"底事昆仑倾砥柱,九地黄流乱注?聚万落千村狐兔。"写中华民族史上骇人的特异现象,冠以"底事"二字,语意愤慨,笔力千钧,表现出作者对投降派的斥责,和因中原沦陷而生的悲痛心情。然而,"误国当时岂一秦(桧)",作者实在无法也不忍直接回答国何以沦亡,敌何以猖狂,景何以荒凉,只能在感情上作一顿折,让人体会到意曲且深,思绪万千。随之转向"天意从来高难问,况人情老易悲难诉"。这是引用杜甫"天意高难问,人情老易悲"的诗句,不过杜甫是慨叹个人的不幸遭遇,张元干则于此体现了更多的交错纷杂的社会内容。"天意"和"人情"包容面很广,从两个"难"字仿佛见到作者的愤极之情,听到作者的哽咽之声。在杜甫诗句上添了几字,就明显地增加了诗的容量。"从来"指出这类现象的普遍性,眼前的严峻现实逼得词人不能不问,不得不问。"难诉"则诉出满腔义愤;"难问",则笔锋直指当时的最高统治者,既对宋高宗的投降路线发出控诉,又为胡铨的遭遇鸣不平。末句的"更南浦,送君去"沉痛至深,不仅是对个人命运的同情,更渗透了对国家命运的忧虑之情。

词的下阕先是写景,紧紧抓住景物的季节特征,既点出送别的时间,又渲染出浓郁的艺术氛围。这时正是岸柳生凉、残暑将尽的时节,白云飘浮,月淡星疏。在这种景物下为受冤遭谪的志士友人送行,愈显出凄切悲凉,催人泪下。一个"催",又给人以压抑之感,体现了诗人黯然伤神的感情色彩。于是,笔锋一转,极目远望,由眼前景物扩展开去,想到整个中华大地。"万里江山知何处?"明知故问,又问而不答,让人体会到词人满腹不平,有一股愤慨之气。接着,词人以暗断暗续的手法,不写几多关照,却写"回首对床夜语",从时间的角度写出两人的感情深度。尔后呢?"雁不到,书成谁与?"这是似断非断,未续含续,于顿挫处更见心情的沉重。但作者并未让自己与友人沉浸于此,而是转向更深的一层:"目尽青天怀今古,肯儿曹恩怨相尔汝!"要放眼天下,俯仰今古,不能像小儿女那样,只是陷于恩恩怨怨的私情之中,而是要关注国家大事。如此一笔,思想内容更见丰富,感情基调也因之高昂。然而,"怀今古"又必是"高难问""悲难诉",还是"举大白,听《金缕》",痛饮消愁,悲歌抒怀。最后两句把抒情推向高潮,实在是转曲深沉,余韵不尽。

《四库全书总目提要》称张元干两首《贺新郎》"慷慨悲凉,数百年后,尚想其抑塞磊落之气"。今天,我们品尝全词,确可见此评语之精要。

注:本文与周恩珍老师合作,发表于《光明时报通讯》,1985年第9期。

四重回环解好梦
——《好的故事》试读

《好的故事》选自鲁迅先生的散文诗集《野草》,《野草》笔法隐晦曲折,语言沉郁瑰丽,意境玄妙奇美,思想非常深邃。鲁迅曾说,自己一切的哲学都在《野草》里了。这样的文章选进统编小学语文教材,我们不要太在意文章的玄与深,只是引导学生感知写什么和怎样写就可以了。

关于文章的主题,鲁研界历来有不同的说法,有人认为是鲁迅回忆故乡田园美景,有人认为表现对理想爱情的憧憬,也有人认为抒写的是理想与现实的对立。课文的编者在文章后面"阅读与链接"中收录冯雪峰、李何林的观点,表明了编者的判断与选择,这大致可以成为我们教学的依据。对于小学六年级的学生,这样的引导是比较合适、比较靠谱的。对美丽生活的向往,表现理想与现实的矛盾,借助的是一个梦,而这个"梦"是否真实存在,可以参考李欧梵先生的观点:"在《好的故事》里,诗人深夜伏在一盏灯旁,在朦胧欲睡的状态下,看见一个美好的乡村。这个'好的故事'(它是这个梦魇似的集子所提供的唯一好梦)在展开时突然因诗人的醒觉而被打断,美丽的形象于是化为外在点缀的碎片,似乎说明这混合融汇着一切美丽事物的完满世界只是幻梦。在有着不可解决的两极的现实世界中是不可能存在的。因为,诗人一觉醒来,就不可能追回和完成这个故事。""这些关于梦的诗不一定是真梦的重复交替,相反,可能倒是一些在艺术上倾向于潜意识,但实际上是有意识的创造。"[1]

作者怎样写这样一个"梦",一个"好的故事"呢?不要说是"有意识的创造",

即使是记录一个真的梦,也一定是有脉络的。这需要我们尽可能还原,尽可能触摸文章内在的肌理,尽可能揣摩到作者的心智模式。笔者不揣浅陋,试图以四重回环来还原作者的心智表述。

第一重回环,是最直观的,这就是"昏沉的夜",开头写道"鞭炮的繁响在四近,烟草的烟雾在身边:是昏沉的夜。"鲁迅写作的时间,正是农历正月初五,在新年这样的喧闹时刻,充满孤独感的鲁迅精神上是在苦苦思索的,于是就有了一个梦。文章又以"昏沉的夜"收笔。这样就如孙玉石教授所说,文章形成了"圆形的结构",首尾呼应,看落花缤纷,其实内在结构是严谨的。

第二重回环是作者"做梦"时手里拿的《初学记》这本书,作者在第二小节写自己进入梦境时,"捏着《初学记》的手搁在膝髁上",梦醒时分,"我无意识地赶忙捏住几乎坠地的《初学记》"。《初学记》是什么书?为什么是《初学记》?孙玉石先生对此做过研究,《初学记》是一部由唐人徐坚等编纂而成的类书,共三十卷,取材于群经诸子、历代诗赋及唐朝初年诸家的作品。其中第八卷记载:"《舆地志》:'山阴南湖,萦带郊郭,白水翠岩,互相映发,若镜若图。'故王逸少云:'山阴路上行,如在镜中游。'……"[2]鲁迅故乡绍兴是由山阴县和会稽县等组成,鲁迅对故乡美景是眷恋和自豪的。曾有湖南籍青年和鲁迅谈起:潇湘八景自古有名,而绍兴的山水好像没有什么值得说的。鲁迅答道:"唉!你莫说,到底是'山阴道上,应接不暇',也有些好风景!"[3]《好的故事》写"捏着""捏住"《初学记》,大致决定了这个梦的内容,是"山阴道"一路所见的江南水乡风情画。

第三重回环是对"好的故事"定性。梦境开始,作者就写道:"这故事很美丽,优雅,有趣。"梦醒之前又写道:"我所见的故事清楚起来了,美丽,幽雅,有趣,而且分明。""美丽、幽雅、有趣"是作者对梦境特质的概括,这样的梦境,"水中的青天为底子",以自身经验为基础,两岸美景,迭现而出,打桨之间,变幻无常,且"凡是我所经过的河,都是如此"。这幅生动图画与"昏沉的夜"形成了鲜明的对比。

第四重回环是云锦,这是给"好的故事"赋形。"美丽、幽雅、有趣"是美景的特质,具体是什么样的形状呢?作者在梦境展开时就写道:"许多美的人和美的事,错综起来像一天云锦",梦醒时分,"骤然一惊,睁开眼,云锦也已皱蹙,凌乱"。至少从教学的角度看,"云锦"是一个核心意象,"山阴道上,应接不暇"的景色,"美丽,幽雅,有趣"就如同一幅五彩缤纷的云锦,大家都知道"锦"在古代织物中是代表最高技术水平的,所谓"寸锦寸金",云锦是丝绸中的极品,作者在《好的故事》中借梦成文,有论者说,作者只是提醒读者:"这不过是一个梦,从而将读者从现实通常的感觉推开。作者由是便得到一种特许权,可以放任自己的艺术想象浮游于超现实的怪异的领域。"[4]正因为是梦境,所以给人"错综""凌乱"的感觉,但作者的非凡之处,又是为这"错综""凌乱"的梦境赋形,用"云锦"这个意象把一切的凌乱、错综、变幻都凝聚一体。看,"水中的青天的底子""山阴道"上变幻无穷的景物倒影其中,又有村女种的"一丈红"染上主色调,"无数美的人和美的事"闪烁变幻,"诸景诸物"的出现,交错变化,美丽的意象在流动,都是"织",都是融合,以至于巧夺天工,"永是生动,永是展开"。如冯雪峰所说,"这一幅美丽的生活图画也绝不是模糊的,而是十分清楚和真实的"。这样的一切读者也就可以把握,可以感知,可以体味了。

参考文献

[1][4] 李欧梵.铁屋中的呐喊[M].尹慧珉,译.杭州:浙江大学出版社,2016.

[2] 孙玉石.现实的与哲学的(连载六)——鲁迅《野草》重释[J].鲁迅研究月刊,1996(6).

[3] 鲁迅博物馆,鲁迅研究室,等.鲁迅回忆录:散著(下)[M].北京:北京出版社,1991.

注:本文发表于《江苏教育》,2020年第7期。

摇曳生姿"花孩子"

——《花的学校》试读

统编语文教材三年级上册第一单元以"美丽校园"组元,《大青树下的小学》写校园里完整一天的生活,《不懂就要问》写课堂的学习生活,《花的学校》则写课余的校园生活,从而组成了美丽校园生活的完整画面。在《花的学校》这首散文诗中,泰戈尔以摇曳生姿的笔触,描绘了花孩子课余尽情嬉乐和急忙回家的情景,贯注其间的童真和母爱感人至深。

相互映照的生动画面。《花的学校》内涵很丰富,画面很美丽。从空间维度看,是"在场"与"出场"的相互映照。"出场"的无疑是一群一群的花孩子,但"在场"的可不只有花儿,还有"我"和"我"的妈妈。文章是以第一人称来写的,是以"我"和妈妈对话的口吻写的。在花儿嬉戏的部分,"我"的描述充满惊喜与欢乐,而且,"我"猜想出他们从哪里来;看到他们"扬起双臂","我"猜得他们往哪儿去,而且,"他们也有他们的妈妈,就像我有我自己的妈妈一样"。"在场"的似乎也"出场"了,"在场"的和"出场"的融为一体了。从时间维度看,尽情嬉戏和着急回家相互映照。雷雨来临,他们"冲了出来",天真活泼,尽情嬉乐;尽兴而归,"急急忙忙",他们依恋妈妈。画面与画面衔接自然,浑然一体。时空结合,构成的生动画面内容丰富,又给人纯真活泼的美感。

错落有致的结构安排。现在看到的教学参考资料中,《花的学校》通常被分成四段。统编语文教材教师教学用书中说:"先描写了阵雨落下时,花儿在绿草上跳舞、狂欢;接着想象关了门做功课的花朵们,雨一来就放假了;然后想象他们穿着各色的衣裳,在雨中冲了出来;最后想象花孩子们急急忙忙赶回家,对着妈妈扬起了双臂。"这样的分段是有问题的。我曾经在听课后和老师们讨论:如果说第三段写雨一来,花儿从学校冲出来玩耍。那么第一段写什么呢？老师们也感到这是个问题。之所以产生这样的误解,是因为教参的编写者没有看到这篇文章的结构安排与事物本身发展的顺序是不一致的。事物本身的顺序是上学—放学—回家,一般教参分析的顺序是放学—上学—放学—回家。其实,只要细读课文,我们就会看到,"上学"是"我"和妈妈对话时猜想的。这篇文章适宜分成两段,第一段(第1～第6自然段),写雨来了,花孩子从学校里冲出来,尽情玩耍。第二段(第7～第9自然段),写花孩子急急忙忙回家,投向妈妈温暖的怀抱。在第一段中,作者先声夺人,写雷云轰响,东风化为口笛,花儿"突然跑出来",自然而然就会猜想他们从哪里来,交代了他们玩耍的合理性。这里的"放假"宜理解为"放学"。泰戈尔本来就厌恶刻板的学校教育,根据花儿生长的特点,顺带着表达了这种情感。(教学时,这里不要有过浓的批判色彩,因为作者写的地下学校生活在当时是"正常"的,如果认为这也是"被压迫者的教育学",那花孩子们迫不及待、欢天喜地嬉戏玩耍,也就很难生成了。)所以,"我"和妈妈对话时的猜想,是不适宜单独作为一段的。而作者错落有致的结构安排,增强了画面的完整性和情节的摇曳感。

新鲜形象的语言表达。丰富的想象是这篇文章最重要的特点,不仅有人们常说的"天上人间",连"地下"也带进了。写雷云、雨、风,写花儿嬉戏,都绘声绘色,特别是拟人修辞手法的运用,使自然物充满了灵性。互文手法也是这篇文章的重要特色,文章第1、第2自然段与第5、第6自然段构成互文关系,写雷云、雨、风,以及树枝和绿叶,都是互为补充的;写花儿,前面写到他们干什么,后面则写他们穿什么衣服,互相补充,才构成完整的场景。代入感也是阅读这篇文章值得体会的地方。所谓代入感,就是彼此之间的互相融通,可以进行角色替代。在这篇文章中,作者选择花孩子这个意象,而"我"和花孩子心心相印,"我"亦花,花亦"我",体现了很强的代入感。文章中洋溢着的童真和母爱,则又是作者内心的意绪。诗人的心与"我"的心,与花孩子融为一体。当文章中的人物与景物、诗人自己与客体相通,融为一体,这样的意境自然也给小读者们的"代入"创造了美好的可能。

注:本文发表于《江苏教育》,2020年第9期。

意料之外　情理之中
——《小岛》写作特色

在常州三井实验小学参加活动时,听作者陆颖墨大校说,《小岛》入选小学语文教科书,曾在文题上反复斟酌。有人希望更能凸显文章的主题,比如"一幅地图""一个军礼"等都曾议到,但最后还是放弃了这样的努力,认为改来改去,还是《小岛》为好。

"小岛"很普通,很朴实,似乎不够"亮",但确是合适的,有味道的。小岛,在"无边无际的大海上","树少,草少,土地也很少","转一圈也用不了10分钟",而这里"却驻扎着一群海军士兵"。这里最缺少什么,不用想都可以猜到。正是这样的地点,这样特定的环境,与故事里写到的菜地,与一盘"小白菜"形成内在的张力,为情节的展开作了最好的铺垫。

一位将军上岛来了,随着将军视察的步伐,故事的情节打开,引人入胜的是意外不断,波澜迭起,这就形成了文章最主要的写作特色,即情节的设计在意料之外、情理之中。

意料之外、情理之中最重要的表现是两个"竟",恰好两个大段里都有,也都在情节紧要处。第一处是第3自然段:"掀开油布一角,竟露出一片绿油油的菜地。"在这个草都很少的小岛上,竟然有这样"绿油油的菜地",当然出乎意料。小岛上"土少",且这些土未必会是种植土地,但战士们爱岛如家,硬是一个个从家乡用口袋背来这些土,却又在情理之中。第二处是第29自然段:

"那一片油布已经翻开,露出一大块菜地,那绿油油的一片竟构成了一幅中国地图。"种菜已经了不起,竟还种成一幅中国地图,确实出乎意料,战士们守岛爱岛,本乎于对祖国的忠诚,这又在情理之中。不仅是亲临视察的将军,就是沉浸到故事中的小读者们,也都被打动了,我在听课时就感受到小朋友们的激动不已。

意料之外、情理之中还不止于这两处,整个故事的情节一波三折,波澜不断,没有直接用"竟",但情节突转的地方还有多处。比如第12自然段,写将军决定留在岛上吃饭,"为了减轻岛上的负担,吃住必须返回军舰",这是将军"自己定下的规矩",所以听到这个出乎意料的决定,"同行的秘书着急了";而将军想的是"要是这里种菜的法子真能推广,那对这一带守岛部队的作用可太大了"。因此,决定破例留下来,完全在情理之中。第20自然段,写请将军吃晚饭,"有鱼不稀奇",却端进"一盘小白菜",将军看到这么个稀罕物,出乎意料,"脸色马上变了";但于战士们,菜地一大块,请长辈尝尝海岛上的蔬菜,亦在情理之中。第34自然段,将军"眼前一亮",把小白菜倒进汤里,又是出乎意料、合乎情理。第37自然段,"他向着太阳,向着那片绿地,也向着小岛,行了一个标准的军礼",视察返程的将军如此动作,又是意料之外;但将军深深被打动了,激动不已,向守岛的战士们致以深深敬意,却尽在情理之中。这些故事情节的转折处,没有用"竟",但又都可以加上"竟",如果让学生复述、练说时加上"竟",对理解"竟"这个副词的用法,理解意料之外、情理之中的写作特色,理解将军和士兵们的精神世界,是有意义的。

关于《小岛》以"竟"为课眼,引导学生把握意料之外、情理之中的写作特色,我和三井实验小学的老师们讨论过,在编写《名师教语文:课文解读与学习设计》时,与薄俊生、王敏亚等几位老师做过进一步的探讨,难能可贵的是,薄俊生老师的团队以"竟"为课眼,把文路与教路、学路统一起来,形成很有特色的板书(见图11)。在实际教学时,他们又引导学生揣摩、品味情节转折时人物神态的变化,引导学生走进故事之中,随着情节的一波三折,感受人物情感的变化,接受精神的熏陶和洗礼。

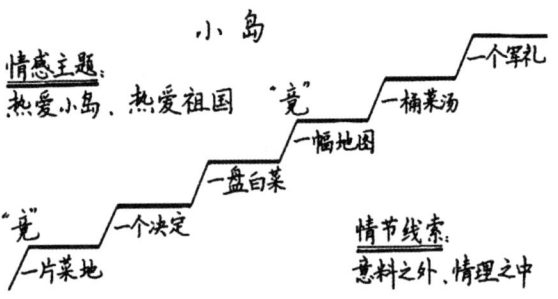

图 11 《小岛》课堂教学板书

注:本文发表于《江苏教育》,2020 年第 6 期。

"完全两样""牛和鹅"
——《牛和鹅》试解

《牛和鹅》是一篇较长的课文,有些老师对这类长文章比较"怵",教学时常常"绕个大圈子",甚至绕了一个又一个大圈子,很难往前走。究其原因,是因为没有把文章的脉络打通,更没有找到打通行文脉络的关节。

第一次听《牛和鹅》,看到执教的年轻教师很是着急,我赶紧一次一次地浏览课文,希望找到一个教学的抓手。突然,"完全两样"这个词组跳将出来,在课文里像一朵绽放的花儿,给全篇带来灵气和亮色。这个词成了打通行文脉络的关节,也可以成为这篇课文教学的"课眼"。下课时我和老师们做了交流,她们也认为,抓住这个词组设计教学思路,是可以做到事半功倍的。

课文的题目《牛和鹅》,不同于一般题目"A 和 B"式,一般的"A 和 B"式都是讲二者关系的,而"牛和鹅"彼此风马牛不相及,课文不是写"牛"和"鹅"有什么关系,而是写"我们"——特别是"我"——对牛和鹅的态度,这里的"A 和 B"式是基于"我"的态度才构成对比的关系。

"我"对于牛和鹅分别是什么态度呢?作者先写看到牛,"一点儿不害怕",并且一连用了四个"敢",描写"我们"亲近甚至欺负牛的行为。看到鹅,"那就完全两样了","敢"变成两个"才敢",而且是"远远地看",或者"绕个大圈子"走。

有了这个"完全两样",课文就全通了。如上文所说,第一部分写"我们"对待牛和鹅的态度完全两样。第二部分写"我们"在回家路上被鹅追赶,金奎叔为"我"解了围,"我"和金奎叔对牛和鹅的态度完全两样。第三部分写"我"记住了金奎叔的话,从此,对牛和鹅的态度与开始完全两样。

  三个部分的"完全两样"撑起了整个故事的骨架,至于课文的血肉,则可以按照单元提示的语文要素,"通过人物的动作、语言、神态体会人物的心情",在每一个部分引导学生琢磨体会:作者是怎样写"完全两样"的?比如,第一部分,"敢"干什么?怎么"才敢"?"完全两样"对比鲜明。这里还要关注两个关联词语:一个是"所以",出现三次,而"因为"都省略了,因此应当引导学生体会从语言表达的简洁性出发,关联句不一定都用全关联词,本文中只用"所以",强调结果,更加突出"我们"对牛和鹅的态度完全两样;另一个关联词语是"虽然……可是……",写"不怕"牛的同时,也写出"我"特别胆小,为下文"我"的遭遇做了铺垫。第二部分写"我们",特别是"我"是怎样被鹅欺负的,金奎叔对待鹅和"我"完全两样。这里一方面要关注人与鹅动作的对比,特别是一连串的动词,让人有身临其境的感觉;另一方面,特别要通过具体语言、动作、神态的词语,体会"我"十分害怕的心情。第三部分,"我"从此对牛和鹅的态度与原来完全两样。要扣住照应文章主题的一些词语,如"记住""记着"和"从此""直到现在",可见"我"把从这件事中悟出的道理推及整个人生,其意义就不同一般了。还要关注"虽然……可……"这个关联词,在这一部分连续出现了两次,把现在与开始对牛和鹅的态度完全两样的原因交代得清清楚楚。有的老师在教学时要求学生用"因为……所以……""虽然……可……"这样的关联句总结全文,拓展应用,既是词语的灵活应用,也有助于锻炼学生的概括能力,是可取的。

  学习这篇课文还要照应单元另一个语文要素:"学习用批注的方法阅读"。和其他语文要素一样,要从整个单元的学习来考量,而不需要毕其功于一役,事实上也不可能。作为本单元的第一篇课文,结合课文批注,让学生对批注有所了解,知道有疑问、有感受、有心得时都可以写批注,就很不错了。当然,拎出"完全两样"的情节线索,引导学生围绕作者怎么写"完全两样"批注,更好地体会文章的特色,也应该是一种不错的选择。

注:本文发表于《江苏教育》,2020年第9期。

立象以尽意
——《少年中国说》的构思艺术

"说"是一种说理议论的文学体式,写法比较灵活,大都讲究文采,也常用托物寓意的手法。"说"不宜简单地当作说理文,而是需要把握它"说"什么,怎么"说",有没有"说"到位。

《少年中国说》就是一篇"说",作者要"说"的观点很明确:中国少年奋起,才能建设美哉、壮哉的少年中国。又是怎么"说"的呢?从节选部分看,作者不太关注理性和逻辑,而是注重情感和形象,更多地用形象说话,融哲理、情感、形象于一体,体现出议论性散文的特征。

课文的第一段以"故"开篇,关联起节选部分与整篇的关系,也自然而然地将节选部分放在民族危机严峻无比的大背景中,然后作者言明观点:中国少年奋起有为才能有少年般的中国。在这里,作者直抒胸臆、慷慨陈词,用八个"……则……"的句式反复强调少年对于中国的重要性。这八句话的强调有其内在结构。统编语文教材教师教学用书把它们分成三组:智、富、强、独立、自由、进步,胜于欧洲、雄于地球,确认其层层推进的关系,是有道理的。我们在和薄俊生、蒋燕等老师讨论时,薄老师、蒋老师更进一步,为八个关键词设计出逐步深化、渐次递进的图示,让人眼前一亮(见图12)。

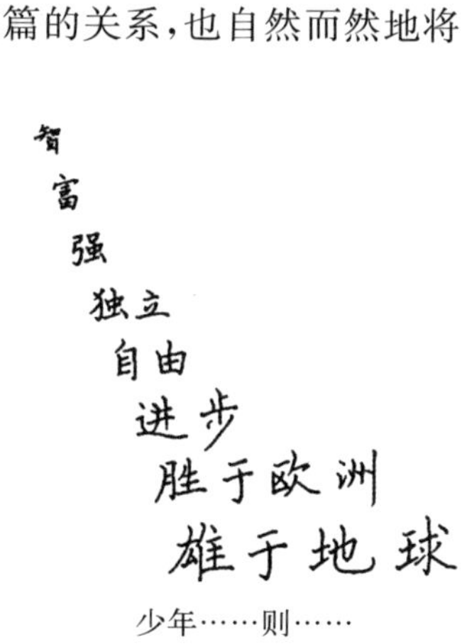

图12 《少年中国说》板书设计

按照薄老师、蒋老师设计的思路，在教学时引导学生推敲这些关键词的排列顺序，感受层层推进的内在逻辑，品味文言词"则"的意蕴，不断强化"只有……才……"的唯一条件性，体会少年不可替代的重要性，应该说是很有创意的。

"中国少年"与"少年中国"的关系，第一段已经说得够清楚了，那么为什么还要来个第二段，第二段这些意象的铺排与第一段是什么关系呢？这是理解这篇课文的难点，也是作品构思的特色所在、魅力所在。中国古典诗歌，以至许多文学创作，都是"情志为本"。有些学者认为，"情"偏重个体生命，"志"偏重群体生命。朱自清先生在阐说"诗言志"时，把"志"解释为"怀抱"，而这时"诗言志"的"志"，也可以理解为包括"情"了。"诗言志"，"志"为内容，"言"为形式，但文学创作常常有"言不尽意"的现象，于是就需要"立象以尽意"。《少年中国说》的第二段，正是"立象以尽意"。"红日东升，其道大光……"汪洋恣肆，浩浩荡荡，蔚为大观，极具震撼力、冲击力、感染力！奋起的中国少年和少年般的中国究竟是什么样子呢？是"智""富""强"等语词所概括的，更是托物寓意、立象尽意所描绘的。第二段的十个句子，描绘了七种意象，细细品味，一是七种意象有自然景观、动植物、创造物，纷至沓来；二是要扣紧与"少年"的契合点，如"初开""河出伏流""潜龙""乳虎""试翼""初胎""发硎"，都是初试锋芒，冉冉向上，特别感人；三是要从"崇高美"、壮美维度欣赏。第八九两句拓开天地、时空，第十句则顺势做结："前途似海，来日方长"。可以说，作者如椽大笔，雄文一卷，不仅立象尽意，而且如黄钟大吕，声震寰宇，"象外之象""象外之境"都浑然天成了。

第三段两句话，"美哉""壮哉"是互文关系，"中国少年"和"少年中国"既有因果关联，又相互映照。有前面的铺陈，这里坚定有力的收束顺势而为，自然掷地有声。

由是观之，作者这一"说"，胸中激情澎湃，下笔气象万千，振臂一呼，应者云集，产生巨大的影响，自在情理之中。

注：本文发表于《江苏教育》，2020年第11期。

后 记

本书系"幸福教育的样子"丛书第5集。

"诗意的光亮",首先是因为"诗与远方",诗意常常是理想灯塔的象征,幸福教育就是追求理想的教育;其次,诗意是超越功利性的纯粹精神,是幸福教育的实践品格;再次,诗意也应该是生命主体由内而外的光泽,许多教育工作者用心血和智慧描摹"幸福教育的样子",其生命因此而富有诗意,发出温暖他人和照亮周边的光亮。

全书分为四个部分。第一部分"瞭望前沿",努力追踪科技、社会的发展和教育改革的推进,结合自己的教育观察和实践体悟,阐说思考。特别是对于核心素养引领的教学,从多维度进行研究,力求与优秀老师们形成相互激荡的对话。第二部分"守朴开新",记录一批名校在高品质建设中的创新实践,对其可作示范、可以推广的创新实践进行提炼和总结。第三部分"躬耕乐道",以进入"江苏人民教育家培养工程"的中青年名师为主要对象,描摹他们深耕杏坛的靓丽身影,揭示他们的成长规律。第四部分"屐痕点点",收录了时间横跨40年一批研究语文教材的文章。20世纪80年代,分别与周恩珍老师和挚友丁昌桂合作,在文学评论和语文教材研究方面下过一点功夫,本集收入与周恩珍老师合作的成品。同时,收录了近年研究统编版教材的文章。关于"怎样教",《语文教学艺术论》(华东师范大学出版社2020年版)已呈管见;关于"教什么",从这组文章可见自己跋涉的踪迹。而将"教什么"与"怎样教"融通一体,20世纪80年代、90年代,思考的成果曾分别在语文出版社、北京师范大学出版社、江苏教育出版社、安徽教育出版社出版的教学用书中有所呈现。近年来,则在"名师教语文"

（华东师范大学出版社）系列中，和我们的团队一起，以小学和高中全套统编版教材为例，进行了较为充分的讨论。

  一如既往地感谢为我写作提供源头活水的校长、老师们；全书所有文章都曾公开发表，感谢为这些文章发表提供园地的各位编家；文章作为公共产品，其实是在更大范围与同仁交流，感谢给我鼓励的读者朋友们。蒙李彤教授继续题写书名，在此一并致以谢忱。

2022年3月